Stefan Langenbach

BVB und Rock 'n' Roll

09 Geschichten eines Lebens zwischen
Westfalenstadion und Rockpalast

Arete Verlag Hildesheim

Bibliografische Information der Deutschen Nationalbibliothek
Die Deutsche Bibliothek verzeichnet diese Publikation in der Deutschen Nationalbibliografie; detaillierte bibliografische Daten sind im Internet über http://dnb.ddb.de abrufbar.

© 2016 Arete Verlag Christian Becker, Hildesheim
www.arete-verlag.de

Layout, Satz und Umschlaggestaltung: Composizione Katrin Rampp, Kempten
Titelfotos: Pressebilderdienst Horstmüller GmbH (oben), Privatarchiv Langenbach (unten)
Druck und Verarbeitung: Druckhaus Köthen GmbH & Co. KG
ISBN 978-3-942468-66-4

Inhalt

Nie mehr 2. Liga (1975) 7
Sonntag, 23.03.1975:
Borussia Dortmund – SC Preußen Münster 4:3

Epilog (1976) 18

Unverdient verloren? (1978) 19
Samstag, 29.04.1978:
Borussia Mönchengladbach – Borussia Dortmund 12:0

„He, he, he Manni Manni …" (1982) 28
Samstag, 06.11.1982:
Borussia Dortmund – Arminia Bielefeld 11:1

„Schääällfisch!" (1987) 48
Mittwoch, 30.09.1987:
Borussia Dortmund – Celtic Glasgow 2:0

Hitzfeld? Hitzfeld! (1991) 63
Freitag, 13.12.1991:
Borussia Dortmund – FC Hansa Rostock 4:1

Lupfen jetzt! (1997) 84
Mittwoch, 28.05.1997:
Borussia Dortmund – FC Juventus Turin 3:1

König Bönk I. (2002) 98
Samstag, 04.05.2002:
Borussia Dortmund – SV Werder Bremen 2:1

Bolus (2013) 111
Samstag, 25. Mai 2013:
Borussia Dortmund – FC Bayern München 1:2

Wonder Boys (2015) 137
Samstag, 28.02.2015:
Borussia Dortmund – FC Schalke 04 3:0

Register 175
BVB-Spieler 175
BVB-Trainer 177
BVB-Spiele 177
Bands und Musiker 184
Musikclubs 186
Schriftsteller 187
Filme und TV-Sendungen 187

Danksagung 189

Nie mehr 2. Liga (1975)

2. Bundesliga Nord, Saison 1974/75, 27. Spieltag
Sonntag, 23.03.1975
Borussia Dortmund – SC Preußen Münster 4:3

Sein Onkel Atze war Schmied und er war Junggeselle. Er fuhr einen orange-
farbenen Prinz NSU und rauchte Kette. Den ganzen Tag stand er am Hammer im Familienbetrieb seines Vaters und Tom sah ihm oft stundenlang zu
und bewunderte ihn für das, was er machte. Er wollte so gerne dabei helfen,
aber Onkel Atze sagte immer: „Zugucken ist auch helfen." Das verstand der
kleine Tom zwar nicht, aber er war trotzdem immer ungeheuer stolz, gehol
fen zu haben.

Er liebte die Gerüche, Geräusche und die Farben in der Schmiede. Dort
war es im Winter muckelig warm und im Sommer höllenheiß, wenn drei
Schmiede gleichzeitig die Riementriebfallhämmer in Bewegung setzten und
nacheinander die glühenden Eisenstangen aus den Öfen zogen, um sie unter
den 300 Kilogramm schweren Hämmern zu Schrauben zu verformen. Es war
ein wildes Getöse, wenn die Bären – so nannten die Schmiede diese Hämmer
– aus drei Metern Höhe auf das hellrot glühende Eisen niedersausten. Jeder
Schlag durchschüttelte den schmächtigen Körper des siebenjährigen Tom.

Der Junge kannte jeden Arbeitsgang im Betrieb auswendig und er wusste
genau, wie man aus einer Eisenstange eine Augenschraube machte. Er hatte
sich das alles eingeprägt. Sein Opa baute die Gesenke für die Schrauben. Es
hieß, er könne das richtig gut. Tom kannte den „Alten Herrn", wie sie ihn
alle nannten, nicht anders, als vor der schweren Metallhobelmaschine oder an
der Werkbank stehend, eine Pfeife im Mundwinkel wiegend und gelegent-
lich das Werkstück mit seinen hellwachen Augen begutachtend. Opa konnte
schimpfen wie ein Berserker, wenn etwas schieflief. Dann ging man ihm besser aus dem Weg oder irgendwo in Deckung. Doch Opa grinste verschmitzt
vor sich hin und sang ein lustiges Liedchen, wenn er ein neu gebautes Gesenk
mit der Schieblehre ausgemessen und für gut befunden hatte. Das waren gute
Momente, um ihn nach Süßigkeiten zu fragen, hatte Tom herausgefunden.

Opa konstruierte die stählernen Negative für die Augenschrauben, die,
wenn sie aus der Schmiede kamen, zwar schon fast nach Schraube aussahen,
jedoch noch einige Arbeitsgänge vor sich hatten, ehe sie ausgeliefert werden
konnten. Frisch aus der Schmiede gekommen, mussten die Schrauben entgratet werden und das geschah auf einer Exenter-Presse, die Toms Onkel Franz

bediente. Die Presse war so laut, dass man es kaum aushielt, daneben zu stehen, ohne sich die Ohren zuzuhalten. Deshalb trug Onkel Franz immer riesige Kopfhörer, aus denen keine Musik drang.

Wenn Onkel Franz genügend Rohlinge entgratet hatte, wurden die Teile ins Rollfass gesteckt, in dem der scharfkantige Grat und die Schlacke abgeschlagen wurden. Das Rollfass war noch viel lauter als alle lauten Maschinen in Opas Betrieb zusammen. Die Schrauben erzeugten einen ohrenbetäubenden hochfrequenten metallischen Klang in der schnell rotierenden Eisentrommel. Wenn sie nach 20 Minuten herausgenommen wurden, waren die Rohlinge ganz glatt und fühlten sich weich an. Dann wurde unter der Standbohrmaschine ein Loch in das dicke runde Ende gebohrt und anschließend ein Gewinde auf den Schaft aufgeschnitten. Fertig war die Schraube. Manchmal wurden die Teile auch verzinkt und Tom freute sich, wenn er mit Onkel Franz im VW-Bulli zur Verzinkerei fahren durfte. Tom mochte es, wenn die Schrauben frisch verzinkt waren. Sie dufteten dann ganz eigenartig und glitzerten silbern. Manchmal durfte Tom auch mit Onkel Franz im Bulli fahren, um die Teile auszuliefern. Wenn sie dann in eine andere Stadt fuhren, gab ihm sein Onkel ein Stück Fleischwurst mit Brötchen und eine Tüte Kakao aus. Das waren immer Festtage für den kleinen Jungen.

Tom war nahezu an jedem Wochenende bei Opa. Er spielte in den Wiesen und im angrenzenden Wald „Cowboy und Indianer" mit sich selbst. Zwischen den Eschen und Weißdornbüschen am nahegelegenen Bach zog er sich zurück, wenn er seine Ruhe haben wollte. Wenn er dann wieder etwas erleben wollte, „half" er im Betrieb. Bei Opa war eben immer etwas los.

Seine Familie wohnte in einer anderen Stadt, im 40 Kilometer entfernten Mühlendorf, doch an den Wochenenden fuhr sie zur Schmiede. Toms Papa half dann im Betrieb aus und nach Feierabend trafen Mama und Papa ihre Freunde und Verwandten in Hammerschlag.

Wie sehr freute sich der kleine Junge immer auf diese Wochenenden bei Oma und Opa! Er liebte die Schmiede, den Dreck, den Duft von Öl, Eisen und Feuer, das Knattern und Knallen, Rattern und Klimpern und Klackern der Maschinen. Er freute sich auf den Wald und seine Verstecke am Bach, freute sich auf das gemeinsame Fegen vor dem Feierabend am Samstag, auf Omas Eintöpfe und darauf, mit seiner Familie am riesigen Mittagstisch zu essen, zu quatschen und zu lachen.

Schon mittags konnte Tom es kaum abwarten, dass er abends nach einem ordentlichen Bad die „Hitparade" mit Dieter Thomas Heck oder „Disco" mit Ilja Richter sehen durfte. Dies allerdings nur, wenn er sich auch gründlich hinter den Ohren gewaschen hatte. Der Junge liebte diese Samstage und meistens schlief er, eingekuschelt in eine Wolldecke und wohl behütet in Omas Armen ein, während „Musik ist Trumpf" oder „Am laufenden Band" über die schwarz-weiße Mattscheibe flimmerten.

Es war das Paradies für den kleinen Jungen, doch als er heute mit seinem Papa zu Opas Schmiede fuhr, war er gar nicht so begeistert wie sonst, denn der Papa hatte heute dort „nur kurz etwas zu erledigen" und außerdem war heute Sonntag und da wurde nicht gearbeitet. Das fand Tom langweilig. Er erblickte seine Onkel Atze und Franz, als sie in die Einfahrt zu Opas Betrieb einbogen. Sie standen vor der Schmiede und trugen Pudelmützen mit schwarzen und gelben Streifen.

„Die sehen ja lustig aus, Papa. Warum haben die so Mützen auf?"

Toms Vater lachte herzhaft. „Borussia hat ein Heimspiel", sagte er.

Borussia? Heimspiel?

Der Papa deutete das Schweigen des kleinen Mannes als Aufforderung zu einer weiteren Erklärung. „Du hast doch schon mal Fußball im Fernsehen gesehen", begann er.

Na klar hatte er das. Er hatte sogar im letzten Jahr das WM-Endspiel in voller Länge sehen dürfen und war jubelnd im Wohnzimmer umher gelaufen, als Müller das entscheidende 2:1 für Deutschland geschossen hatte. Tom mochte Fußball. Er durfte auch immer mit Papa die Sportschau gucken.

„Borussia ist eine Fußballmannschaft und die spielt heute in ihrem Stadion gegen eine andere Mannschaft und Onkel Atze und Onkel Franz fahren da mit ein paar Freunden hin."

„Wo ist das?"

„In Dortmund."

„Darf ich mit?", fragte Tom.

Papa hielt den Ascona an und der Junge sprang aus dem Wagen. Er lief Onkel Franz in die Arme und begrüßte ihn lautstark. Der Schmied hob das Kind mit Leichtigkeit hoch und warf es in die Luft.

„Darf ich mit nach Bussia?"

„Was ist los?", fragte Atze.

„Er will mit Euch ins Stadion", sagte Toms Papa und begrüßte seine Brüder.

„Du willst mit ins Stadion und den BVB anfeuern?", fragte Franz.

„Ja klar", sagte Tom.

„Wir haben sogar noch einen Platz frei", sagte Atze zu Toms Papa, „Tilli hat eben abgesagt." Die Brüder verständigten sich mit Blicken. „Wenn er unbedingt mit will und das für euch in Ordnung ist …", ließ Toms Vater den Satz offen.

Tom machte einen Luftsprung, als die Männer zustimmten und eine halbe Stunde später saß er eingekeilt zwischen Onkel Franz und dessen Kumpel Klopper in der Mitte der Rückbank des Prinz. Vorne saß der Lange und Onkel Atze fuhr. Alle Männer rauchten Reval und HB wie die Schlote und tranken Wicküler-Bier. Auch der Fahrer. Und keiner von ihnen war angeschnallt. Anschnallgurte waren etwas für Weicheier und eine Gurtpflicht gab es noch nicht.

„Hömma", polterte Klopper und Tom reagierte zunächst gar nicht, weil er sich nicht angesprochen fühlte. Klopper, der mit bürgerlichem Namen Hans-Jürgen Kloppstock hieß, was wahrscheinlich die wenigsten Menschen wussten, war ein Freund der Weber-Brüder und der ganzen Familie. Er zog Tom am linken Ohr, bis sich dieser mit einem „Au – lass das", beschwerte. „Ohren aufsperren, Kurzer. Also: Du bist jetzt ja auch BVB-Fan, ist ja klar. Da müssen wir Dir vorm Stadion erst mal 'n Schal und 'ne Fahne besorgen." Dabei wuschelte er Tom mit seiner Pranke durch die Haare.

„Und 'ne Pudelmütze!", rief Tom und die Männer lachten.

Er war stolz, zu den großen Männern zu gehören, und lächelte den liebevollen Bären neben sich ganz breit an. Er kannte Klopper, seit er denken konnte, und er mochte ihn sehr. Der Bär war Maurer von Beruf und seine Hände waren groß wie Teller. Er hatte einen dicken Bauch und er schien keinen Hals zu haben, so groß war sein Kopf unter der hellblonden Lockenmähne. Wenn er sprach, dröhnte sein lauter Bariton in der Umgebung nach. Für Tom war er ein prima Beschützer und er hatte ein ganz großes Herz. So etwas spüren Kinder sofort. „Prost Männer", rief Klopper den anderen zu und exte sein Bier.

Onkel Atze parkte den Prinz nahe der Westfalenhalle und dann gingen sie die Strobelallee hinunter zum Westfalenstadion. Sie reihten sich ein in die Schar hunderter Menschen, die alle irgendein schwarz-gelbes Kleidungsstück trugen. Tom hörte Schlachtgesänge, hörte die mit Gasdruck betriebenen Fanfaren, hörte einzeln grölende Leute, sah überall schwarz-gelbe Fahnen, sah Bier trinkende Männer, von denen manche stockbesoffen an irgendwelchen Bäumen lehnten, roch den Duft gegrillter Bratwurst und gebrannter Mandeln und den frischen Pferdekot, der von den Rössern der berittenen Polizisten stammte, welche die Szenerie gelassen begleiteten. So etwas hatte er noch nie erlebt. So viele Menschen auf einmal hatte er selbst beim Schützenfest in Hammerschlag noch nicht gesehen. Vor lauter Staunen bekam Tom seinen Mund nicht mehr zu. Sein kleines Herz schlug immer schneller und seine Vorfreude wuchs sich aus zu echter Aufregung. Wie würde es sein, wenn sie erst im Stadion wären, dessen Umrisse er aus der Ferne gesehen hatte? In ihm kribbelte es, als sei ein Ameisenheer in seinem Körper unterwegs. So ein

Gefühl kannte er bisher nur vom Warten auf das Christkind am Heiligabend. Tom hüpfte an der Hand seines Onkels auf und ab und fragte alle dreißig Sekunden, wann sie denn nun endlich da seien.

Vor dem Haupteingang machte das Trüppchen Halt. Nun sah Tom zum ersten Mal das Stadion aus der Nähe und er dachte spontan an ein riesiges Raumschiff, als sein Blick über die Stahldächer und die Flutlichtmasten schweifte. Klopper hielt demonstrativ die Hand auf. „Jetzt jeder einen Heiermann an die Sonne und dann kleiden wir den jungen Mann erst mal ein", forderte er. Toms Herz hüpfte vor Freude. Als alle ihren Beitrag geleistet hatten, nahm der Maurer den Jungen an die Hand und ging mit ihm zu einem Stand, an dem allerlei Fan-Devotionalien verkauft wurden. Tom bekam eine schwarz-gelbe Pudelmütze, einen BVB-Schal und eine kleine Fahne, auf der eine Schale und zwei Pokale aufgedruckt waren. Klopper beugte sich zu ihm herunter, breitete die Fahne aus und zeigte auf die Aufdrucke. „Nun pass mal gut auf, Kurzer", begann er. Tom spürte, dass dies ein wichtiger Moment in seinem noch sehr kurzen Fan-Dasein war.

„Die Schale bedeutet Deutscher Meister. 1956, 57 und 63. Dieser Pokal bedeutet: DFB-Pokal-Sieger 1965. Und dieser Pokal …", Klopper machte eine bedeutungsvolle Pause. „Dieser Pokal bedeutet: Europapokalsieger 1966. Borussia Dortmund war die erste Mannschaft in ganz Deutschland, die diesen Pokal gewonnen hat, mein Junge." Er dankte Klopper und den anderen Männern und drückte sie für ihr großartiges Geschenk.

Nur gut, dass auf Fahnen keine Negativ-Ereignisse abgedruckt werden, sonst wäre der Neu-Fan vielleicht doch etwas skeptisch geworden. 1966 noch europäische Spitze, folgte der schrittweise Niedergang des BVB 09, der 1972 im Abstieg in die 2. Bundesliga Nord mündete. Statt Bayern München, Borussia Mönchengladbach oder FC Liverpool hießen die Gegner nun DJK Gütersloh, Spvgg. Erkenschwick und 1. FC Mühlheim. Heute ging es gegen Preußen Münster und irgendwie hatte der Junge aus den Gesprächen im Auto herausgehört, dass es mit dem Aufstieg in diesem Jahr endlich klappen könnte. Er konnte damit aber noch nicht viel anfangen.

Zwischen unzähligen Männerbeinen gefangen, quetschte sich Tom an der Hand von Onkel Franz durchs Nordost-Tor ins Stadion. Klopper und der Lange gingen voraus, seine Onkel begleiteten ihn zu ihren Plätzen. Endlich dort angekommen, sah Tom zum ersten Mal das gesamte Stadion, die Rasenfläche und die Tore. Es roch nach frisch gemähtem Gras, so ähnlich wie bei Opa, wenn er die riesige Wiese hinter dem Haus mit einer Sense abgemäht hatte, nur frischer. Dieses Grün nahm Tom gefangen. Der Mix aus der schon tief stehenden Frühlingssonne und des schwachen Flutlichtes ließ es ganz eigenartig schimmern. Die exakt gezogenen weißen Spielfeldumrandungen glänzten darin und auch die Tore und Netze sahen in diesem Licht besonders aus. Das alles beeindruckte den kleinen Tom und es kam ihm irgendwie unwirklich, ja feierlich, vor. Auf dem Spielfeld liefen schon ganz viele Fußballer umher. Die Sitzplätze der Sauerländer befanden sich direkt über der Trainerbank auf Höhe der Mittellinie. Von dort aus hatte man einen grandiosen Blick auf das gesamte Geschehen.

Toms Blick wanderte durch das Stadion und über die knallgrüne Spielfläche. Er war ebenso aufgeregt wie sprachlos. Was für die erwachsenen Dauerkartenbesitzer ein eher langweiliges Warmlaufen war, war für ihn bereits die große Show. Er saß zwischen Onkel Atze und Klopper. Sein Onkel zeigte in eine bestimmte Richtung auf dem Feld und sagte zu ihm heruntergebeugt: „Der da ist der Trainer. Das ist Otto Knefler." Tom versuchte, sich alles zu merken. „Und der da", sein Finger wanderte etwas weiter, „das ist Burkhardt Segler. Er ist Stürmer und soll heute Tore schießen." „Das macht der auch", sagte der Junge.

„Und siehst du den da am Sechzehner, der gerade schießt?"

Tom schaute in die Richtung und sah einen dunkelhaarigen, sehr drahtig wirkenden Spieler. „Das ist unser Spielmacher, Zoltan Varga. Ein guter Mann", sagte Onkel Atze.

„Wenn er will", ergänzte Klopper.

„Was ist ein Spielmacher?", fragte Tom.

„Das ist der, der die Ideen hat, der den Ball zu den Stürmern bringt. Eigentlich der, der am besten von allen spielen kann", versuchte sich Onkel Franz an einer kindgerechten Erklärung. „So wie Günter Netzer zum Beispiel", ergänzte der Lange.

„Von dem hab ich schon mal was gehört. Der spielt bei Real Madrid", klugscheißerte Tom. Er hatte erst gestern mit Papa die Sportschau gesehen und da hatte Ernst Huberty genau das gesagt. Die Zustimmung seiner Männer war Tom gewiss. „Der kennt sich aus der Kleine", lachte Klopper in die Runde.

Das Spielfeld hatte sich mittlerweile geleert und Tom dachte, das sei es schon gewesen, und er fragte sich, warum noch alle auf ihren Plätzen saßen. Plötzlich brandete ein riesiger Applaus durchs Stadion wie eine heranrauschende Meereswelle und Tom erblickte unter sich die Mannschaften, die in Begleitung dreier in Schwarz gekleideter Männer den Rasen betraten. Die Spieler hatten nun auch keine Trainingsanzüge mehr an, sondern echte Trikots wie im Fernsehen. Auf der Stehplatz-Tribüne zu seiner Linken, genau hinter dem Tor, warfen die Leute ganz viel Konfetti in die Luft und schmissen Klopapierrollen umher. Von dort schallten auch laut die Gasfanfaren herüber und Tom bekam eine Gänsehaut. So viele Fahnen, so viele Menschen – alles in Schwarz und Gelb. Und ganz langsam dämmerte es dem kleinen Jungen, was hier im Stadion so anders war zum Fußball im Fernsehen: Hier war alles bunt. Das war es! Hier war alles bunt und in knalligen Farben: die gelben Trikots, der grüne Rasen, die roten Flutlichtmasten – Tom hatte Fußball bislang nur in Schwarz-Weiß gekannt, durch den Röhrenfernseher seiner Eltern.

Mit einem Mal hatte der Junge das unbestimmte Gefühl, Teil von etwas Großem zu sein. Das hier war unvergleichlich und vor seinem inneren Auge sah er sich selbst als Spieler im gelben Trikot, den Ball im Fallen über die Torlinie zirkelnd, sah wie sich seine Mannschaftskameraden jubelnd auf ihn stürzten und seine Elf von den Menschenmassen gefeiert wurde. „Seitenwahl gewonnen, wir spielen zuerst auf die Nord", kommentierte Klopper. „Junge, du bringst uns Glück", sagte er zu dem Kleinen.

Dann wurde es angepfiffen, Toms erstes Fußballerlebnis im Dortmunder Westfalenstadion. Er war begeistert, wie schnell der Ball hin und her lief, wie sich die Spieler anstrengten. Fast konnte er ihren Schweiß riechen, es selbst fühlen, wenn sie gerempelt oder gefoult wurden. Toms rechter Fuß zuckte bei jedem Pass eines BVB-Spielers und es kribbelte in seinen Oberschenkeln, wenn sie in die Nähe des Strafraums kamen. Der Duft des Rasens vermischte sich mit den Gerüchen von Bratwurst, Bier und Zigarettenqualm und diese Geruchsmischung hätte sich Tom gerne in Flaschen abfüllen lassen.

Die Lautstärke von den Tribünen, das Gemecker auf den Rängen, die Beleidigungen gegen den Schiri, die erst euphorischen und dann enttäuscht abebbenden Jubelstürme nach einer vergebenen Chance, der Applaus für eine sportliche Geste, der kollektive Nervenkitzel, wenn die Heimmannschaft in der Nähe des gegnerischen Strafraums auftauchte, übten eine Faszination auf Tom aus, die so außerordentlich und neu für ihn war, dass er sich wie in einem herrlichen Traum fühlte. Eine nie gekannte Freude breitete sich in ihm aus. Plötzlich wusste er, dass er hierher gehörte und dass er immer wieder ins Westfalenstadion zurückkehren würde. In jedem Zweikampf, jedem Einwurf, jedem Pass und jeder Ecke lag für Tom eine ganz eigene Magie, etwas, das er nicht erklären konnte, das aber so mächtig war, dass es ihn nie wieder loslassen würde.

Segler drosch in der Anfangsphase den Ball knapp am Preußen-Tor vorbei und wieder raunte das Stadion. „Du Blinder", hörte Tom jemanden von hinten verzweifelt brüllen, während sein Onkel Atze lauthals fluchte. „Scheiße darf man doch nicht sagen", sagte Tom entrüstet. Seine Eltern hatten ihm immer wieder einzurichten versucht, dass dieses Wort verboten sei. „Doch", meinte Klopper voller Überzeugung, „im Stadion darf man das."

Dann plötzlich ein erlösender Schrei aus 30.000 Kehlen: „Toooooor!!!!!" Das alles ging so schnell, dass Tom es erst gar nicht begriff. Plötzlich warf ihn Klopper in die Höhe. 1:0 für Borussia durch Schildt und Tom wartete die ganze Zeit auf die Zeitlupe.

„Zeigen sie das nicht noch mal?", fragte er Onkel Atze enttäuscht, während die Münsteraner Spieler bedröppelt zum Mittelkreis trotteten. Sein Onkel erklärte ihm dann ausführlich den Unterschied zwischen Fußball im Stadion und in der Sportschau. Nun hatte Tom es auch begriffen.

Kaum war der Torjubel aus der 13. Minute verhallt, da fluchten die Borussen-Fans schon wieder. Wagner hatte nur vier Minuten später den Ball über die eigene Torlinie gestolpert und es stand 1:1. Tom dachte bis dahin immer, dass Eigentore nicht zählen. Zumindest war das auf ihrem Bolzplatz in Mühlendorf so eine Regel.

„Warum verdient der eigentlich so viel Kohle?", echauffierte sich Klopper.

Tom fand es blöd, dass alle auf den armen Wagner schimpften. Der hatte das doch bestimmt nicht extra gemacht. Außerdem fand er, dass man zu seiner Mannschaft halten musste, auch wenn es mal schlecht lief. „BVB gewinnt. Bestimmt", sagte er zu den Männern und war fest davon überzeugt und dann fiel weitere drei Minuten später das 1:2 für Preußen Münster.

Plötzlich war es ganz still im Stadion. Viele Zuschauer riefen „Scheiße!" oder „Zum Kotzen!" und irgendwie fühlte sich Tom jetzt nicht mehr ganz so wohl, wie noch zu Beginn des Spiels. Alle Erwachsenen waren richtig sauer und hörten nicht auf zu meckern und ihr Ton machte dem kleinen Jungen sogar ein wenig Angst.

„So können se das mit dem Aufstieg vergessen. Das ist ganz große Scheiße, was die heute verzapfen", rief jemand hinter ihm. Tom drehte sich um und sagte: „Wir gewinnen." Er stand auf, schwenkte wie wild seine Fahne und feuerte Borussia lauthals an. *Die doofen Erwachsenen*, dachte er. *Warum halten sie nicht jetzt alle zum BVB? Warum müssen sie alle schimpfen? Wir müssen doch die Mannschaft anfeuern!* Er war davon überzeugt, dass sich seine Hoffnung und sein Wille, dass die Borussia das Spiel gewinnen würde, auf die Spieler übertragen ließen. Zu allem entschlossen feuerte er als Einziger auf der ganzen Tribüne seinen BVB lautstark an.

„Hinsetzen! Man sieht ja nix mehr!", brüllte der Mann hinter ihm in einem Ton, der alles andere als kinderfreundlich war. Tom erschrak und wusste nicht, wie er sich verhalten sollte. Seine aufkommenden Tränen wusste er noch gerade zu unterdrücken. Da erhoben sich Klopper und Atze gleichzeitig und standen nun mit ihren Gesichtern ganz dicht vor dem Sportsfreund, der es gewagt hatte, ihren Schützling anzumotzen. Klopper hatte die Fäuste geballt und sprach in einem äußerst beherrschten Ton: „Hömma Kumpel, der Junge is heute's erste Mal im Stadion und ich will, dat es ihm gut gefällt, verstehse? Also halt gefälligst die Schnauze. Und wenn Du noch einmal den Kurzen anmotzt, dann is was im Busch. Kapiert?" Dabei hob Klopper seine Rechte und wartete auf eine Reaktion. Der Mann nickte nur und traute sich nicht mehr, irgendetwas zu sagen. Klopper konnte sehr überzeugend sein.

„Onkel Atze", fragte Tom, als er sich wieder gesetzt hatte, „wer ist eigentlich der Spieler mit der Nummer zwei und dieser Binde um den Arm?" „Das ist Lothar Huber, unser Kapitän. Die Binde trägt er übrigens, damit jeder weiß, dass er der Kapitän ist. Warum fragst du?"

„Der ist super. Der läuft die ganze Zeit ohne Pause und ist viel schneller als sein Gegenspieler. Der gefällt mir. Der kann auch super flanken", sagte Tom. „Ja, gut beobachtet", sagte der Lange, der mitgehört hatte. „Der Huber hat 'ne Pferdelunge."

Und dann schlug Huber eine von diesen speziellen Bananenflanken, die Segler erwischte und so in der 25. Minute das 2:2 markierte. Wieder gab es riesigen Jubel, wieder riss Klopper den Kleinen in die Höhe und wieder wurde Tom von den Männern geherzt und geküsst.

„Hab ich's nicht gesagt? Segler macht ein Tor! Ich wusste es! Wir gewinnen!", rief Tom.

Huber machte dann vier Minuten später selbst das Tor zum 3:2 und spätestens von diesem Zeitpunkt an war er Toms persönlicher BVB-Held. Der Jubel war euphorisch. Konfetti flog, Fanfaren ertönten. Wildfremde Menschen umarmten sich und intonierten „Immer wieder BVB!" Die Freude schwappte vollends über, als Wolf kurz vor der Halbzeit das 4:2 erzielte. Tom sprang jubelnd auf seinem Sitz herum und schwenkte seine Fahne. Der Mann hinter ihm freute sich nun auch.

Die zweite Halbzeit verlief zwar wesentlich unspektakulärer, aber spannend, weil Moors für Münster noch das 3:4 nach 60 Minuten schoss. Trotzdem war es Tom klar, dass sein BVB heute gewinnen würde. Es konnte gar nicht anders sein. Als der Schiri die Partie abpfiff, jubelten alle Menschen um sie herum.

„Mann, Kleiner, Du hast uns Glück gebracht. Du bist jetzt unser BVB-Maskottchen", adelte Klopper den Jungen. „Den Kurzen nehmen wir jetzt immer mit, der bringt uns Glück", sagte er zu den anderen Männern. „Wenn

Tilli nächstes Mal wieder mitkommt, gibt's für den Kleinen aber keinen Platz", wandte Toms Onkel Franz ein. „Den Schmachthaken nehme ich auch gerne auf'n Schoß", lachte Klopper und dann ging es nach Hause, nicht ohne noch eine Bratwurst zu vertilgen.

Mama und Papa nahmen ihren Sprößling bei Opa in Empfang und fuhren mit ihm zurück nach Hause. Tom erzählte in allen Details vom Spiel und sein Papa hatte seine helle Freude.

„Ich weiß auch, wofür die Schale und die Pokale auf der Fahne stehen, Papa. BVB hat 1966 nämlich den Europapokal gewonnen."

„Ich weiß", lächelte dieser. „Im Endspiel gegen Liverpool. 2:1 für Dortmund nach Verlängerung. Das Spiel habe ich damals im Fernsehen gesehen."

„Du Papa, steigt Dortmund jetzt auf?"

„Eigentlich sieht es nach dem Spiel heute wieder ganz gut aus", rechnete er, „wir liegen nur einen Punkt hinter Uerdingen. Das können wir schaffen."

„Warst du auch schon mal im Stadion, Papa?"

„Ja, schon öfter. Sogar auch in dem alten Stadion von Borussia, in der Roten Erde. Das liegt direkt neben dem Westfalenstadion."

„Gegen wen hat BVB denn da gespielt?"

Dem Kleinen fielen langsam die Augen zu. Bei Autofahrten schlief er immer sehr schnell ein und er gähnte hörbar. „Gegen wen genau, kann ich nicht sagen, ich habe viele Spiele dort gesehen, aber ein Spiel werde ich nie vergessen: Das 5:0 gegen Benfica Lissabon."

„Lissabon", echote Tom schlaftrunken und bekam dann nur noch Satzfetzen von Papas Schwärmereien mit, ehe er einschlummerte. „Dezember 63 … im Baum gesessen … arschkalt … unbeschreiblich viele Menschen … Eusebio … die beste Mannschaft Europas … eine Legende … Brungs drei Tore … unglaublich … eine Sternstunde … auf dem Papier keine Chance … zur Halbzeit schon 3:0 … stürmten den Platz … irre Atmosphäre … das gibt's nur beim BVB."

Ein paar Monate später kickte der fußballbegeisterte Bursche in der strahlenden Sonne auf Opas Hof gegen die Außenwand der Schmiede. Sie hatten gerade zu Mittag gegessen. Die Hämmer standen still, während unzählige Schwalben emsig an ihren Nestern bauten und die Luft mit ihrem Gezwitscher füllten.

Der Ruf seines Papas durchschnitt die sanfte Sommermelodie. Tom blickte auf und lief zum Wohnhaus. Papa beugte sich zu ihm herunter: „Sag mal, hast du heute Lust, mit Onkel Atze ins Stadion zu fahren? Die Männer haben einen Platz frei." Tom machte einen Luftsprung und rannte zu Papas Auto. Fahne, Schal und Pudelmütze lagen auf der Rückbank. Er nahm sie immer mit, wenn sie zu Opa fuhren. Man konnte ja nie wissen …

Tom war genau so gespannt wie beim ersten Mal, als er mit den Männern im Auto saß und freute sich so sehr auf seine Borussia. Die Stimmung unter den Männern war aber gar nicht so sehr von Vorfreude erfüllt.

„Gegen wen spielen wir heute?", fragte er Klopper.

„Uerdingen", sagte der einsilbig.

„Wir gewinnen!"

„Jaja", sagte der Lange von vorne, „aber das ist eigentlich scheißegal. Aufsteigen können wir jedenfalls nicht mehr. Ist das letzte Saisonspiel heute. Vielleicht klappt es ja nächste Saison mit dem Aufstieg."

„Ich hab's euch doch gesagt: Den Kleinen hätten wir als Glücksbringer immer mitnehmen müssen", meckerte Klopper. Er nahm Tom in den Arm und lachte. „Wenn du jedes Mal mit im Stadion gewesen wärst, hätten wir bestimmt kein Spiel mehr verloren. Dann wäre der Aufstieg auch noch drin gewesen."

„Ach, macht doch nix", sagte Tom, „dann nehmt ihr mich eben nächste Saison immer mit und wir steigen auf."

„Abgemacht!" antworteten die Männer im Chor.

Epilog (1976)

2. Bundesliga Nord, Saison 1975/76, 38. Spieltag
Samstag, 12.06.1976
Borussia Dortmund – Schwarz-Weiß Essen 3:0

Es war der 12. Juni 1976. So voll hatte Tom das Westfalenstadion noch nie gesehen. 48.000 Menschen wollten das letzte Saisonspiel gegen Schwarz-Weiß Essen sehen, denn es ging um alles. Mit einem Sieg könnte sich der BVB für die Aufstiegsspiele zur 1. Bundesliga qualifizieren.

Er hatte keinen eigenen Sitz und saß eingeklemmt zwischen Onkel Franz und Klopper. Der Maurer freute sich, dass Tom dabei war. „Das kann heute gar nicht schiefgehen", sagte er kurz vor dem Anstoß zu einem Mann in der Sitzreihe vor ihnen, „wir haben unser Maskottchen dabei." Der Mann lächelte und prostete ihnen zu.

Klopper und Tom waren sich sicher: Heute würde Borussia Geschichte schreiben. Sie waren in dieser Saison bei jedem Heimspiel dabei gewesen und Dortmund hatte nicht ein einziges Mal verloren.

Schon nach kurzer Zeit entlud sich die Spannung in grenzenlosem Jubel, als Geyer das 1:0 für Schwarz-Gelb schoss. Hartl machte 15 Minuten nach der Halbzeit schon fast alles klar und als „Ede" Wolf kurz vor Schluss auf 3:0 erhöhte, gab es im ganzen Stadion kein Halten mehr. Der große Jubel wurde nur von der grandiosen Aufstiegsfeier zwei Wochen später im entscheidenden Relegationsspiel gegen den 1. FC Nürnberg übertroffen.

Tom hatte es gewusst: Sein BVB war nun endlich wieder erstklassig und das sollte auch so bleiben.

Nie mehr 2. Liga!

Unverdient verloren? (1978)

1. Bundesliga, Saison 1977/78, 34. Spieltag
Samstag, 29.04.1978
Borussia Mönchengladbach – Borussia Dortmund 12:0

Kinder können grausam sein.

Fußball auch.

Weil er Erstes wusste und Zweites soeben erfuhr, ahnte er an jenem Samstagnachmittag schon zur Halbzeit, was ihm nach dem langen Wochenende am Dienstagmorgen blühen würde. Er sah sich vor seiner ganzen Klasse der Lächerlichkeit preisgegeben.

Wie sollte er das nur erklären? 0:12. Unfassbar. Eine Katastrophe. Die schlimmste Demütigung, die je eine Bundesliga-Mannschaft samt Anhang hatte hinnehmen müssen. Sie hatten sich abschlachten lassen, seine Borussen. Keine Gegenwehr, kein Aufbäumen. Nichts. Jedes Gegentor nach dem zwischenzeitlichen 5:0 (was als Endergebnis schon schlimm genug gewesen wäre) war eine gefühlte Ohrfeige, jeder Treffer eine weitere persönliche Erniedrigung. Tom war nicht nur todtraurig. Er war auch stinksauer und es gab tatsächlich kurze Augenblicke, in denen er daran dachte, seine BVB-Fahne zu verbrennen.

Er fragte sich, warum er sie immer so toll fand – Segler, Kostedde, Huber, Wolf oder Votava. Und wer bitte schön war Peter Endrulat? Warum hatte Otto Rehhagel diese Pfeife ins Tor gestellt? Sein geliebter Horst Bertram hätte doch mindestens sechs von den zwölf Dingern von der Linie gefischt.

Als er vor dem Radio in der Küche hockte, konnte er den Spielkommentar des WDR-Reporters Jochen Hageleit plötzlich nicht mehr ertragen. In der Sendung „Tore, Punkte, Meisterschaft" kommentierte dieser mit blumigen Worten jenes „spektakuläre" Spiel. Tom verdammte auch den Studiomoderator Kurt Brumme, dessen Stimme er auf WDR 2 sonst immer so gerne hörte. Tom fand, dass er viel zu schwulstig darauf spekulierte, dass „die andere Borussia, nämlich die vom Niederrhein" vielleicht doch noch die Sensation schaffen und den 1. FC Köln von der Tabellenspitze verdrängen würde – „aufgrund des Torverhältnisses". Köln gewann zeitgleich auf St. Pauli mit 5:0. Hätten die Gladbacher 15:0 gegen ihren Namensvetter aus Dortmund gewonnen, wären sie sogar noch Deutscher Meister geworden. Wurden sie aber nicht. *Recht so*, dachte Tom. Wenigstens das blieb seiner gebeutelten BVB-Seele erspart. Doch wirklich trösten konnte ihn das nicht. Er schaute diesmal keine Sportschau und fragte Mama und Papa auch nicht, ob er bis zum „Sportstudio" aufbleiben dürfe.

Tom musste sich einfach nur abreagieren. Er zog sich in sein Zimmer zurück und legte „Fireball" von *Deep Purple* auf. Sein knallroter Plastik-Plattenspieler von Phillips mit den abnehmbaren 10-Watt-Boxen gab alles. Seit ihm eine Frau aus der Nachbarschaft, die manchmal einen Kaffee mit seiner Mutter trank, zwei alte *Purple* LPs und eine Single von *Queen* geschenkt hatte, hatte Tom sein Herz an Rockmusik verloren.

Diese Musik war so ganz anders als alles, was er bisher kannte. Tom war aufgewachsen mit den Schlagern von *Michael Holm*, *Jürgen Marcus* und *Ireen Sheer*, die bei Feten im Hause Weber dudelten. Mittlerweile hasste er Schlagermusik und deshalb schmuggelte Tom bei entsprechenden Anlässen immer mal wieder die Singles von *Boney M.* auf den Plattenteller. „Daddy Cool" war eines seiner Lieblingslieder.

Toms Eltern hingegen liebten Schlager und der Junge kannte sie alle auswendig, auch wenn er sie nicht mochte. Er hatte gerne *Smokie*, *The Sweet* und die *Bay City Rollers* gehört, doch als der Elfjährige das erste Mal die *Queen*-Single „Sheer heart attack" auf seinem Phillips-Plattenspieler abspielte, war es um ihn geschehen. Irgendetwas packte ihn, schüttelte ihn ordentlich durch, gab ihm Kraft und Energie, versetzte ihn in Schwingungen und schoss ihn ganz weit weg. Das war neu für ihn, das war echt, das war grandios, das war unaufhaltsam und so voller Kraft und Leben, dass er nicht genug davon bekommen konnte. Als er nun „Fireball" hörte und dazu wild in seinem Zimmer tanzte, vergaß er die ganze Welt um sich herum. Er träumte davon, auch einmal ein Rockmusiker zu sein, ein Sänger, so wie Ian Gillan.

Erst als er völlig außer Atem war, war seine Wut über die unbeschreibliche 0:12-Niederlage nicht mehr ganz so groß. Tom versuchte das Ereignis abzuhaken, aber es gelang ihm nicht. Zu stark war die Enttäuschung über seine Mannschaft, die sich derart hatte niedermachen lassen.

Mutlos trottete er am Dienstag gegen sieben Uhr aus dem Haus. Seine vorherigen Versuche den verhassten Schulbesuch zu vermeiden, waren an Mamas Fähigkeit gescheitert, das Schauspiel von den fürchterlichen Bauchschmerzen zu durchschauen. So stand er da an der Bushaltestelle, wissend um die Häme, die ihn in wenigen Minuten empfangen würde, wissend, dass er in der ersten Stunde Mathe haben würde, sich eine Entschuldigung zurecht legend, warum er die Hausaufgaben dafür mal wieder nicht gemacht hatte, und ließ sich voll regnen.

Da bog der Büssing auch schon um die Ecke. Die Scheinwerfer nahmen die Wartenden in den Fokus und Toms Herz schlug Alarm. Als der Bus die Haltestelle anfuhr und mit einem Zischen und Ächzen langsam zum Stehen kam, schnitten Axel und Lars durch eine Seitenscheibe schon fiese Grimassen. Er hatte es richtig vermutet: Seine Klassenkameraden fläzten sich auf dem „Vierer" vor der letzten Bank. Er hatte immer noch keine Ahnung, was er sagen sollte, wenn sie ihn auf das Spiel ansprechen würden. Was sollte man zu einem 0:12 auch sagen? *Unverdient verloren?* Wohl kaum.

Tom zückte seine Monatskarte und quetschte sich durch den Gang bis in den hinteren Teil zum „Vierer". Die Jungs hielten ihm immer einen Platz frei. Er wusste nicht, ob er sich heute darüber freuen sollte.

Sie winkten ihm zu wie immer. „Komm schnell, wir haben dir einen Platz frei gehalten", sollte das bedeuten. Der Bus fuhr los und die im Gang stehende Schülerschar verlor für einen Moment kollektiv das Gleichgewicht. Tom gab dies die Gelegenheit, sich zwischen drei Gestalten hindurch auf den „Vierer" zu schlängeln, wobei er seinen Tornister hinter sich her zog und damit fast einen Grundschüler umriss. Der beschwerte sich nicht, weil er Angst hatte, sonst eine Ohrfeige zu kassieren. Die ungeschriebenen Gesetze des Schulbusses hatte man auch als ganz kleiner Pimpf schon nach wenigen Tagen verinnerlicht.

Halb liegend, halb sitzend, sich irgendwie auf seinem Sitz in Position bringend während der Bus los zockelte, erwartete er die erste Anfeindung von Axel, denn der war Gladbach-Fan. Totaler Gladbach-Fan. Er trumpfte immer groß auf, wenn Simonsen, Heynckes, Del Haye und all die anderen Stars im Europacup wieder für Furore gesorgt hatten.

Ihre Begrüßung war herzlich, sie klatschten sich ab.

„Kommste Samstag mit ins Kino?", war Axels erste Frage an diesem Morgen. Tom musste sich verhört haben.

„Was?"

Endlich saß er richtig und schaute in die ihm gegenübersitzenden Gesichter von Lars und Axel, die ihn einigermaßen freundlich anlächelten. Tom vermutete eine üble Verschwörung. Gleich würden sie ihn zerfetzen.

„Ob du Samstag mit ins Kino kommst? Dann zeigen sie hier endlich Saturday night fever. Das stand heute in der ‚Hammerschläger Stimme'."

„Hab von dem Film in der Bravo gelesen …" Tom klang lustlos.

„Soll echt Knorke sein", versuchte Axel ihn zu begeistern.

„Ich weiß nicht …", gab Tom einsilbig an. Es war nicht sein Ding. Er fand die *Bee Gees* doof. Er war Fan von *Deep Purple* und von *Kiss*, von *Black Sabbath* und *Queen*. Es wäre Verrat an seiner Hardrock-Gesinnung gewesen, sich diesen Disco-Film anzusehen. Schon gar nicht mochte er diesen schmierigen John Travolta, dessen Konterfei ihn seit gefühlten Ewigkeiten wöchentlich aus seiner Bravo anlächelte.

„Und? Wie war euer Wochenende so?", lenkte Tom erst mal vom Thema ab.

Lars erzählte ausgiebig von seinem C-Jugend-Spiel am Sonntag, in dem er ein Tor geschossen hatte. Sie hatten die Luschen vom TuS Allensbach mit 4:0 vom Aschenplatz gefegt.

Beide erwähnten das 12:0 nicht mit einem Wort. Tom wurde immer misstrauischer. Funkenartig schoss ein hoffnungsvoller Gedanke durch sein Hirn: *Was ist, wenn sie es gar nicht mitbekommen haben?* Der Funke erlosch so abrupt wie eine Sternschnuppe am Augusthimmel. *Wer kann ein solches Ergebnis nicht mitbekommen haben? Es stand heute früh ganz fett in der Zeitung. Sogar in den Radionachrichten sprachen sie davon. Der höchste Sieg in der Geschichte der Bundesliga. Bla, bla, bla,* dachte Tom.

Er musste sie irgendwie weiter ablenken.

„Wer ist eigentlich heute dran mit Innenhof freihalten?", fiel ihm ein.

Im Innenhof pflegten die Jungs aus der 6a in der großen Pause zu jeder Jahreszeit Fußball zu spielen. Es war äußerst praktisch dort. Die Begrenzungen hatten die ideale Spielfeldgröße für vier bis sechs Spieler pro Mannschaft. Die Sitzbänke ließen sich super zu Toren umfunktionieren und hatten genau die passenden Maße für einen Tennisball, der ihr Spielgerät in den Pausen war. Der Pausenkick bedurfte allerdings minutiöser Vorbereitung, denn wer zuerst den Platz mit Ball belegt hatte, durfte ihn nutzen. Das galt für alle, bis auf die Großen. Wenn die Bock hatten, dort zu kicken, drohten sie den Kleinen Prügel an, bis diese verschwanden. Im letzten Winter hatte Tom einmal all seinen Mut zusammengenommen und gegenüber zwei Zehntklässlern auf dem Recht der Kleinen bestanden, die zuerst da gewesen waren. Eine gründliche Schneewäsche hatte ihn eines Besseren belehrt.

Um den Innenhof zu belegen, hatten Lars, Axel und Tom ein todsicheres System erfunden. Einer von ihnen war derjenige, der nach dem Pausengong blitzartig dort sein musste. Er täuschte meistens einen Toilettengang im Augenblick des Gongschlags an und raste mit dem Ball die Stockwerke hinunter, während die anderen die Hausaufgaben für ihn aufschrieben und die Teams in der Klasse organisierten. Meistens gab es vier oder sechs Jungs, die Lust auf den Pausenkick hatten und gegen die Jungs aus einer anderen Klasse antraten.

„Du bist heute dran", meinte Axel.

„Okay, mach ich. Hast du deinen Tennisball dabei?"

Axel grinste, während er den hellgrünen Filzball aus seiner Tasche kramte und ihn Tom überreichte. „12:0", sagte er trocken und brach dann in schallendes

Gelächter aus. Tom fühlte sich, als sei er aus vollem Lauf gegen eine Straßenlaterne geprallt. „Halt die Fresse, Kampmann." Mehr fiel ihm nicht ein.

„12:0", wiederholte der und kam aus dem Lachen nicht mehr heraus. Lars stimmte ein.

„Sei du mal ganz ruhig", sagte Tom zu ihm, „deine doofen Schalker haben auch verloren."

„Ja", sagte Lars, „aber nur 1:0 in Duisburg und nicht 12:0".

Sie lachten und feixten und Tom hätte sie gerne verprügelt, um seine wiederkehrende Wut loszuwerden. Doch er verwarf den Gedanken augenblicklich als idiotisch. Irgendwann lachte er mit. Es war einfach ansteckend. Und außerdem: Was blieb ihm anderes übrig?

„Das war voll der Hammer", schwärmte Axel nach einer Weile, „ich hab's im Radio gehört und die sagten alle paar Minuten ‚Tor für Gladbach'. Boah, der Heynckes hat fünf Buden gemacht!"

„Ja, schon gut, schon gut. War toll für Gladbach", versuchte Tom ihn zu bremsen. „Dortmund wollte ja nur, dass ihr Deutscher Meister werdet und nicht die Kölner. Die haben das extra gemacht. Dafür hat Rehhagel ja auch diesen komischen Ersatztorwart reingestellt. Aber warte mal ab, nächste Saison kriegt ihr das alles wieder."

„Aber nicht mit 12:0", konterte Axel.

„Der höchste Sieg in der Bundesliga-Geschichte", machte sich Lars wichtig. Tom gab es auf und schwieg. Wie sehr sehnte er sich danach, dass sein BVB 09 auch mal oben in der Tabelle stehen würde. Der Bus steuerte langsam das Schulzentrum an.

„Hat einer von euch Mathe gemacht? Kann ich vor der Stunde mal eben schnell abschreiben?", fragte Tom die beiden. „Mussten wir doch gar nicht für heute machen", sagte Lars, „wir kriegen doch heute die Arbeit wieder." Augenblicklich hatte Tom das Gefühl, sich übergeben zu müssen. *Ach du scheiße*, dachte er. Ganz plötzlich dräute ihm, dass es tatsächlich noch wichtigere Dinge gab als Fußball. Nämlich: *Wie werde ich meinen Eltern die nächste Sechs in Mathe möglichst lang verheimlichen können?*

Dabei hatte Papa so oft mit ihm geübt, nachdem Tom die letzte Klassenarbeit mit „Sechs" total versemmelt hatte. Mathe lag ihm einfach nicht und deshalb hatte er sich innerlich davon verabschiedet. Auf dem Abschlusszeugnis würde ihm eine sehr schlechte Note in seinem Hassfach drohen. Seine Eltern würden ihn fortjagen oder ihn steinigen oder ihm Fernseh-Verbot verpassen, was die schlimmste aller Strafen wäre. Tom hielt gedanklich kurz inne. Wenn er wegen Mathe sitzenbleiben würde, müsste er im neuen Schuljahr mit den ehemaligen Fünfern im Innenhof gegen seine alten Klassenkameraden antreten. *Wie peinlich! Bitte nicht!*, dachte er und bekam nun tatsächlich Bauchschmerzen.

Der beißende Geruch eines nach künstlicher Zitrone stinkenden Reinigungsmittels schlug ihm entgegen, als er das Gebäude der Hammerschlag-Realschule betrat. Die Schüler hasteten die Treppen hinauf, auf dem Weg zu ihren Klassen und ließen sich im Klassenraum langsam auf den ihnen angestammten Plätzen nieder. Das 12:0 war im allgemeinen Morgengebrummel das dominierende Thema. Selbst ein paar Mädchen, die sonst mit Fußball so überhaupt nichts am Hut hatten, quatschten mit und zogen Tom auf, um sich aufzuspielen. *Ekelhaft!*, dachte Tom und er wünschte sich ein Loch, in das er hätte verschwinden können. Er hatte es geahnt. „Hey Tom – heißen die jetzt BVB 012?", „Kriegt der Torwart jetzt 'n Extrapreis als Fliegenfänger?"

Er hatte eine Stinkwut auf den Rest der Klasse. Alle hackten auf ihm herum und er war der einzige BVB-Fan in der 6a. Die anderen waren Kölner, Gladbacher, Bayern oder Schalker. Von denen wusste keiner, wie es sich anfühlte, Fan von einem Verein zu sein, der seit knapp zwei Jahren wieder in der ersten Bundesliga kickte und sich erst noch behaupten musste in Deutschlands höchster Spielklasse. Während die Schüler herum wuselten und ihre Wochenenderlebnisse austauschten, trat ihr Mathelehrer, Herr Drock, ein.

Drock war die Fleisch gewordene Verkörperung von Ordnung, Disziplin, Gehorsam und Strenge. Und Hartherzigkeit. Herr Drock verlangte immer das gleiche Zeremoniell von seinen Schülern. Sie hatten aufzustehen und „Guten Morgen, Herr Drock" zu sagen. Dabei durchbohrte er mit seinen Habichtsaugen jeden, der es nicht rechtzeitig geschafft hatte, in eine andere Richtung zu blicken. Er ließ sie Ewigkeiten zappeln, bis er schließlich mit einem gequälten Lächeln ebenfalls mit „Guten Morgen" antwortete und sich die liebe Schülerschar setzen durfte.

„Nun", sagte Herr Drock einfach nur und das Wort stand wie eine finstere Bedrohung im Raum, in dem es mucksmäuschenstill war. Drock musterte seine Klasse abschätzig und verzog dabei seine Mudwinkel kaum wahrnehmbar zu einem spöttischen Gesichtsausdruck. Die Pause zwischen seinen Worten steigerte sich bis zur Unerträglichkeit. „Heute bekommt ihr eure Mathematikarbeit zurück", sagte er dann endlich. „Dabei gab es für mich keine größeren Überraschungen zu verzeichnen. Eigentlich fiel die Arbeit im Gesamtschnitt aus wie immer."

Wenn er so etwas sagte, wusste Tom nie so genau, was Drock damit meinte. Wenn aber alles so wie immer sei, konnte er „Raumschiff Enterprise" und

„Väter der Klamotte" für die nächsten Wochen begraben. Er hoffte inständig, dass in dieser Woche kein „Winnetou"-Film im Fernsehen gezeigt würde.

„Ich beginne wie immer", sagte Drock betont emotionslos. Das hieß, er würde die Arbeiten in einer Reihenfolge von der schlechtesten bis zur besten Note verlesen. Er genoss es, die Schüler mit den schlechten Noten vor allen anderen bloßzustellen. Tom ahnte, dass er selbst wieder derjenige sein würde, der sich seine Arbeit samt eines zynischen Kommentars zu Beginn vorne am Pult abholen durfte. Sein Pulsschlag schlug Alarm und Tom spürte, wie er augenblicklich rot anlief.

So war das geregelt: Drock rief den Namen des Schülers oder der Schülerin auf. Der oder die hatte aufzustehen und neben der Bank zu warten, bis Drock die Note verlas. Dann befahl er dem Betreffenden, sich die Arbeit am Lehrerpult abzuholen, einschließlich einer sadistischen Bemerkung.

Er las laut vor: „Benjamin Kowalski." Benjamin erhob sich neben Tom. Er war kreidebleich. Es folgte eine längere Pause. „Fünf minus!", sagte Drock laut.

Angespanntes Gemurmel in der Klasse. „Heft abholen", bestimmte der Tyrann.

Benjamin versuchte betont lässig nach vorn zu gehen, was ihm aber nicht gelang. Drock grinste dabei, als er dem bemitleidenswerten Zwölfjährigen sein Heft reichte und sagte: „Da hast du uns ja wieder einmal gezeigt, dass es noch ein bisschen schlechter geht, nicht wahr Benjamin? Nach der letzten Fünf, nun eine Fünf minus. Das muss man erst einmal schaffen, nicht wahr?" Und Drock grinste dabei, während sein Habichtsblick, Zustimmung erheischend, durch die Klasse schweifte. Benjamin wurde knallrot und versuchte alles, um seine Tränen zurückzuhalten, doch es gelang ihm nicht.

Einige Mädchen in der Klasse kicherten.

Tom war angewidert und er hatte Angst davor, nun ebenfalls der Lächerlichkeit preisgegeben zu werden. *Als nächstes muss ich nach vorne*, dachte er. *Immerhin habe ich keine sechs geschrieben.* Drock fuhr fort mit seiner selbstgefälligen Quälerei.

Es vergingen einige Minuten und er war bereits im Vierer-Bereich angelangt. Soeben versuchte Axel eine halbwegs gute Figur zu machen, als er nach vorne ging. „Als ich deine Arbeit korrigierte, Axel Kampmann, war ich noch nicht einmal enttäuscht", sagte Drock, ohne ihn anzusehen. Stattdessen sagte er seine Worte mit einem abfälligen Grinsen in die Klasse: „Zu mehr als einem ‚Ausreichend', reicht es offensichtlich nicht bei dir. Noch nicht einmal Durchschnitt. Heft abholen." *Dieses Arschloch*, dachte Tom, *dieses Riesenarschloch!* Er hasste seinen Mathelehrer.

Sehr viele Jahre später sollte Tom in der Autobiographie von John Cleese mit dem Titel „Wo war ich noch mal?" einen Satz lesen, der ihn an Drock erinnerte und genau das ausdrückte, was Tom immer über ihn gedacht hatte: *„Es ist erschreckend, wie viele zutiefst lieblose, gänzlich sinnlose und geradezu schwindelerregend Kontraproduktive Verhaltensweisen von solchen geistlosen, machtbesessenen Zombies wie dieser abscheulichen alten Fledermaus Kinder im Laufe der Jahrhunderte ertragen mussten."*

Tom war immer noch nicht aufgerufen worden. Es musste sich um einen Irrtum handeln. Tom hörte schon gar nicht mehr richtig hin. Doch dann vernahm er seinen Namen. Laut und deutlich. „Thomas Weber!" Der Angesprochene war elektrisiert und in seinen Schläfen pochte das Blut so laut wie Roger Glovers Bass bei „Highway Star". Tom stand langsam auf.

„Tja, Thomas", begann Drock, während Tom neben seinem Tisch stehend am ganzen Körper zitterte. „Ich hätte ja nicht gedacht, dass es einmal so weit kommen würde, aber es ist tatsächlich ein glattes ‚Befriedigend'." Den Anflug von Toms unbeschreiblicher Freude unterdrückte der Lehrer sofort mit der Bemerkung: „Das hat schon etwas von der Geschichte mit dem blinden Huhn … Heft abholen!". Dabei präsentierte Drock sein schäbiges Grinsen der ganzen Klasse und Tom dachte in diesem Moment, dass es dieser Kinderquäler wirklich lustig fand, was er von sich gab.

Für den Bruchteil einer Sekunde huschte die Sequenz eines „Tom & Jerry"-Cartoons an seinem inneren Auge vorbei, als er nach vorne ging, um sich seine Arbeit abzuholen. Doch etwas war anders: Der Kater Tom hatte das Gesicht von Herrn Drock und der saß fies grinsend vor einer Schulklasse voller eingeschüchterter Mäuschen. Jerry sah so aus wie Tom und zündete soeben lässig lächelnd eine Dynamitstange an, die er dem Kater unter den Allerwertesten geschoben hatte. Mit einem lauten imaginären „Buuum!" fand Tom in die Realität zurück.

Er nahm seine Arbeit entgegen, huschte ganz schnell wieder auf seinen Platz und schlug die Seite mit der Note auf. Als er das „Befriedigend" las, konnte er es immer noch nicht glauben. Das war die Sensation des Jahrhunderts! Seine Eltern würden ausflippen. Tom hatte seit der Grundschule keine „Drei" mehr in Mathe geschrieben. Seine Freude ließ sich durch nichts trüben und seine gute Laune stieg sekündlich. Er war noch nie so schnell im Innenhof wie an diesem Tag und allen, die ihn ärgerten, weil er BVB-Fan war, sagte er: „Wartet es ab. Eines Tages werden wir auch wieder Deutscher Meister!"

Trotz des dichten Gedränges ergatterten Axel, Tom und Lars erneut einen „Vierer" im Schulbus, der sie bis zum Busbahnhof in der Innenstadt fuhr. Auf ihren Anschlussbus mussten sie zwanzig Minuten warten. Meistens kickten sie in dieser Zeit noch ein bisschen auf dem Bürgersteig herum, aber heute schien Toms Glückstag zu sein, denn Axel griff in seine Jeanstasche und zauberte ein paar kleine Geldstücke heraus. Lars und Tom lief die Vorfreude im Mund zusammen, denn sie wussten genau, was Axels Geste bedeutete: Es würde Pommes geben!

Neben der Bushaltestelle stand ein weißer Imbisswagen, dessen zahlreiche rostigen Stellen darauf hinwiesen, dass er schon sehr lange dort stand. Dort gab es die besten Fritten der Welt. Für 80 Pfennig – genau so viel hatte Axel bei sich – bekam man eine große Schale Pommes rot-weiß. Sie gingen zum Frittenstand und Axel bestellte. Der Mann hinterm Tresen trug immer eine Sonnenbrille und ein jämmerlich schlecht geritztes Tattoo auf dem Unterarm, welches ein strahlendes Kreuz auf einem Hugel zeigte. Darüber stand schwer leserlich „Rock'n'Rolf".

„Einpacken?", fragte Rock'n'Rolf.

„Nee, auffe Hand", meinte Axel.

„Macht 80 Pfennig."

Axel gab ihm das Geld und dann fielen die Drei über die Köstlichkeit her. Es waren Festtage für die Jungs, wenn einer von ihnen die ominösen 80 Pfennig übrig hatte und bereit war, diese für Pommes auszugeben. „Sach ma, Weber – wie hast du das eigentlich mit der Drei hingekriegt?", fragte Axel schmatzend und mit vollem Mund.

„Weiß nicht. Echt nicht", entgegnete Tom, der damit beschäftigt war, die zu heißen Pommes in seinem Mund durch ständiges Öffnen desselben etwas abzukühlen. „Aber eines weiß ich", sagte er, als er sie endlich herunter geschluckt hatte. „Das 12:0 ist mir seitdem scheißegal."

„He, he, he Manni Manni …" (1982)

1. Bundesliga, Saison 1982/83, 13. Spieltag
Samstag, 06.11.1982
Borussia Dortmund – Arminia Bielefeld 11:1

Als er in diese vertrauten Augen blickte, rasten die Bilder eines wunderschönen Sommers in Lichtgeschwindigkeit durch alle Windungen seines Gehirns. Diesen Sommer hätte sich Astrid Lindgren für einen ihrer Kindbucherhelden nicht besser ausdenken können.

Tom war gerade mal 15 und er hatte nur eine ganz leise Ahnung davon, wie aufregend das vor ihm liegende Leben sein könnte. In diesem Moment, da er in diese Augen sah, wusste er aber, dass der gemeinsam verbrachte Sommer mit Ralf, der nun schon viele Jahre zurücklag, sicher immer zu den schönsten Zeiten seines Lebens gehören würde. In Tom sehnte sich jede Faser zurück in die Unbeschwertheit eines Sommers der bedingungslosen Freundschaft und Unbekümmertheit, auch wenn sich in die süßliche Erinnerung zart das bittere Gefühl einschlich, etwas verloren zu haben.

„Ralf!", rief Tom aus, zu überrascht, um mehr zu sagen.

„Hi", sagte der knapp und dann schlossen sie sich in die Arme und drückten sich eine Ewigkeit lang ganz fest. „Das darf ja wohl nicht … das ist … wie bist du her gekommen?"

Ralf lachte. „Sollte eine Überraschung sein! Deine Eltern wussten Bescheid. Ich bin mit verschiedenen Bussen gefahren und war jetzt insgesamt etwas mehr als drei Stunden unterwegs. Ist ja echt 'ne Weltreise bis zu euch." Wie Recht er hatte. Ralf und Tom wohnten etwa 40 km voneinander entfernt. Diese Distanz sollte im 20. Jahrhundert eigentlich in kürzerer Zeit zu überwinden sein, aber eben nicht im Sauerland.

„War die Fahrt nicht furchtbar langweilig?", fragte Tom, doch Ralf zeigte auf die Kopfhörer, die er um den Hals trug. „Hab meinen Walkman dabei und ein paar richtig gute Kassetten."

Sie hatten sich mindestens vier Jahre lang nicht gesehen und sie waren verwundert, ja unausgesprochen höchst erstaunt, wie sehr sie sich verändert hatten und das verunsicherte sie. Bei ihrem letzten Treffen waren sie noch Kinder gewesen. Nun waren sie schon fast erwachsen. Jedenfalls glaubten sie das.

Ralf und Tom kannten sich seit ihrer Kindergartenzeit. Als Toms Familie von Hammerschlag nach Mühlendorf umgezogen war und Tom an seinem ersten Tag etwas verängstigt in einen neuen Kindergarten ging, war Ralf der erste Junge gewesen, der ihn fröhlich begrüßt hatte. Sie wurden sofort beste Freunde.

Ralf und Tom wuchsen als Nachbarn in einer Arbeitersiedlung in Mühlendorf auf. Sie verbrachten jeden Tag zusammen, stromerten durch den hoch gewachsenen Farn im nahe gelegenen Wäldchen, kickten mit anderen Jungs auf dem Bolzplatz und lauschten stundenlang den Hörspielplatten von „Europa" und den Abenteuern ihrer Helden „Robinson Crusoe" und „Lederstrumpf".

Aus den unterschiedlichsten Materialien, die sie draußen und drinnen fanden, bastelten sie Spielwelten für ihre Indianer, Ritter und Cowboys von Timpo. Und diese Welten nahmen dann ihre Kinderzimmer komplett in Beschlag und durften wochenlang nicht weg geräumt werden.

Sie wurden zusammen eingeschult, spielten mit den Mädchen aus der Nachbarschaft „Wahrheit oder Pflicht", ließen sich von den älteren Mädels Zungenküsse beibringen und rauchten heimlich im Wald die „Kim", die Tom seiner Mutter gestohlen hatte, bis ihnen schlecht war.

Sie liebten alles, was mit Sport zu tun hatte und sie verehrten die Großen ihrer Zeit. Von Franz Klammer, Björn Borg, Jo Deckarm, Erich Kühnhackl und Franz Beckenbauer schwärmten sie mit den anderen Jungs auf dem Schulhof.

Ralf gehörte bei den Webers wie Tom bei den Langes zur Familie. Der eine übernachtete beim anderen, der eine aß spontan zu Mittag oder zu Abend beim anderen. Wenn sie aus der Schule kamen, wurden ganz schnell die Hausaufgaben gemacht und derjenige, der zuerst fertig war, schellte beim anderen und bekniete dessen Mama an der Gegensprechanlage, dass der Freund zum Spielen raus kommen dürfe.

Sie waren wie Brüder.

Auf ihren Bonanza-Rädern fühlten sie sich wie die Mofa fahrenden großen Jungs und manchmal hielten ihre Räder auch als Pferde her, wenn sie selbst erdachte Episoden ihrer geliebten Fernsehserien „Die Leute von der Shilo Ranch" oder „Rauchende Colts" spielten.

Auf den Klettergerüsten ihres Spielplatzes erkundeten sie als „Captain Kirk" und „Scottie" ferne Galaxien und sie teilten jeden Pfennig, den sie irgendwo ergattert hatten für Ahoi-Brause, Seifenbonbons oder Salinos, die sie am Büdchen von Frau Schimanski kauften.

Als sie ins dritte Schuljahr kamen, zog Ralfs Familie innerhalb von Mühlendorf um. Raus aus der Arbeitersiedlung, rein in neu gebautes großes Haus, aus dem der Architekt ein Schmuckstück gemacht hatte. Tom liebte dieses

Haus mit dem riesigen Grundstück, das alsbald als Fußballplatz herhielt, und er liebte auch den großen Spielkeller, in dem die Jungs bis zur Erschöpfung tobten. Tom hatte damals darüber nachgedacht, dass Ralfs Eltern sehr reich sein mussten. Warum war ihm das nicht vorher aufgefallen? Wenn sie denn so reich waren, wie Tom vermutete, gaben sie nie damit an. Tom hatte die Eltern seines allerbesten Freundes fast genau so lieb wie seine eigenen und sie behandelten ihn wie ihren eigenen Sohn.

Anfang des Jahres 1977, ein halbes Jahr vor dem Ende seiner Grundschulzeit, eröffneten Toms Eltern ihrem Sohn, dass sie zurück nach Hammerschlag ziehen würden. Obwohl er Hammerschlag liebte, lag es für Tom eine Ewigkeit weit entfernt. Für Tom brach eine Welt zusammen. Der Umzug würde bedeuten, dass er seinen besten Freund nicht mehr sehen würde und er wohl auch keinen Kontakt mehr zu all seinen anderen Klassenkameraden haben würde, die er so gerne hatte. Auch nicht zu seiner Nachbarin Konstanze Köhler, mit der er in letzter Zeit öfter mal heimlich gespielt hatte. Unter keinen Umständen hätten seine Kumpels jemals davon erfahren dürfen, dass er es liebte, mit diesem Mädchen zu spielen. Tom fand Konstanze, die auch in seine Klasse ging und die über ihre heimlichen Treffen ebenfalls schwieg wie ein Grab, nicht nur sehr hübsch. Er mochte ihre ganze Art, aber das verriet er niemandem.

Tom war sehr traurig und weinte viel, als er von dem Umzug erfuhr und das machte seine Eltern ziemlich ratlos.

Ralf und Tom hatten sich beraten und dann ihre Eltern immer wieder gemeinsam bekniet, das Tom wenigstens bis zu den Sommerferien in Mühlendorf bleiben konnte. Eines Abends sagte Frau Lange zu Toms Mutter: „Die Jungs haben recht. Die paar Wochen bis zu den Ferien kann Tom bei uns wohnen. Wir haben Platz genug und ich kümmere mich um euren Sohn. An den Wochenenden holt ihr ihn nach Hause. So hat der Junge wenigstens einen schönen Abschluss hier und die Jungs können sich gut voneinander verabschieden." Toms Eltern hatten dem zugestimmt und so zog Tom sechs Wochen vor den Sommerferien bei den Langes ein. Für die Freunde war es das Paradies gewesen. Sie gingen zusammen zu Bett und Mama Lange las ihnen dabei spannende Geschichten vor. Sie standen zusammen auf, gingen zur Schule und nach den Hausaufgaben radelten sie zur Talsperre oder bauten mit ihren Kumpels Buden im Wald oder kickten auf der großen Wiese neben dem Haus, wobei Tom immer den Reporter gab, wenn sie die Spiele der Bundesliga nachspielten. Sie waren eigentlich immer zusammen und Langeweile war für sie ein Fremdwort.

An diese Zeit, an diesen gemeinsamen Sommer dachte Tom, als Ralf so plötzlich vor ihm stand. Damals hatten sie sich geschworen, dass sie sich immer besuchen und sich niemals aus den Augen verlieren wollten, doch natürlich kam es anders. Die vielen Sauerländer Berge, die sie trennten, ließen sie einander zwar nicht vergessen, aber immer seltener sehen. Irgendwann schliefen die gegenseitigen Besuche ein. Einen Auslöser dafür hatte es nie gegeben. Ihre Lebenswege nahmen einfach völlig unterschiedliche Richtungen, in einer Phase des Lebens, in der so viele Weichen gestellt werden. Davon hatten sich die Jungs eine Menge zu erzählen und je mehr sie von sich berichteten, desto deutlicher wurde es ihnen, wie sehr sie sich eigentlich unterschieden.

Ralf spielte Handball, wie schon zu der Zeit, als die Jungs in Mühlendorf wie siamesische Zwillinge herumliefen. Heute war Ralf ein Leistungsträger seines Teams, der viele Tore aus dem Rückraum warf und ein beinharter Abwehrspieler sein konnte. Er war der Kapitän der äußerst erfolgreichen B-Jugend und besuchte regelmäßig Lehrgänge für verschiedene Auswahlteams. Tom hingegen liebte den Fußball und spielte als Rechtsaußen beim FC Hammerschlag. Sein Team befand sich – wie gewöhnlich – im Abstiegskampf. Eigentlich hatte Tom früher einmal Profifußballer werden wollen. Ein Wunsch, der seiner ganz normalen kindlichen Selbstüberschätzung entsprungen war. Doch diese Pläne hatte Tom seit ein paar Wochen über Bord geworfen. Nun träumte er davon, Rockstar zu werden.

Am Anfang des Jahres hatte Tom im Jugendzentrum von Hammerschlag einen kostenlosen Gitarrenkurs besucht, bei dem er Micha und Dirk kennengelernt hatte, zwei Jungs in seinem Alter, die aufs Gymnasium gingen. Zwar stellte Tom ziemlich schnell fest, dass er noch nicht einmal über ein Quäntchen Talent zum Gitarrespielen verfügte, doch mit den beiden Jungs verband ihn sofort der gleiche Musikgeschmack und der Wunsch, in einer Band zu spielen. Dirks Eltern stellten den Jungs einen Kellerraum in ihrem Haus zur Verfügung, in dem sie sich zum Musizieren trafen. Dort stand sogar ein vergammeltes Schlagzeug aus Dirks Kindertagen, an dem sich Tom versuchte. Mit zwei Wanderklampfen und einer heruntergekommenen „Schießbude", bedient von Tom als unfähigem Rhythmusgeber, hatte Toms Rock'n'Roll-Karriere begonnen. Die Jungs vereinbarten zwei feste Probetermine pro Woche, um ihre ersten, wackeligen musikalischen Gehversuche als Band zu machen.

Weil das Trommeln auch nicht so recht klappen wollte, versuchte sich Tom schließlich als Sänger, was sich aber in Ermangelung einer Gesangsanlage als schwierig erwies. Micha ergänzte das im Gitarrenunterricht Gelernte immer häufiger um eigene Ideen und übte akribisch neue Gitarrenriffs ein, während sich Dirk dazu Bassbegleitungen einfallen ließ.

Im Frühjahr war dann an einem Freitagnachmittag zufällig mal Toms früherer Klassenkamerad Benjamin Kowalski mit in den Probekeller gekommen. „Ich kenne einen Typen auf meiner Straße, der spielt Schlagzeug. Er heißt Frank, Frank Zadek", hatte Benjamin gesagt und eine Viertelstunde später standen Benjamin und Tom vor Franks Haustür.

„Frank ist schon 18 und hat seine eigene kleine Wohnung im Keller", bemerkte Benjamin, als er den Klingelknopf drückte. Von einem diskreten Summen begleitet, ließ sich die Tür leicht aufdrücken. Das gedrungene Dreifamilienhaus in der in den 30er-Jahren errichteten Arbeitersiedlung empfing sie mit einem angenehm kühlen Hauch und einem weniger angenehmen, aber eben typischen Modergeruch.

Im selben Moment fragte sich Frank im Kellergeschoss, wer um Himmels Willen, gerade jetzt etwas von ihm wollte. Er war eben erst zurückgekommen von seiner Ausbildungsstelle im Behindertenbildungswerk und hatte die neueste Scheibe von *Franz Morak* aufgelegt, die er zwei Stunden zuvor in einem Plattenladen am Hagener Bahnhof erstanden hatte. Frank hatte feierlich eine Dose Karlsquell geöffnet, als es plötzlich schellte.

Franz Morak sang von einer „*hypertrophen, hochsensiblen, verheerenden, Rock 'n' Roll-Maschine*", als Frank die beiden Jungs die Treppe herunterkommen sah. Er kannte Benjamin, allerdings hatte er seinen Nachbarn seit Monaten nicht gesehen. Und wer war dieses kleine Kerlchen neben ihm? Frank war gespannt, was die beiden von ihm wollten. Er begrüßte zunächst Benjamin und schaute dann den kleinen Burschen in dem löchrigen T-Shirt und der ausgefransten Jeansjacke an, auf deren Brusttasche Buttons von *Motörhead* und *Ideal* steckten. Kecke blaue Augen funkelten ihn an und als sich ihre Augenpaare schließlich trafen, war zwischen Frank und Tom alles klar. Sie waren Seelenverwandte, das spürte Frank sofort. Die Situation schien in Zeitlupe zu vergehen, bis der Kleine schließlich meinte: „Tja, hi! Ähem, du bist sicher Frank. Ich heiße Tom. Hallo!" Dabei streckte er seine Hand aus und Frank, der nur nickte und den Kleinen dabei nicht aus den Augen ließ, schlug ein.

Tom erklärte den Grund für den Überfall: „Also, es ist so: Benni hat uns erzählt, dass du Schlagzeug spielst. Tja und wir haben 'ne Band und auch ein Schlagzeug, aber eben keinen Drummer. Hättest du vielleicht Bock, bei uns zu trommeln? Ich sollte vielleicht gleich sagen, dass wir noch nicht so toll sind. Wir haben auch keine Anlage oder so. Ich meine, wir sind totale Anfänger …" Tom war sehr nervös. Er spürte, dass von Frank etwas ausging. Es war eine Ausstrahlung, die magisch war. Dieser ganze Moment hatte etwas Magisches. Tom hatte einmal im P.M.-Magazin von der Theorie gelesen, dass sich Abneigung und Zuneigung zwischen Menschen in Sekundenbruchteilen entschieden. *Das hier ist der ultimative Beweis dafür,* dachte er.

Frank strahlte und wollte sofort mit in den Probekeller kommen. Seit dem schlimmen Unglück, das ihm widerfahren war, und das ihn nicht nur sein rechtes Bein, sondern auch mehr als ein Jahr Lebenszeit in Form von Krankenhausaufenthalten und Reha mitten in der eigentlich aufregendsten Zeit des Lebens gekostet hatte, hatte er sich selbst nicht mehr so glücklich erlebt, wie in diesem Moment. Lange nach der verheerenden OP, die sein Leben für immer verändert hatte, war es ein Schlagzeug gewesen, das seinen Lebensmut aufrecht gehalten hatte. Ein Pfleger in der Reha hatte es ihm damals gezeigt und ihn ermutigt, das Instrument zu erlernen. Er hatte dem Jungen beigebracht, wie er mit seiner Prothese den richtigen Bassdrum-Kick hinbekam. Seitdem war es Franks innigster Wunsch gewesen, in einer Band zu spielen. Der Himmel musste die beiden Jungs geschickt haben. Frank war voller Adrenalin und schwebte durch seine kleine Bude, um die Anlage auszuschalten und sich seine Lederjacke zu schnappen. Doch bevor er die Wohnungstür zuzog, verharrte er einen Moment.

Er sah Tom an und zeigte auf sein rechtes Bein. „Ich …", Frank zögerte fast unmerklich „… ich trage eine Prothese. Also, nicht dass es beim Spielen stören würde, das hab' ich in den letzten Jahren immer wieder geübt, aber vielleicht stört es euch ja …", sagte er verlegen. Tom schaute ihn verständnislos an. „Hast du 'ne Macke? Warum sollte uns das stören?" Frank zog die Tür zu, deren Schloss wie erleichtert klickte. Dann ging's los.

Ralf und Tom hatten es sich mittlerweile richtig gemütlich gemacht. Sie fläzten sich auf den Matratzen, mit denen Tom sein Zimmer ausgelegt hatte und lauschten einer von Toms aktuellen Lieblings-LPs, dem Album „Interzone" von der gleichnamigen Berliner Band. Dabei genossen sie Orangensaft und Butterkekse. Es war fast so wie früher, wenn sie sich von ihren Hörspielplatten in neue Abenteuer hatten entführen lassen.

„Ich find die Stimme komisch", kommentierte Ralf, „kannst du nicht etwas anderes auflegen?" „Hör dir doch einfach mal den Text an", sagte Tom.

„Die S-Bahn fährt durchs Zimmer, ein Baby schreit. Ein Polizist sagt laut: Es täte ihm leid", zerschnitt Heiner Pudelkos Rasierklingen-Stimme die Luft, bevor sich ein Gitarrensolo heranschlich. „Kann ich nichts mit anfangen", meinte Ralf lapidar. „Wie läuft es denn eigentlich bei dir in der Schule? Bei

mir geht gerade fast gar nix. Ich bin nur noch genervt", sagte er. Ralf erzählte, dass er sich gerade mit viel Nachhilfe und wenig Bock durch die Mühlen des Gymnasiums quäle und Tom, dass er an seiner neuen Realschule ganz gut zurecht käme, nachdem er zuvor wegen ständiger Vergehen und einem unterirdischen Notendurchschnitt von einer anderen Schule geflogen und sitzengeblieben war.

„Das sieht dir mal wieder ähnlich, Kleiner", sagte Ralf und sein Ton dabei war ebenso frotzelnd wie liebevoll. „Du warst schon früher immer der Klassenclown und alle fanden deine Späße witzig." „Bis auf die Lehrer …", meinte Tom und Ralf nickte lächelnd. Er dachte an die Strafarbeiten, die er hatte schreiben müssen, weil er sich oft von Tom hatte ablenken lassen.

„Du hattest deinen Kopf immer in den Sternen. Ich fand das immer so klasse, wenn du dir die Geschichten für unsere Cowboy-Spiele oder so ausgedacht hast. Eigentlich hast du dir immer alle Spiele ausgedacht", sinnierte Ralf.

Stimmt, dachte Tom, *ich war immer der Träumer und Ralf eher der Realist. Ralf hatte immer die Eins im Rechnen und ich war darin eine Graupe.* Ralf hatte schon immer auf Technik und Motoren gestanden. Hatte er früher stundenlang akribisch an seinen ferngesteuerten Modellflugzeugen gebastelt, schraubte er heute an seiner gebrauchten 80 Kubikzentimeter starken Yamaha Enduro herum oder baute mit seinen Kumpels alte Käfer-Motoren auseinander und wieder zusammen, um herauszufinden, wie sie funktionierten. Tom hatte zu Technik und Zahlen überhaupt keinen Bezug und ließ sich stattdessen immer wieder in das Reich seiner Phantasie entführen. Seine Entführer waren Bücher und Musik.

Seit Frank in ihrer Band drummte, loderte ein Feuer in Tom. Er war voller überbordender Energie, die zwar noch gebündelt werden wollte, die aber jetzt schon stark genug war, das Unmögliche versuchen zu wollen. Tom wollte Rockstar werden. Die *Scorpions* hatten sich schließlich auch aus einer Schülerband zu Weltstars entwickelt. Warum sollte das seiner Band nicht gelingen? Tom konnte an nichts anderes mehr denken. Seit er zwölf war, gab es für ihn nichts anderes mehr als Rockmusik und sein von ihm über alles geliebter Cousin Tobi hatte die Glut seines kleinen Vetters erst so richtig angefacht.

Wenn Tobis Familie aus Berlin – meistens anlässlich irgendwelcher Feiertage – die Verwandtschaft im Sauerland besuchte, dann klebte Tom an den Lippen seines 18-jährigen Vetters. Er lauschte stundenlang dessen Erzählungen und bewunderte ihn mit seiner langen Haarmähne, den Ohrringen, den schweren Nietenarmbändern und den coolen schwarzen Klamotten.

Tobi war ein Musikfreak und mit seiner Plattensammlung hätte er gut und gerne einen eigenen Laden aufmachen können. Zu allen möglichen Anlässen oder manchmal auch als hübsches Päckchen verpackt, schenkte oder schickte Tobi seinem kleinen Cousin patchworkartig zusammengewürfelte Sampler auf BASF-90-Minuten-Casetten und fütterte ihn mit den unterschiedlichsten Stilrichtungen, Bands und Strömungen alter und moderner Rockmusik. Manchmal schenkte er Tom auch Bücher. Den „Fänger im Roggen" zum Beispiel, den „Zementgarten", „1984" oder „Shining".

Tobi kam – durch welche Kanäle auch immer – an britische oder amerikanische Platten-Imports heran, von denen in Deutschland zu diesem Zeitpunkt niemand zu träumen wagte. Die kopierte er dann sogleich seinem kleinen Vetter und der lauschte den neuen Sounds völlig unbekannter Bands, die ein halbes oder ganzes Jahr später groß in Deutschland herauskommen sollten. Tobis Sampler waren Kunstwerke, die den jungen Tom jedes Mal vor Freude ausflippen ließen. Sein großer Vetter bemalte die Cassetten-Cover mit verspielten Formen in bunten Farben und legte ihm jeweils selbst gebastelte Booklets mit Tipps für einzelne Songs dazu, wie etwa zu „Have a cigar" von *Pink Floyd*: *„Unbedingt mit Kopfhörer hören"* oder zu „Ace of Spades" von *Motörhead*: *„Nur bei maximaler Lautstärke!"* Die Titel von Tobis Samplern gaben Tom oft schon einen Hinweis auf die Musik, die ihn erwartete: *„Bored housewifes discover Punk!"*, *„Dr. Koch meets Scherben – Deutschrock at its best"*, *„Juicy Jazz"*, *„Metal invasion from heaven and hell and elsewhere"*, *„Rasta Rhymes and Dub Dimensions"* *„Panische Rock-Revuen"* oder *„The beautieness of burning Blues"*.

Tom ging oft in den winzigen Plattenladen in Hammerschlag und blätterte sich durch die Alben, immer auf der Suche nach Bands, die er durch Tobi kennengelernt hatte oder auf der Suche nach ansprechenden Plattencovers, die gute Musik versprachen, wie etwa die Kunstwerke von *Rush* oder *Uriah Heep*. Manchmal trafen sich Micha, Frank und Tom dort, um nach Neuerscheinungen zu blättern, von denen sie im „Musiker Fachblatt" gelesen hatten. Gaby, die supernette Bedienung, tat ihnen gerne den Gefallen, alle Platten aufzulegen, welche die Jungs herauslegten, auch wenn sie nur äußerst selten etwas kauften. Wie ein trockener Schwamm sog Tom alles auf, was in seinen Ohren nach beseelter Gitarre und Stimme klang, wie *Rory Gallagher* oder *Thin Lizzy*, die er vergötterte.

Gleichzeitig hörte Tom immer häufiger deutschsprachige Musik. Schon lange begleiteten ihn *Nina Hagen* und *Udo Lindenberg*, doch die vollständige Dimension ihrer Texte erschloss sich ihm erst jetzt ganz langsam. Die „Neue Deutsche Welle" hatte Bands wie *Extrabreit*, *Trio*, *Ideal* und *Spliff* an die Gestaden einer neuen Jugendkultur gespült. Tom fand deren Musik mitreißend. Die Texte der Bands, vor allem derer, die es bereits vor der popindustriellen Erfindung der „NDW" gegeben hatte wie *Dr. Koch Ventilator*, *Hans-A-Plast*, *Morgenrot*, *Ton Steine Scherben*, *Törner Stier Crew* oder *Schröder Roadshow* offenbarten Tom unter einer scheinbar belanglosen Oberfläche eine Tiefe, welche die Ängste und Wünsche, Sehnsüchte und Träume der Kids genau wiedergaben. Für Tom erklärten sie die Welt besser, als es Philosophen jemals vermocht hätten.

Ein ungeheuerlicher Gedanke durchdrang den Jungen: Wenn es diese Bands geschafft hatten, sein Denken und letztlich sein Handeln zu beeinflussen, so dachte er, dann musste es doch auch möglich sein, durch eigene Musik und Texte auch etwas in den Köpfen anderer Menschen zu verändern. Als ihm das bewusst geworden war, sah Tom so klar wie nie zuvor, dass er auch antreten wollte, die Welt zu verändern, und zwar mit Rock 'n' Roll.

Dass diese Welt und vor allem dieses Land eine Veränderung dringend nötig hatten, lag für Tom auf der Hand. Er verstand es nicht, warum die Güter der Welt so ungleich verteilt waren, dass Kinder in Afrika vor Hunger starben und warum sich die Ost- und Westmächte in einen Wahnsinn der Aufrüstung begaben, obwohl sie mit ihren Atomwaffen schon vorher die Erde mehrmals komplett hätten vernichten können. Er verstand es nicht, warum die Politiker nichts gegen das Waldsterben unternehmen wollten und er fürchtete sich vor dem sauren Regen. Daher freute er sich über den politischen Widerstand, der mittlerweile durch die Bundesrepublik rollte.

Parlamentarisch kam dieser Widerstand von der neuen Partei „Die Grünen", die vielen Jugendlichen Hoffnung machte. Vor sechs Wochen waren die Öko-Kämpfer in den hessischen Landtag gewählt worden und sie mischten den Laden in Jeans und Turnschuhen ordentlich auf.

Außerparlamentarisch formierte sich der Widerstand an den Bauzäunen der atomaren Wiederaufbereitungsanlage in Wackersdorf, am geplanten Atomendlager in Gorleben oder auf den Straßen der deutschen Großstädte, wo Jugendliche Häuser und ganze Straßenzüge besetzten, um sich gegen die Kahlschlagsanierung zu wehren. So wie Toms Vetter Tobi, der in Berlin zur Hausbesetzerszene gehörte und seinem staunenden Cousin von Straßenschlachten mit der Polizei erzählte. Einmal war Tobi von einem Wasserwerfer umgeschossen worden und war mit einer leichten Gehirnerschütterung und einigen Prellungen noch glimpflich davon gekommen. Doch davon hatte er sich nicht einschüchtern lassen und war bei der nächsten Demo wieder dabei.

Veränderung schien möglich, die Jugend begehrte auf. Tom war im Frühsommer mit Micha und Frank in einem von der Sozialistischen Deutschen Arbeiterjugend organisierten Bus nach Bonn gefahren, um mit 400.000

Gleichgesinnten gegen den NATO-Doppelbeschluss zu demonstrieren, der eine Stationierung von Atomraketen in ganz Deutschland bewirken sollte. Tom sah dabei erstmals die Band *BAP*, die ebenso frenetisch gefeiert wurde wie der Aktionskünstler Joseph Beuys, der mit einer Band den Song „Wir wollen Sonne statt Reagan" performte, der sich gegen den US-Präsidenten richtete, welcher just zu diesem Zeitpunkt am anderen Rheinufer seinen deutschen Vasallen die Bedingungen der NATO diktierte. In den Sommerferien gingen die Jungs aus der Band arbeiten. Am Ende konnte sich Tom ein Stereomikrofon mit Kabel leisten, kaufte sich Micha eine gebrauchte Gitarre und Dirk einen alten Bass. Den Rest ihres Geldes legten sie zusammen und investierten es in einen verlotterten japanischen Gitarrenverstärker aus den 70er Jahren, der zwar miserabel klang, dafür aber über drei Eingänge verfügte, in die sie ihre Instrumente und das Mikro einklinken konnten. Mittlerweile versuchten sich die Teenager an Stücken von *BAP* und den *Strassenjungs*, weil diese Bands ihre LPs mit aufwändigen Booklets, respektive Heftschä, veröffentlichten, in denen alle Gitarrenriffs und Songtexte aufgezeichnet waren. Die Coversongs von *BAP* fielen ihnen dabei unvergleichlich schwerer als die Songs der ersten deutschen Punkband. Und natürlich versuchten sie auch, eigene Songs und Texte zu schreiben. Schon träumte Tom von einer großen Karriere. Doch noch klang das, was aus dem schrottigen Verstärker tönte, sehr bescheiden. Für objektive Ohren war es einfach nur Krach.

Tom war nun täglich bei Frank, dessen Plattenspieler und Tapedeck unter den unendlichen Betriebsstunden ächzten. Frank hatte Zugriff auf die Cassetten- und Plattensammlungen seines älteren Bruders, der seit den 70ern komplette Sendungen von „Mal Sandock's Hitparade" im WDR aufgezeichnet hatte und Herr über ungezählte Blues- und Hardrockalben war. Manchmal versanken sie ganz tief in die Sounds von Franks fett klingender Anlage, für die er die meterhohen Boxen selbst gebaut hatte, und fühlten eine extrem tiefe Berührung durch besondere Gitarrenriffs oder Soli, vor allem dann, wenn Frank mal wieder etwas Dope in ihre selbstgedrehten Zigaretten gebröselt hatte. Anfangs hatte sich Tom dabei noch schlecht gefühlt, weil er sich für kriminell hielt. Auf Drogenkonsum stand die Todesstrafe, wenn es nach seinen Eltern gegangen wäre. Doch nach ein paar sehr angenehmen Erfahrungen mit dem stimulierenden Extrakt hatte er noch nicht einmal mehr ein schlechtes Gewissen gehabt.

Tom genoss es, bei Frank zu sein, stundenlang mit ihm zu quatschen, zu irgendwelcher Rockmucke abzugehen, sich gemeinsam vor Angst fast in die

Hose zu machen oder in eine Wolldecke zu beißen, während „Tanz der Teufel" oder „Der Exorzist" auf Franks Betamax-Videorecorder lief.

Wenn manchmal sonntags oder an einem Samstagabend „Rockpalast" im WDR-Fernsehen gezeigt wurde, dann war nicht nur Tom bei Frank zu Besuch, sondern auch der Rest der Band und manchmal noch ein paar andere Kumpels von Frank, alles ältere Jungs, die dann auch schon mal Bier, Wein oder Wodka mitbrachten. Als „legendär" würden die Jungs aus der Band die letzte „Rockpalast-Nacht" im August in Erinnerung behalten. Legendär nicht nur, weil Dirk und Micha schon viel zu früh zu viel Schnaps intus hatten, weshalb sich der eine lang über Franks wackligen Wohnzimmertisch vom Sperrmüll erbrach und der andere irgendwann auf dem Fenstersims der Erdgeschosswohnung stand und in die Dämmerung brüllte, dass er fliegen könne. Legendär war der Abend vor allem wegen der Besetzung des Festivals auf der Loreley, bei dem *BAP, Eric Burdon, Rory Gallagher, David Lindley* und *Frankie Miller* ein Rock'n'Roll-Feuerwerk abbrannten, das Tom mit Gefühlen zwischen ehrfürchtigem Staunen und totaler Begeisterung verfolgte. Frank hatte es irgendwie verstanden zwei Kabel aus dem Fernseher mit seiner Mörderanlage zu verbinden und so bebte seine kleine Bude unter dem gewaltigen Sound. Als sich am Ende der Show alle Musiker zu einer Jam-Session auf der Loreley-Bühne zusammenfanden und *Bob Dylans* „Knocking on heaven's door" spielten, hatte Tom eine Gänsehaut.

Tom gab sein ganzes Taschengeld für Konzerte von *Extrabereit, Zoff, Bots* und *Grobschnitt* aus, die in den Schützenhallen in ihrer Gegend spielten. Auch in Hammerschlag gab es in dieser Zeit eine sehr lebendige Musikszene. Tom bewunderte die lokalen Größen und er ließ sich kaum ein Konzert im Jugendzentrum oder in der Alternativkneipe „Blauer Engel" entgehen.

Dass er in den „Engel" ging, durften seine Eltern natürlich unter keinen Umständen erfahren. „Wenn ich dich jemals dort erwische, dann ist die Hölle los", hatte ihn seine Mutter eindringlich gewarnt. „Da werden Drogen verkauft! Und außerdem laufen dort nur diese Gammler rum, diese langhaarigen Nichtsnutze, die allesamt mit der RAF sympathisieren", echauffierte sie sich und hatte ihren Sohn damit umso neugieriger gemacht. Er fand diese Leute, vor denen ihn seine Eltern warnten, nämlich ziemlich cool.

„Und deine Eltern haben nie etwas gemerkt, wenn du da hin gegangen bist?", fragte Ralf. „Nee", meinte Tom, „Franks und Michas Eltern haben mich immer gedeckt. Die fanden die Kneipe schon zu ihrer Jugendzeit gut, haben sie erzählt. Ich sag dann halt meinen Eltern, dass ich bei Frank penne oder so und wenn meine Eltern da anrufen und Franks Eltern ans Telefon gehen, dann sagen sie, dass Frank und ich schon schlafen oder lassen sich irgendetwas anderes einfallen. Wichtig ist nur, dass wir halt pünktlich und zu einer vereinbarten Zeit wirklich bei Frank oder Micha zurück sind und daran halten wir uns immer."

Ralf war beeindruckt. Er dachte darüber nach, dass er keinen älteren Cousin hatte, der in einer Großstadt lebte und ihm allerhand Neues hätte zeigen können oder Eltern von Freunden, die ihn, für was auch immer, decken würden. Allerdings kam er dadurch auch nicht auf allzu dumme Gedanken.

„Was wäre eigentlich aus uns geworden, wenn deine Familie in Mühlendorf geblieben wäre?", fragte Ralf unvermittelt.

Tom dachte lange nach. „Saugute Frage", sagte er nach gefühlten Ewigkeiten. „Was aus uns geworden wäre? Ein brilliantes Team aus Verstand und Phantasie, ein Team, das einen Roboter entwickeln würde, der die Welt zum Guten verändert", sagte Tom und Ralf lachte. „Ja, wahrscheinlich …", sagte er. Tom hatte das durchaus ernst gemeint. So unterschiedlich sie auch waren, hatte sie doch immer ihre Freundschaft und damit das Verständnis für den anderen verbunden und das würde sich auch niemals ändern. Als er Ralf ansah in seinen modischen Klamotten, dachte Tom an all seine Vorurteile, die er gegen die Popper hatte, die ihm täglich an seiner Schule begegneten. Doch das war Tom in diesem Moment egal. Und genauso egal war es Ralf, dass sein kleiner Lieblingsfreund in abgewetzten Breitcordhosen und einem unförmigen Baumwollhemd herumlief, lange Haare und sein Herz an Rockmusik verloren hatte. All diese Äußerlichkeiten spielten keine Rolle für sie. Sie mochten sich eben einfach.

Die Jungs erzählten sich von ihren ersten zaghaften erotischen Erlebnissen mit Mädchen, ersten Experimenten mit Alkohol und vom Schulalltag, von ihrer Sicht auf die Welt und von Désirée Nosbusch, die sie vergötterten seit die „Bravo" Bilder von Filmszenen abgedruckt hatte, welche die 16-jährige splitternackt zeigten. Und irgendwann sprachen sie über Fußball.

Sie hatten es zwar gegenseitig immer wieder versucht, den Freund vom eigenen Lieblingsverein zu überzeugen, aber letztlich war Ralf immer Gladbach-Fan geblieben und hielt Tom seinem BVB die Treue.

„Wann haben wir uns eigentlich das letzte Mal gesehen? War das vor oder nach dem 12:0?", fragte Ralf mit einem herausfordernden Lächeln und Tom schmiss sich auf ihn. Sie kabbelten auf dem Fußboden und lagen nach wenigen Sekunden wieder lachend nebeneinander. Im Hintergrund sang Kai Havaii: *„Durch die eiskalten Straßen weht manchmal ein warmer Wind …"*

„Es war davor."

„Ja stimmt", meinte Ralf und fügte mit beißender Ironie hinzu: „Ich habe echt an dich gedacht und du tatest mir wirklich leid. Jedenfalls ein bisschen."

„Ich meine, es gespürt zu haben", antwortete Tom. „Mann, war das scheiße damals. Ich hätte ausflippen können. Ich wollte sogar nicht in die Schule gehen, so doll habe ich mich geschämt", erinnerte sich Tom. „Nach dieser Saison lief es aber für Gladbach überhaupt nicht mehr gut, oder?", fragte er.

„Hör bloß auf – die meisten guten Spieler von früher sind ja alle nach und nach weg gegangen. Sogar der Heynckes", klagte Ralf.

„Der ist immerhin jetzt euer Trainer", meinte Tom.

„Ja, aber irgendwie schaffen sie es nicht mehr so richtig nach oben."

„Da sind wir ja jetzt auch", trumpfte Tom auf. Er konnte es selbst nicht fassen, wenn er die Tabelle anschaute.

„Punktgleich mit Hamburg auf dem Zweiten, oder?", fragte Ralf.

„Stimmt genau, punktgleich und morgen geht es Zuhause gegen Bielefeld."

„Die sind gut. Rautiainen, Lienen, Pagelsdorf, Wohlers – da muss Dortmund echt aufpassen."

„Wird schon", meinte Tom.

„Wenn du es sagst. Aber sag mal, was machen wir eigentlich morgen? Ich meine, außer Sportschau gucken?"

„Weiß noch nicht. Ich hab keinen Plan."

Als sie sich nach stundenlangem Quatschen endlich in ihre Bettdecken eingerollt hatten – der eine im Bett, der andere auf einer Matratze daneben –, gähnten sie und waren hundemüde. „Weißt du was, Tom, du könntest mir mal endlich den Betrieb von deinem Opa zeigen. Du hast früher immer so viel erzählt davon und ich war noch nie da", murmelte Ralf schlaftrunken.

„Super Idee, das machen wir", flüsterte Tom zurück und dann schliefen sie ein.

Mama Weber sorgte für ein erstklassiges Frühstück und war ganz gespannt, wie es Ralf erging, was er unternahm und sie wünschte sich insgeheim, dass ihr Sohn auch aufs Gymnasium gehen und nicht solche Flausen im Kopf haben würde. Tom schimpfte seit einiger Zeit auf den „kapitalistischen Schweine-Staat" und ihren verehrten Helmut Kohl verhöhnte er als „Birne". Sie verstand ihren Sohn nicht mehr.

Für Ralf begann der Tag besonders gut. Als sein Blick zufällig über die Titelseite der Tageszeitung auf dem Küchentisch huschte, las er, dass Gladbach am Abend zuvor mit 3:0 gegen Braunschweig gewonnen hatte.

„Ich wusste gar nicht, dass Borussia gestern schon dran war", sagte Ralf.

„Sind sie ja auch nicht", entgegnete Tom.

„Ich meine die richtige Borussia", erwiderte Ralf.

„Vorsicht!"

„Jedenfalls haben wir schon mal gewonnen. Das ist gut."

Nach den Frühstück machten sich die Jungs auf den Weg zur Schmiede von Toms Opa. Tom kannte einen Weg durch den Wald und sie liefen etwa drei Kilometer über Trampelpfade und geschobene Waldwege. Die schwache Novembersonne schnitt sich zaghaft durch den aufsteigenden Dunst und verlieh der Szenerie etwas Geheimnisvolles. Tom fühlte sich augenblicklich nach „Mittelerde" versetzt, ins „Auenland".

„Diese Wälder kenne ich richtig gut, Ralf. Als wir damals hierher gezogen sind, kannte ich ja noch niemanden und da bin ich jeden Tag allein im Wald gewesen und war immer gespannt, wo ich rauskommen würde. Ich habe alles ganz genau erkundet und war manchmal stundenlang unterwegs. Mittlerweile kenne ich mich hier total gut aus. Ich liebe die Wälder hier." Ralf nickte schweigend. Er war sich nicht ganz sicher, ob er nicht auch einen Funken Traurigkeit aus den Worten seines Freundes heraus gehört hatte.

Noch tief im Wald nahmen sie plötzlich wie von ganz weit entfernt Hammerschläge wahr.

„Hörst du das?", fragte Tom und sie blieben abrupt stehen und lauschten. Um sie herum herrschte absolute Stille. „Das sind die Schmiede-Hämmer", flüsterte Tom. Ralf nickte und grinste. Er war gespannt auf das, was sie erwartete.

Als sie am Betrieb anlangten, führte Tom seinen Freund überall herum. Er zeigte ihm die Schmiede und stellte seinen Freund den arbeitenden Männern vor. Ralf wurde von Toms Familie geherzt und willkommen geheißen und Oma ließ keinen Zweifel darüber aufkommen, dass die Jungs zum Mittagessen bleiben sollten. „Oma macht die besten Eintöpfe der Welt".

Als die Hämmer schließlich verstummten und sich die Familie allmählich in der Küche einfand, war Tom glücklich, dass sein Freund all das miterleben konnte, wovon er ihm so oft erzählt hatte. Oma hatte Erbsensuppe mit Mettwürstchen gekocht und alle langten ordentlich zu.

Mitten in das gefräßige Schweigen, das nur von den Essensgeräuschen und vom Klappern der Löffel durchbrochen wurde, fragte Onkel Atze, was die Jungs für heute geplant hätten. Ralf und Tom schauten sich an. „Nix. Eigentlich gar nichts", meinte Tom und biss von seinem Brötchen ab.

„Ich fahre gleich nach Dortmund", meinte Atze, „wollt ihr mitkommen?"

„Ins Stadion?", fragte Tom hoffnungsvoll. Er sah Ralf an. Ralf schaute fragend zurück.

„Ja. Heute geht's gegen Bielefeld", sprach Atze mit vollem Mund. „Ja, äh …", war Tom unschlüssig, weil er nicht wusste, ob Ralf Lust dazu hatte. Doch der schien begeistert: „Also ich hätte nichts dagegen. Ist zwar die falsche Borussia, aber ein Bundesliga-Spiel zu gucken, ist doch immer klasse", sagte Ralf.

„Von wegen ‚falsche Borussia'. Noch so 'n Spruch und du bleibst hier", meinte Onkel Atze und alle lachten, während Ralf leicht errötete. Toms und Ralfs Eltern wurden per Telefon informiert und zwei Stunden später bogen die Drei in Atzes Ford Escort an der Autobahnausfahrt Dortmund-Süd auf die B 54 ab, Richtung Westfalenstadion. Toms Vorfreude stieg jedes Mal ins Unermessliche, wenn sie auf der A 45 das Westhofener Kreuz passiert hatten. Ab dort wurde der Verkehr an Heimspieltagen immer dichter und mehrten sich die Autos, aus denen BVB-Schals heraus hingen. Die Spannung war für ihn schon dort spürbar. Manchmal gab es sogar bereits am Kreuz Hagen freudige Hupkonzerte, wenn sich die Anhänger in Schwarz und Gelb begrüßten. *Komm nach Hagen, werde Popstar,* dachte Tom an ein Plakat, das er erst kürzlich irgendwo in Bergstadt gesehen hatte und über dessen Bedeutung er gerade grübelte.

Ralf war zwar noch nie im Westfalenstadion gewesen, wusste aber wie Stadionluft roch. Sein Papa hatte ihn schon in den späten 70ern einige Male mit zum Bökelberg zu den Spielen der legendären Fohlen-Elf genommen. Sie sahen sich regelmäßig ihre Gladbacher irgendwo in Nordrhein-Westfalen an. In der letzten Saison hatte er im Müngersdorfer Stadion in Köln eine klare 3:0-Pleite seiner Gladbacher im Rhein-Derby mit ansehen müssen.

Tom kannte nur das BVB-Stadion, war sich aber sicher: „Diese Atmosphäre ist einmalig!" Ralf indes war skeptisch, ließ sich aber gern vom Gegenteil überzeugen.

Onkel Atze hatte keine Dauerkarte mehr. „Das wird mir langsam zu teuer und so viel Zeit ist auch nicht mehr". Er meinte damit, dass er seit neuestem eine Freundin hatte, die es ihm nicht mehr so oft wie bisher erlaubte, ins Stadion zu gehen. So besorgten sie sich ihre Eintrittskarten an der Tageskasse vor dem Rote-Erde-Stadion. Sie bekamen halbwegs gute Sitzplatzkarten für die Gegengerade Richtung Nordtribüne.

Tom empfand die Stimmung rund ums Stadion so gut wie selten zuvor, obwohl gar nicht so viel Andrang herrschte, wie er es schon erlebt hatte. Trotzdem lag so etwas wie eine freudige Erwartung in der Luft, denn seitdem Kalli Feldkamp den BVB 09 trainierte, spielte die Mannschaft einen richtig modernen Fußball, sah man Spielzüge, von denen man früher nur geträumt hatte. Die liefen meist über Dortmunds neuen Spielmacher Marcel Raducanu. Der Mann hatte sich im Sommer 1981 bei einem Freundschaftsspiel von Steaua Bukarest in Dortmund wegen einer angeblichen Verletzung auswechseln lassen. Als er dann allein in der Kabine und für kurze Zeit nicht von den staatlichen Spitzeln bewacht worden war, hatte er seine Sporttasche gepackt und war getürmt. Einfach so.

Nun spielte Raducanu, der ehemalige rumänische Fußballer des Jahres, für den BVB und war ein absoluter Glücksfall für den Verein und seine Fans. Vor der Saison wusste niemand, wer dieser Rumäne war, dessen Namen zunächst keiner aussprechen konnte. Doch nach wenigen Spieltagen war sein Name korrekt ausgesprochen in aller Munde. Borussia hatte mit ihm einen erstklassigen Strategen und genialen Techniker an Bord, der für die entscheidenden Überraschungen im Angriff sorgte und zu einem der wichtigsten Spieler der nächsten Jahre avancieren sollte.

Dortmund hatte sich dazu in den ersten Jahren nach dem Wiederaufstieg immer wieder gezielt verstärkt. Es kamen Spieler wie Jupp Tenhagen aus Bochum, Bernd Klotz aus Stuttgart, Rolf Rüssmann und Rüdiger Abramczik aus Schalke und dazu Eike Immel, Michael Zorc und Erdal Keser aus der eigenen Jugend und plötzlich bekam diese Truppe in Toms Augen einen ganz neuen und siegeshungrigen Charakter. Zusammen mit den Spielern, die schon lange beim BVB waren, wie Huber, Burgsmüller oder Geyer wuchs eine Mannschaft heran, die auf ein Mal im oberen Drittel der Bundesliga mithalten konnte.

In der letzten Saison hatte es die Borussia sogar auf Platz sechs geschafft und sich damit für den UEFA-Cup qualifiziert. Tom hatte die Spiele in der 1. Runde gegen die Glasgow Rangers am Fernsehen gesehen. Im Hinspiel hatte Borussia den Rangers im Westfalenstadion ein 0:0 abgetrotzt, was Tom dennoch wahnsinnig geärgert hatte, weil er sich nämlich für die großmäuligen Schotten eine deftige Niederlage gewünscht hatte. *„Das beste an Dortmund ist das Bier"*, hatte einer der Rangers-Repräsentanten tags zuvor im Interview mit der „Westfälischen Rundschau" zum Besten gegeben.

Letztlich flogen die Borussen zwar durch ein verdientes 0:2 zwei Wochen später im Ibrox-Park gegen die international erfahrenen Rangers raus aus dem Pokal . Doch Tom hatte wie alle BVB-Fans Blut geleckt an der Beteiligung seines Lieblingsvereins an einem internationalen Wettbewerb. Sie wünschten sich, dass sich der BVB erneut für den UEFA-Cup qualifizieren würde und mit einem Sieg heute gegen Bielefeld würde man sich gegen einen direkten Konkurrenten um die internationalen Plätze behaupten können. Sogar die Tabellenführung wäre an diesem Tag für Dortmund drin, allerdings verbannte Tom diese Möglichkeit ins Reich der Träumerei. Es musste schon ein Sieg mit vielen Toren Unterschied her, um den HSV von der Spitze zu verdrängen.

Als sie an diesem lauen Novembertag gegen 15 Uhr ihre Eintrittskarten den freundlichen Ordnern am Westeingang vorzeigten und ihren Block suchten, ahnten sie nicht, dass der BVB heute Bundesliga-Geschichte schreiben würde. Sie nahmen ihre Plätze etwas nördlich der Mittellinie ein und machten sich mit der Umgebung vertraut. Onkel Atze orderte drei große Tassen Tee bei einem der Helfer, der mit einem 15-Liter-Kessel auf dem Rücken durch die Reihen balancierte und das Heißgetränk mit einem Schlauch abfüllte. „Macht sieben fünfzig", sprach der Mann emotionslos und zog zum nächsten Kunden. Tom erspähte im weiten Eck des Stadions unzählige von diesen weiß gekleideten Teeverkäufern und dachte, dass sie um ihren Job nicht zu beneiden waren.

Die Anstoßzeit rückte näher, doch das Stadion mochte sich dieses Mal nicht so sehr füllen. 34.000 Zuschauer wollten das Spiel sehen, so würde es der Stadionsprecher in der zweiten Halbzeit verkünden.

Die Spieler hatten das Warmlaufen beendet und verschwanden nun langsam im Kabinengang. Gleich würde es los gehen.

„Sollen wir tippen?", schlug Ralf vor.

„Okay", meinte Tom, „wie hoch ist der Einsatz?"

„Zwei Mark."

„Ganz schön viel, aber okay. Ich tippe 3:1 für Borussia."

„2:1 BVB", sagte Onkel Atze knapp.

„Ich sag 2:1 für Bielefeld", meinte Ralf und grinste Tom breit an.

„Wer am nächsten dran ist, hat gewonnen, oder?", fragte Tom. Die anderen stimmten zu. Dann sagte er zu Ralf: „Mach das Geld schon mal locker. Kannst mir ja zur Pause schon mal 'ne Cola ausgeben." Die Mannschaften liefen ein und winkten ihren Fans zu. Jetzt verstummten die Drei und Tom konzentrierte sich voll auf das Spiel.

Es läuft irgendwie nicht rund, dachte er nach fünf Minuten. *Zu viele Fehlpässe und dann diese schnellen Bielefelder. Unglaublich konterstark.* Dortmund erspielte sich zwar eine scheinbare Überlegenheit, doch sie brachten den Ball nicht in die Spitze, fanden keinen Abschluss. Die Bielefelder standen schon im Mittelfeld sehr dicht gestaffelt und lauerten auf Ballverluste des Gegners, um dann blitzschnell nach vorne zu spielen. Seit der frühere Gladbacher Spieler Horst Köppel die Arminia trainierte, spielte diese im früheren Konter-Stil der Fohlen-Elf. Meist liefen ihre Angriffe über den pfeilschnellen Finnen Pasi Rautihainen, der seinen Gegenspieler Lothar Huber in echte Schwierigkeiten brachte. Huber konnte die Sprints gegen den Finnen nur selten gewinnen, meistens musste er ihn vorher abgrätschen. Das gelang auch zunächst ganz gut, doch in der 16. Minute brach Rautihainen auf Links durch, schlug einen

Pass auf den kurzen Pfosten und Frank Pagelsdorf haute den Ball zum 1:0 und zum Entsetzen der BVB-Fans in die Maschen hinter Eike Immel.

„Scheiße!", fluchte Tom laut.

Onkel Atze war schon wieder völlig pessimistisch: „Das können die heute nie und nimmer gewinnen. Wenn se so weiter spielen, gehen se heute unter. Nee, nee, nee." *Immer wenn sie schlecht spielen, redet er von „sie", und wenn sie gut spielen redet er von „wir",* dachte Tom.

„Wie war das mit Cola holen?", fragte Ralf.

„Halt die Klappe."

„War ein geiles Tor, tut mir jetzt echt leid für euch."

Tom musste unweigerlich lachen. „Jetzt halt doch mal die Schnauze, Lange. Ich liege auf jeden Fall immer noch voll im Trend mit meinem Tipp."

„Schon klar."

Sie hatten kaum zuende gesprochen, da sprang Tom auch schon von seinem Sitz. Sein langgezogenes „Jaaaaaaaa!" klingelte Ralf in den Ohren, während sich die schwarz-gelbe Fangemeinde in den Armen lag. „Ich hab's dir doch gesagt", schrie Tom seinen Freund an. „Wir gewinnen 3:1!" So kannte Ralf seinen Freund nicht.

Manni Burgsmüller hatte nur wenige Minuten nach dem 0:1 den Ausgleich erzielt. *Jetzt kennen die Jungs die Lücke und brechen Bielefelds Kontertaktik auf.* „Wenigstens muss ich dann nicht mit einem scheißgelaunten Freund nach Hause fahren", lachte Ralf. Viel zu jubeln hatte Tom in der ersten Halbzeit nicht mehr. Im Gegenteil. Das Spiel blieb äußerst spannend, weil Bielefeld weiterhin sehr diszipliniert spielte und die Borussia keine Mittel gegen den Abwehrriegel der Arminen fand. Mit 1:1 ging es in die Pause.

„Jetzt mal ganz ehrlich und ohne Scheiß, Ralf: Wie findest Du es?"

„Das Spiel oder die Kulisse oder alles Drumherum?"

„Na alles."

„Also das Spiel ist echt schwach, oder? Ich meine, Raducanu scheint überhaupt nicht gut drauf zu sein, Burgsmüller kriegt keine richtigen Bälle, die stümpern sich da im Mittelfeld einen zurecht."

„Und der Rest?"

„Das Stadion ist der Hammer. Die Atmosphäre ist richtig geil. Um ehrlich zu sein, ist hier echt mehr los als in Gladbach." Tom wirkte erleichtert.

„Hey Tom", sagte Ralf, „jetzt mach dir keinen Kopf. Du musst kein schlechtes Gewissen haben, weil du mich überredet hast, mit hier hinzufahren, okay? Es ist super, dass wir hier sind. Ich hab richtig Spaß und du doch sicher auch."

„Ja klar", meinte Tom gelöst, „warte es mal ab, die Stimmung wird gleich noch besser, wenn Dortmund Richtung Südtribüne spielt. Dann peitschen die Fans sie noch mal richtig nach vorne."

Onkel Atze hatte ihnen Cola und sich ein Bier mitgebracht, während sich die Spieler auf dem Rasen für die zweite Halbzeit formierten. Borussia würde anstoßen. Klotz und Burgsmüller standen am Mittelkreis bereit und erwarteten den Pfiff des Schiris, während sich die Besucher langsam hinsetzten. Schiedsrichter Clajus gab das Spiel frei und dann ging alles rasend schnell. Während Klotz den Ball zu Burgsmüller schob und alles mit einem Rückpass rechnete, sprintete auf der linken Seite ein Dortmunder Spieler – Tom meinte, es sei Erdal Keser – durch. Manni machte drei Schritte mit dem Ball, schlug einen langen Pass genau in den Lauf des Linksaußen und sprintete dann selbst nach vorne. Keser rannte mit dem Leder die Linie entlang, zog nach innen, vernaschte dabei zwei Bielefelder und flankte in die Mitte, wo Burgsmüller den Fuß hin hielt und zum 2:1 für Dortmund einschoss. Die zweite Halbzeit war vielleicht 30 Sekunden alt, als das Westfalenstadion vor Jubel erbebte. Tom kriegte sich nicht mehr ein und neckte seinen Freund, der sich trotzdem für Tom freute.

Der Jubel hatte sich noch gar nicht richtig gelegt, als alle BVB-Fans schon wieder aufsprangen und sich vor Freude in den Armen lagen. Rüdiger Abramczik, der Flankengott vom Kohlenpott, hatte zugeschlagen und in der 47. Minute auf 3:1 erhöht. Tom glaubte zu träumen. So schnelle Tore hatte er noch nie erlebt. Das war unglaublich. Er war völlig aus dem Häuschen. „Ich sag doch, ich gewinne den Tipp!"

Dortmund spielte jetzt rasant nach vorne, von Bielefeld kam überhaupt keine Gegenwehr mehr. Allein, Tore wollten zunächst nicht mehr fallen. Die Borussen hatten gleich mehrere Chancen. In der 60. Minute traf erneut Manni Burgsmüller und die Südtribüne feierte ihn.

„He he he Manni, Manni – Manni Manni Manni Manni Burgsmüller", sang nun das halbe Stadion. Es stand 4:1 und was dann folgte, kommentierte Onkel Atze später mit den Worten: „Merkt euch alles gut, was ihr seht, Jungs. Darüber werden die Leute noch in vielen Jahren reden. So ein Ergebnis wird es hier wahrscheinlich nie wieder geben. Zumindest nicht in einem Bundesligaspiel."

Es ging Schlag auf Schlag. Klotz schoss sechs Minuten später das 5:1. Drei Minuten später machte Manni erst das 6:1 und kurz darauf das 7:1. Das ganze Stadion feierte die Mannschaft und vor allem ihren Helden mit der blonden Lockenmähne und der Rückennummer 8. Fünf Tore in einem Spiel – wann hatte je ein Spieler eine bessere Torquote in einer Halbzeit? Niemand saß mehr. Selbst auf der Haupttribüne standen die Leute. Das gesamte Stadion sang „So ein Tag …"

Von der unglaublichen Stimmung mitgerissen, legten die Schwarz-Gelben einen einzigen Sturmlauf hin, der den Blauen aus Bielefeld keine Atempause gönnte. Marcel Raducanu erzielte in der 78. Minute das 8:1. Bernd Klotz erhöhte zwei Minuten später auf 9:1. Auf den Rängen herrschte ein emotionaler Ausnahmezustand zwischen Euphorie und Ungläubigkeit. Wenn einige Besucher fürchteten, sich in einem Traum zu befinden, wurden sie in der 84. Minute davon überzeugt, in der Realität zu sein, als Klotz das 10:1 schoss und sich im anschließenden Jubel literweise Bier, herausgeschwappt aus den billigen Plastikbechern, über die Ränge und die Köpfe der Zuschauer ergoss. Drei Minuten später bekam Dortmund dann auch noch einen Elfmeter zugesprochen, den Lothar Huber zum 11:1 verwandelte.

Als das Spiel abgepfiffen wurde, hatte niemand Worte für das, was da soeben auf dem Platz geschehen war. Die Dortmunder Fans wollten das Stadion gar nicht mehr verlassen. Die Mannschaft lief eine Ehrenrunde. Atze, Ralf und Tom applaudierten im Rhythmus der Massen gefühlte 30 Minuten lang und waren immer noch viel zu verwundert, um zu sprechen. Dieses Ergebnis wollte erst einmal verarbeitet werden.

Was war an diesem 6. November 1982 passiert? Dortmund war neuer Tabellenführer, weil Hamburg nur mit 2:1 in Stuttgart gewonnen hatte und der BVB somit um ein Tor besser war, als der HSV. 10 Tore waren in einer Halbzeit gefallen. Somit fiel im Schnitt in der zweiten Hälfte alle viereinhalb Minuten ein Tor. Das war Bundesliga-Rekord. Zudem war das 11:1 der höchste Pflichtspielsieg in Borussias Geschichte. Tom hielt die Hand auf und bekam je zwei Mark von Ralf und Onkel Atze.

Auf dem Heimweg versuchten sie, das verrückte Spiel zu verarbeiten und waren immer noch völlig aufgeregt. „Das hat sich auf jeden Fall gelohnt", war selbst Ralf noch völlig geplättet.

„Wie sieht's aus Kumpel? Sollen wir uns heute Abend im Proberaum mit meinen Jungs treffen? Danach könnten wir in den ‚Blauen Engel' gehen, unsere Lieblingskneipe. Da spielt heute 'ne Bluesband. Ich hab gehört, dass die richtig gut sein sollen. Die heißen *Pee Wee Bluesgang*."

„Alles was du willst, Tom. Ich hab richtig Bock."

„Schääällfisch!" (1987)

UEFA-Cup 1987/88, 1. Runde, Rückspiel
Mittwoch, 30.09.1987
Borussia Dortmund – Celtic Glasgow 2:0

„Schääällfisch!!!!" brüllte der Typ nun schon zum hundertvierten Mal. *Hätte ich doch besser mal die Schnauze gehalten,* dachte Tom. Aber er hatte sich selbst vor Lachen gebogen, als er die „Celtic"-Anfeuerungsrufe aus der Nordkurve zu „Schellfisch" verballhornte und damit seinen Bruder Mario zum Lachen brachte. Der Hardcore-Borusse aus Mengede, der vor ihnen stand, hatte es aufgeschnappt und wurde nun nicht müde, jenes Wort bei jeder Ballberührung der Grün-Weißen zu brüllen, was Tom und Mario mittlerweile nur noch nervte. Dass er aus Mengede war, verriet ein Schriftzug mit drei „ä's" auf seiner Kutte.

Der Typ brüllte das langgezogene „Schääällfisch!!!!" nun auch rückwärts gewandt in Richtung des Celtic-Fanblocks und Tom riss der Geduldsfaden: „Jetzt halt mal den Ball flach, Alter. Ich habe keinen Bock, was auf die Fresse zu kriegen", raunzte er den halbgaren Burschen an, der daraufhin von seinem Kumpel ebenfalls zur Raison gerufen wurde und nun endlich einmal schwieg.

Sie hatten Karten für die Nordtribüne bekommen und standen in einem verlorenen Grüppchen von BVB-Fans direkt hinter dem Tor. Hinter und über ihnen erstreckte sich die grün-weiße Wand der Celtic-Supporter, die bislang – Gott-sei-Dank – sehr friedlich waren.

Tom war so froh gewesen, dass sie überhaupt noch Karten bekommen hatten. Sie waren auf Gut Glück nach Dortmund gefahren und hatten tatsächlich Fortune gehabt, nahe der Westfalenhalle auf einen Schwarzmarkthändler zu treffen, der ihnen die Tickets nach kurzer Verhandlung für 40 D-Mark überließ. Sie waren viel zu spät dran, als dass sie an der Tageskasse noch Karten hätten ergattern können. Das Stadion war restlos ausverkauft.

Mario war außer sich vor Freude und dankte seinem großen Bruder für die Einladung. Er war gerade erst 15 geworden und überglücklich, heute dabei sein zu dürfen. Das wiederum erfüllte Tom mit Stolz und er wuchs ein klein wenig vor sich selbst, denn er hatte gerade heute seinen ersten Wehrsold bekommen.

Anfang des Monats hatte er seinen Zivildienst als Hausmeistergehilfe im Altersheim in Hammerschlag angetreten. Er konnte es kaum glauben, so viel

Geld verdient zu haben, als er seine Abrechnung las, und hatte Schwierigkeiten, sein Temperament im Zaum zu halten. Seinen Job mochte er. Er grub Beete um, jätete Unkraut, mähte den Rasen, holte morgens die großen blauen Müllsäcke mit den vollgeschissenen Windeln von den Stationen ab, reparierte mal einen Schrank oder ersetzte eine Glühbirne. Wenn sich die alten Leutchen dann auch noch freuten, wenn er ihnen helfen konnte oder er sie im Rolli durch den Park fuhr, dann freute sich auch Tom.

„Was? Du willst Zivildienst machen?" Seine gesamte Verwandtschaft hatte entsetzt reagiert, als sei die Verweigerung des Wehrdienstes im Jahre 1987 immer noch ein Akt von Staatszersetzung, nahe am Rande des Terrorismus. „Denk doch nur an die Möglichkeiten, die du bei der Bundeswehr hättest. Du könntest dich sogar verpflichten und dort studieren", schlugen sie vor. Wenn Tom so kurz nach dem Abi auch noch überhaupt keine Vorstellung von dem hatte, was er einmal tun oder werden wollte, wusste er doch ganz genau, was er nicht wollte. Der Text eines *Checkpoint Charlie*-Songs erinnerte ihn immer daran: „In meinem Innern schreit es: Ich will leben! Du darfst Dein Leben nicht den Schweinen geben."

Tom wandte sich an eine Selbsthilfegruppe für Wehrdienstverweigerer und die Leute berieten ihn zu dem bevorstehenden Procedere. Immerhin musste Tom seine Gewissensentscheidung schriftlich und vor allem stichhaltig begründen. Gelänge ihm das nicht, würde man ihn trotzdem zur Bundeswehr einziehen.

Vor dem Musterungsausschuss hatte sich Tom bereits erklären müssen, weil ihn drei ergraute Herren in Uniform zu überreden versuchten, lieber doch den 18-monatigen Wehrdienst an der Waffe auf sich, als 24 Monate „sinnfreie Arbeit für soziale Zwecke" – Zitat eines der hochdekorierten Obersoldaten – in Kauf zu nehmen.

Tom fand die ganze Musterung entwürdigend. Nach den routinemäßigen medizinischen Untersuchungen musste er vor einer gestreng dreinblickenden Krankenschwester die Hosen herunterlassen. *Wenn ich mich widersetze, werde ich wahrscheinlich augenblicklich erschossen,* hatte Tom noch amüsiert gedacht, doch das innere Lachen war ihm vergangen, als „Fräullein Rottenmeier" seinen Hodensack anfasste und befahl: „Husten!" Dann musste er in ihrem Beisein auch noch in einen Becher pinkeln, bevor er sich wieder ankleiden durfte. *So funktioniert das wahrscheinlich bei der Armee,* dachte Tom, *sie demütigen dich, um dich zu einem perfekten Befehlsempfänger zu machen.*

Das Bild, das sich ihm nach den Untersuchungen in einem weiteren Raum bot, war noch grotesker als die Situation zuvor. Da saßen drei Weißkopfseeadler in ihren mit allerlei Orden und Abzeichen verzierten Uniformen.

Diese Überbleibsel der Wehrmacht thronten vor einer überdimensionierten Deutschlandfahne, die zu allem Überfluss auch noch von einem stechend drein blickenden Adler in fragwürdiger Nazi-Ästhetik geziert wurde. Abschreckender hätte sich ihm die Bundeswehr nicht präsentieren können.

„Ich mache von meinem Recht nach Paragraph vier, Absatz drei des Grundgesetzes Gebrauch, den Wehrdienst an der Waffe zu verweigern", hatte Tom den auswendig gelernten Satz aufgesagt, den diese Herren nicht so gerne hatten hören wollen. Mit dem Hinweis, die Gewissensentscheidung in den nächsten 14 Tagen schriftlich zu begründen, hatte man ihn entlassen.

An diesem Morgen hatte Tom schon viel geschafft. Nachdem er seinen Gang über die Stationen mit den üblichen Verrichtungen erledigt hatte, hatte er den Innenhof gefegt und dann damit begonnen, einen Schuppen, zu entrümpeln, in welchem künftig die Gartenwerkzeuge gelagert werden sollten.

Er hatte sich seine Frühstückspause redlich verdient. Sein Chef hatte heute frei und Tom genoss es, ganz in Ruhe frühstücken zu können. Er packte seine Butterbrotdose aus und schlug den Sportteil der „Hammerschlager Stimme" auf. Als er den Vorbericht für das Duell mit Celtic Glasgow las, begann es in ihm zu kribbeln. Dortmunds Präsident Niebaum wurde mit den bedeutungsschweren Worten zitiert, dass die Borussia die realistische und historische Chance habe, nach 21 Jahren wieder in die zweite Runde eines europäischen Wettbewerbs einzuziehen.

Nach der Frühstückspause stand für Tom fest, dass er am Abend nach Dortmund fahren würde. Irgendwie würde er schon an Karten kommen. Vor ein paar Jahren hatte ihm Klopper die beliebtesten Stellen der Schwarzmarkthändler gezeigt.

Das Hinspiel in Glasgow hatte Tom zwei Wochen zuvor am Fernseher gesehen. Borussia hatte sich nicht schlecht verkauft in Parkhead und lediglich mit 1:2 verloren. Das ließ hoffen.

Dortmund war zwar eigentlich krasser Außenseiter, aber warum sollte es diese tolle Truppe nicht schaffen? Tom traute dem Team mit dem großartigen Coach Reinhard Saftig alles zu.

Es machte derzeit richtig Spaß, BVB-Fan zu sein. Der Dortmunder Sturm mit Dickel und Mill war seit der letzten Saison Legende, nachdem die beiden die Borussia fast im Alleingang auf den 4. Tabellenplatz geschossen hatten. Dieses Sturmduo flößte den Gegnern in der Bundesliga Respekt ein. Sie harmonierten blind und erinnerten Tom immer ein klein wenig an Terence Hill und Bud Spencer. Frankie Mill war der clevere und schlitzohrige Terence Hill und Nobby Dickel der Mann fürs Grobe, der wie Bud Spencer gerne mal die Keule auspackte. Halbe Sachen gab's bei ihm nicht; da wurde das Bällchen auch mal mit 120 km/h aus drei Metern in die Maschen gedroschen. Hauptsache, das Ding saß.

Das neue Borussen-Mittelfeld mit Raducanu, Zorc, McLeod und dem aus der eigenen A-Jugend stammenden Daniel Simmes bildete eine Mischung aus solider Arbeit und einem Hauch Genialität und Borussias Abwehr vor dem starken Torwart „Teddy" de Beer um Kutowski, Pagelsdorf, Kleppinger und Hupe war einfach grundsolide.

Auf der anderen Seite standen in Celtics Reihen Spieler, die jeder Fußballfan aufgrund ihres Kampfgeistes und ihrer Schnelligkeit schätzte. Jeder kannte McStay, Aitken, McGhee, Walker oder Whyte durch ihre Länderspiele für die verschiedenen britischen Nationalmannschaften. Tom freute sich auf ein Fußballfest.

Als er Feierabend hatte, sprang Tom in seinen Seat Marbella und drückte die „Somewhere in time" von *Iron Maiden* ins Tapedeck. *„Feels like I've been here before"*, schmetterte Bruce Dickinson und wurde dabei lautstark von Tom als Backing-Sänger unterstützt. Tom wiegte seinen Kopf zum Schlagzeug-Gewitter des großartigen Nico McBrain. Seine Haare flogen dabei wild umher. Sie waren in den letzten Monaten immer länger geworden, denn er hatte beschlossen, sie sich nicht mehr schneiden zu lassen.

Wäre Heavy Metal eine Farbe, so wäre Toms Welt in dieser Zeit in genau dieser Farbe gestrichen gewesen und zwar komplett. Es gab für ihn nichts anderes mehr. Der harte Sound inspirierte ihn, gab ihm Kraft und Mut und half ihm dabei, sich aus dem Alltag auszuklinken. Der „Metal Hammer" war Toms ständige Lektüre und jeden Dienstagabend hing er ab 22 Uhr vor dem Radio, um auf WDR 1 „Scream" zu hören, die Hardrock-Radioshow, in der Volkmar Kramarz immer wieder Neues aus der Metal-Szene präsentierte. Toms Kosmos bestand ausschließlich aus den harten Riffs, Beats und Stimmen der alten und neuen Metal-Welle. Er kannte alle Neuerscheinungen der aktuell total angesagten Schwermetallbands aus Deutschland und Tobi versorgte seinen jüngeren Vetter mit Mixcassetten unbekannter Heavy Bands, die er irgendwo in Deutschland, England oder Frankreich live gesehen hatte.

Den als Metal getarnten Pop aus L.A. fand Tom langweilig und die immer größer werdende Szene von Black- oder Speedmetal interessierte ihn nicht. Geradezu lächerlich fand er das Machogehabe vieler Metalbands, deren Plattencover oft vollbusige Schönheiten in der Gewalt lüsterner Dämonen zeigten oder schlecht gezeichnete schwertschwingende Muskelmänner mit überdimensionierten Wikingerhelmen, die wie billige Kopien von Conan, dem

Barbaren aussahen. Tom machte sich gerne lustig über die plumpen und dumpfbackigen Ausprägungen des Genres. Er stand auf den Metal, der eine Anlehnung an Rock 'n' Roll hatte, der rebellisch war und in dessen Texten er sich wiederfand.

Vor gut einem Monat hatte er einige seiner Helden live auf der Bühne gesehen, beim „Monsters of Rock" in Nürnberg. Für ihn war es eine Offenbarung gewesen, *Metallica*, *Dio* und seiner großen und ewigen Rock-Liebe *Deep Purple* zuzuhören. *Purple* hatten sich in der legendären Mark II-Besetzung mit Ian Gillan als Sänger wieder zusammengefunden und sie verzauberten den staunenden Tom mit ihrer grenzenlosen Virtuosität und Energie.

Tom hatte das Festival völlig genossen, hatte getanzt und war ausgeflippt. Er hätte nie gedacht, dass es so viele Menschen gab, die so empfanden wie er. Während man im verschlafenen Hammerschlag als so etwas wie ein aussätziger Idiot galt, wenn man auf Heavy Metal stand, war es für Tom eine großartige Erfahrung, seinen Musikgeschmack mit 60.000 Gleichgesinnten zu teilen.

Tom hatte während des ganzen Festivals eine riesige Solidarität unter den Leuten gespürt. Der Gedanke, dass er nicht allein war mit seinen verrückten Ideen von einer besseren Welt, erfüllte Tom mit ungeheurer Kraft. Für Tom ging's beim Metal nicht nur um die Musik allein, sondern vor allem um das, was sie zwischen den Zeilen transportierte: Lass dich nicht verarschen, lebe selbstbestimmt, folge deiner Intuition und hab Spaß!

Tom hatte sich dazu entschieden, sich nicht korrumpieren zu lassen. Karriereplanung, Familienplanung, die Verplanung des Lebens schlechthin, überließ er lieber anderen. Denen, die ihn wegen seiner langen Haare und abgenutzten Klamotten insgeheim oder offen verhöhnten.

Frank und Tom waren schon einen Tag vor dem Festival in Franks Golf zum Messegelände gefahren und hatten ihr Zelt in unmittelbarer Nähe dazu aufgebaut. Am Vorabend des Spektakels hatten sie nach einer halben Palette Dosenbier genügend Mut gehabt, sich durch nebulöse Erklärungen Zutritt zum Backstagebereich zu verschaffen. Vorsichtig schlichen sie in der Wohnwagensiedlung umher und lauschten unter den Fenstern der Caravans, in der Hoffnung, irgendeinem Rockstar zu begegnen. Sie kicherten dabei wie die Kinder und versuchten ein lautes Lachen zu vermeiden, wenn einer von ihnen den Zeigefinger an den Mund legte und ein überlautes „Schhhht" folgen ließ.

Irgendwann gelangten die Freunde an der gigantischen Bühne an. Sie beobachteten die Roadies, die geschäftig Kisten hinaufhievten und keine Notiz von den nicht legitimierten Eindringlingen aus dem Sauerland nahmen. Ein ganzer Trupp von Bühnenhelfern bahnte sich gerade ohne Rücksicht auf Verluste den Weg vorbei an Frank und Tom, um Monitorboxen auf die Bühne zu schleppen, was Tom als Startsignal verstand und wie selbstverständlich hinter ihnen herging. Währenddessen stand Frank weiterhin hinter der Bühne und schlug sich die Hände vors Gesicht, als er Tom auf die Bühne marschieren sah. *Das gibt Ärger*, dachte er. Tom stellte sich indes in die Center-Position, überschaute das ganze Messegelände vom Bühnenrand aus, streckte beide Arme in die Höhe, formte seine Finger zum Pommesgabel-Metalgruß und schrie: „Yeaaaaah!!!" *Das will ich auch mit meiner Band*, dachte Tom noch, bevor er schließlich ziemlich unsanft von einem muskelbepackten Security-Typen von der Bühne geschleift und kurze Zeit später samt Frank achtkantig aus dem Backstagebereich geworfen wurde.

„Das können wir auch. Eines Tages vor einer Masse von Leuten stehen und unsere Songs spielen", schwärmte Tom, als sie wieder in ihrem Zelt saßen und die zweite Hälfte der Dosen-Palette in Angriff nahmen. Frank nickte. „Das wär echt geil", schwärmte er und sein Blick verriet, dass er denselben Traum träumte wie Tom. „Stell dir mal vor, wie unsere Songs auf so einer Bühne mit so einer fetten Anlage klingen würden." Tom war geradezu euphorisiert. „Ich will nichts anderes. Let's roooock!", rief er, Frank zuprostend und aus irgendeiner Autoanlage wehte der Wind „New York City Streets" von *Triumph* in ihr Zelt.

Als Tom zuhause eintraf, erzählte er seinem Bruder Mario von der Idee, ins Westfalenstadion fahren zu wollen. Mario schaute ihn mit einem sehnsüchtigen Blick an. „Nimmst du mich mit?", fragte er. „Frag Mama und Papa", meinte Tom. Mario zögerte keinen Moment und bearbeitete seine Eltern, die schließlich zustimmten, weil Tom versprach, gut auf seinen Bruder aufzupassen. Tom kramte seinen BVB-Schal aus dem Schrank und los ging's.

Vor dem Stadion brannte die Luft. Tom kaufte seinem Bruder eine Fahne und er erinnerte sich an den Tag, an dem er selbst einen Schal und eine Fahne geschenkt bekommen hatte. *Das ist doch mal echtes Fan-Pathos*, dachte er innerlich grinsend.

Die Atmosphäre rund um die Dortmunder Fußballarena war geprägt von grenzenloser Vorfreude in beiden Fanlagern. Hier die Schlachtgesänge der Borussen, die so sehr hofften, dass wieder glorreiche Europacup-Zeiten für ihren Club begannen, dort die Gänsehaut erzeugende Celtic-Hymne „You'll never walk alone", gesungen von tausenden Kelten-Kehlen, die mit dem Dortmunder Bier gut geölt waren. Überall war die Spannung greifbar. Es knisterte, doch die Stimmung war überhaupt nicht aggressiv. Vereinzelt sah mein kleinere Dortmunder und Glasgower Fangruppen zusammenstehen und Bier trinken. Die Fans hatten Respekt vor dem jeweils anderen Verein und die Borussen-Fans waren mächtig stolz, dass ihre Mannschaft heute einen großen internationalen Gegner empfing.

Ohne Wegmanns Tor wären wir heute nicht hier, dachte Tom.

Hätte „Kobra" Wegmann vor gut 15 Monaten beim 3:1 im Relegations-Rückspiel gegen Fortuna Köln den Ball nicht in letzter Sekunde über die Linie gestochert, hieße der Gegner heute wahrscheinlich FSV Salmrohr. So aber hatte Jürgen Wegmann an jenem 17. Mai 1986 die Totalkatastrophe gerade noch verhindert und stieg damit in den Borussen-Olymp auf. Das Hinspiel hatte Dortmund in Köln mit 0:2 verloren und in der Nachspielzeit des Rückspiels war die Borussia schon mausetot. Doch dann fiel dieses Tor des Willens und es folgte eine Eruption des Westfalenstadions, die örtliche Seismologen mit Stärke sechs auf der nach oben offenen Richterskala maßen.

So war es – einmalig in der Geschichte der Bundesliga-Relegation – zu einem Entscheidungsspiel auf neutralem Boden gekommen, das der BVB in Düsseldorf mit 8:0 gewann. „Ausgerechnet in Düsseldorf", hatten damals viele Kölner gemeckert.

Gestern noch den Abstieg vermieden und heute Europacup. Im Fußball geht echt alles, dachte Tom.

Die Brüder holten sich in den Katakomben des Stadions etwas zu trinken und bezogen ihren Platz auf der Nordtribüne. Die Arena brodelte schon vor Spielbeginn. Die Fanlager versuchten, sich mit ihren Gesängen gegenseitig zu übertrumpfen. Tom hatte das Westfalenstadion noch nie so picke packe voll gesehen. 54.000 Zuschauer sollten es offiziell sein und man sah kein einziges freies Fleckchen mehr.

Die Menschenmasse erinnerte Tom an das Festival und an die durchzechte Nacht mit Frank in dem kleinen Zelt. Es war ihnen ernst mit ihrer Band. Sie dachten kaum an andere Dinge als an neue Songs, an Proben, an Konzerte, an die Chance, vielleicht bekannter zu werden und größere Gigs zu spielen. In ihren größenwahnsinnigen Phantasien sahen sie sich wahlweise sonnenbebrillt und dabei lässig einen Longdrink schwenkend auf einer bequemen Liege an einem fußballfeldgroßen Pool in L.A. oder mit einer Hand voll sehr großer Geldscheine eine Schule oder ein Brunnenprojekt im tiefsten Afrika einweihend.

So oder so ähnlich sahen ihre Ziele aus. Doch derzeit war ihr Weg ihr einzig erreichbares Ziel. Immerhin spielten sie in einer funktionierenden Band und das war weitaus mehr, als sie es sich vor ein paar Jahren zu träumen gewagt hätten. Gut fünf Jahre zuvor hatten sich Frank und Tom kennengelernt. Ihre anfänglichen Gehversuche als Band endeten ein Jahr danach. Dirk hatte immer weniger Lust auf die Proben gehabt, ihm wurde das alles zu viel, während Micha, Frank und Tom ständig übten, um irgendwie besser zu werden. So trennten sich ihre Wege, was gleichzeitig bedeutete, dass die drei anderen Jungs keinen Proberaum mehr hatten. Frank besorgte eine Probemöglichkeit für ein ganz kleines Geld in einer Holzbaracke etwas abseits des Bahnhofes, die – so die Legende – während der Nazi-Diktatur ein Kriegsgefangenenlager gewesen sein sollte. Frank hatte irgendwann zum Geburtstag ein Schlagzeug von seinen Eltern geschenkt bekommen, ein „Remo PTS", das unter den Gesichtspunkten von Qualitätsstandards auch bei noch so gering angelegten Kriterien durchgefallen wäre. Immerhin ließen sich ihm Rhythmen entlocken.

Micha hatte sich mit seinem Geld aus der Ferienarbeit eine neue E-Gitarre gekauft und dazu einen gebrauchten Kofferverstärker. Tom hatte ebenfalls in den Sommerferien geschuftet und sich davon einen Gitarrenverstärker geleistet, an den er sein neu erworbenes Mikrofon anschließen konnte. Sie trafen sich fast täglich, um zu üben. Sie spielten Songs nach, entwickelten eigene Ideen, schrieben gemeinsam Texte und Stücke mit ganz einfachen Strukturen und übten das alles immer und immer wieder. Jahrelang. Und irgendwann hatte Tom dann Timi getroffen und diese Begegnung hatte plötzlich alles auf den Kopf gestellt und ihnen die Möglichkeit eröffnet, ganz ernsthaft an einem Bandprojekt zu arbeiten.

Während Tom und Mario auf der Nordtribüne den Anpfiff herbeisehnten, da die Mannschaften in diesem Augenblick unter dem Jubel des gesamten Stadions aufliefen und ein paar Augenblicke später zu allen Seiten ins Publikum winkten, dachte Tom an diese erste Begegnung mit seinem neuen Freund und daran, wie sein Leben verlaufen wäre, wenn er nicht seiner Intuition gefolgt wäre. Als der Schiri das Spiel freigab, befand sich Tom gedanklich in einer Situation, zwei Jahre zuvor, in der Fußgängerzone seiner Heimatstadt, auf dem Nachhauseweg. In einer Hand trug er die Tüte des Plattenladens, in der sich das „Fugazi"-Album von *Marillion* befand.

Die Sonne verbreitete fröhliche Farben an diesem frühen Nachmittag im Juni 1985. Tom war gut gelaunt und in der Fußgängerzone von Hammerschlag herrschte, wie immer, überhaupt kein Betrieb. Und dann plötzlich durchschnitt der Sound einer verzerrten Gitarre die ansonsten so friedlich stille Luft und Tom identifizierte sofort das „Hitman"-Intro von *Metal Church*.

Er schaute sich um, schaute an den Häusern hoch und entdeckte links von sich ein geöffnetes Fenster im dritten Stock. „Hey!!!", schrie Tom, so laut er konnte. Keine Reaktion. Tom wartete ab und rief in einer kurzen Spielpause noch einmal: „Hey!!!"

Nach ein paar Sekunden reckte sich ein blonder Lockenkopf aus dem Fenster. „Hä?", fragte der. „Geil, was du spielst", rief Tom zu ihm hinauf. „Hast du Bock, in einer Band zu spielen?" Der Junge im dritten Stock zog beide Augenbrauen in die Höhe. „Was???", fragte er ungläubig. Nach einigem Hin und Her, ließ er Tom ein, zunächst etwas misstrauisch. Timi fragte sich, was dieser komische Vogel von ihm wollen würde. Doch dann unterhielten sie sich stundenlang und stellten fest, dass sie nicht nur musikalisch auf derselben Wellenlänge funkten. Schließlich lud Tom ihn zu einer Probe in die alte Holzbaracke ein und das war der Anfang ihrer neuen Bandkarriere gewesen.

Das Spiel lief und von der ersten Spielminute an spürte man den Siegeswillen beider Mannschaften. Beide Teams spielten hart, ohne unfair zu werden, beide Mannschaften machten das Mittelfeld dicht, kämpften um jeden Flecken Rasen. Ein Pokalfight eben, ohne nennenswerte Höhepunkte, aber äußerst spannend.

Dortmund wollte Kontrolle, wollte nicht von Celtic überrascht werden. Tom sah, wie die Borussia kämpfte, allen voran Murdo McLeod, der in der vergangenen Saison noch für Celtic gespielt hatte. Als er auflief, hatten ihn die Kleeblätter mit großem Applaus willkommen geheißen. Doch nun schien es so, als kenne er seine alten Mannschaftskameraden nicht mehr. Heute war er ein Anführer der Borussen. Der BVB, das spürten Tom und Mario, wollte sich einfach nicht den Schneid abkaufen lassen. Zur Halbzeit stand es 0:0.

„Was denkst du? Schaffen wir das heute?", fragte Mario seinen Bruder, als der italienische Schiedsrichter Lebello zur Pause pfiff. „Schwer zu sagen. Wir brauchen nur ein Tor, dann wären wir weiter. Das heißt aber auch: Borussia muss ganz langsam aufmachen und das wird Celtic Konterchancen geben. Das kann gefährlich werden. Aber egal: Wir spielen jetzt auf die Südtribüne. Das bringt uns Glück."

„Echt?"

„Wirst du sehen."

Tom hatte Recht mit seiner Einschätzung. Mit Beginn der zweiten Halbzeit erhöhte Dortmund den Druck auf Celtic und erarbeitete sich langsam mehr Torchancen. Trotzdem blieben die Schotten gefährlich. Deren Abwehr um Aitken stand sicher und wenn sie die Angriffe der Borussia abfingen, spielten sie sehr schnell nach vorne, wo McStay oder Walker lauerten. Die

Fans machten eine Riesenstimmung und feuerten die Jungs in Schwarzgelb ununterbrochen an.

Gegen Mitte der zweiten Halbzeit hatte sich das Spiel komplett in die Hälfte der Kelten verlagert und Dortmund drängte auf das so wichtige 1:0. Plötzlich waren Mario und Tom und all die anderen BVB-Fans auf der Nordtribüne wie elektrisiert, denn Kleppinger brach auf der rechten Seite durch und drang in den Strafraum ein. Er schoss und Tom jubelte schon, weil er meinte, den Ball im Tor gesehen zu haben, doch Sekundenbruchteile später war ihm klar, dass der aus Schalke gekommene Spieler nur das Außennetz getroffen hatte. Immerhin gab es einen Eckball für Dortmund von der rechten Seite. Der Ball segelte an den Fünf-Meter-Raum, aber bevor ein Borusse an den Ball kam, hatte Aitken den Ball per Kopf erneut ins Aus geköpft. „Achte Ecke", zählte Mario laut und die Spannung unter den Fans war greifbar. Diesmal kam sie von links. Und der Ball schwebte genau dort hin, wo er hin sollte, nämlich in die Nähe des Elfmeterpunktes, wo in diesem Augenblick Norbert Dickel hoch stieg. Wuchtig traf sein Kopf das Leder. Der Ball wurde länger und länger und schlug ins rechte Toreck ein. Tor für Dortmund! 1:0! Ein unglaublicher Jubelsturm brach los und Tom fand sich plötzlich in den Armen des Mengeder Fans wieder, der wieder zu seinem „Schääällfisch!!!!" ansetzte, was Tom nun auch egal war.

Dem grenzenlosen Jubel folgte die totale Spannung, denn nun durfte Celtic auf gar keinen Fall treffen. Nach Dickels Tor waren noch 26 Minuten zu spielen und die Schotten kamen langsam immer stärker auf. Paul McStay hatte kurz nach dem Dortmunder Treffer den Ausgleich auf dem Fuß, verzog aber frei stehend vor de Beer. Ein entsetztes Raunen ging durchs Westfalenstadion. Doch die Borussia behielt die Nerven. Marcel Raducanu verstand es, das Spiel zu verzögern und Ruhe hineinzubringen.

„Sag mal, wann probt ihr eigentlich noch mal vor Samstag?"

Tom reagierte zunächst überhaupt nicht auf die Frage seines Bruders, weil ihm die Bandprobe und der Wettbewerb, bei dem sie am Samstag spielen würden, momentan ziemlich egal waren. Mario fragte deshalb noch einmal: „Habt ihr vor Samstag noch eine Probe?"

„Ist doch jetzt scheißegal. Halt die Klappe. Ich will das Spiel sehen." Doch Mario ließ nicht locker und stieß Tom in die Seite. Bevor er antwortete, wurde es Tom erst wieder klar, dass er Mario gebeten hatte, am Samstag unbedingt als Lichtmann dabei zu sein. „Sprechen wir nach dem Spiel drüber, okay?"

Unwillkürlich huschten Toms Gedanken nun doch weg vom Spiel, hin zu seiner Band. Mit Timi hatte sich plötzlich alles verändert. Der 16-jährige Gitarrist konnte fast alle Stücke von *Metallica, Maiden, Helloween* und *Accept* auswendig spielen. Die Jungs trafen sich täglich und manchmal schwänzten sie auch die Schule, um Musik zu machen. Frank machte mittlerweile eine Lehre und von einem Teil seines schmalen Gehaltes bezahlte er einen neuen Proberaum in einem alten Industriegebäude. Dort probten auch die lokalen Musikgrößen Hammerschlags und manchmal lauschten Frank und Micha, Tom und Timi heimlich an deren Türen, wenn sie übten, und bewunderten sie für ihre starken und ausgereiften Sounds. So profilike hätten sie auch gerne geklungen.

Ihr eigener Raum war für die Vier wie ein Zuhause. Sie hatten sich eine alte Kaffeemaschine besorgt und eine arg ramponierte Campingkochplatte, auf der sie sich schon mal Ravioli oder Bohnensuppe kochten. Oft übernachteten sie im Proberaum auf gammeligen Matratzen, die sie sich vom Sperrmüll geholt hatten.

Frank hatte sich, kurz nachdem er seine Lehre begonnen hatte, hoffnungslos verschuldet für ein gigantisches Tama-Artstar mit Double-Bass, Becken ohne Ende und einem riesigen Gong. Das Kit sah so aus wie das von Cozy Powell und für die anderen Jungs war das so eine Art Initialzündung gewesen, denn fortan steckten sie jeden Pfennig, den sie mit Ferienarbeit in den Fabriken Hammerschlags verdienten, in ihre Anlage oder gaben Frank ihr Geld, weil der jeden Monat für die Proberaummiete geradestand. Innerhalb von zwei Jahren hatten sie sich nach und nach ein professionelles Equipment angeschafft, das den gewünschten Heavy-Sound lieferte und mit dem sie überall auftreten konnten.

Timi und Tom sprühten vor Ideen. Ständig hingen sie zusammen, brüteten über neuen Texten und Melodien und innerhalb kürzester Zeit hatten sie über zwanzig eigene Songs geschrieben, deren Ähnlichkeit mit den Sounds und Abläufen der bekannten Heavy-Bands volle Absicht war. Sie mixten zweistimmige Gitarrenpassagen mit Anleihen aus Punk und Rock 'n' Roll, nannten ihren Stil Hard 'n' Heavy und tauften ihre Band *Insane*. Vor einigen Monaten hatte sich dann ein Bassist namens Peter bei Tom gemeldet. Tom hatte ohne jede Hoffnung auf Erfolg eine Annonce ans „Schwarze Brett" in seiner Schule geheftet und er war völlig begeistert, als Peter ihn anrief. Die Chemie zwischen Peter und dem Rest der Band stimmte schon bei den ersten Tönen. Ein paar Wochen später schleppte er einen Bassverstärker samt fetter Box in den Proberaum – *Insane* waren bereit durchzustarten.

Mittlerweile waren sie in ihrer Gegend so etwas wie ein Geheimtipp, hatten in einigen Jugendzentren gespielt und dabei sogar ein wenig Geld verdient. Das steckten sie sofort in neue Anschaffungen und in die Miete für den Proberaum. Von der Resonanz bei ihren Konzerten waren die Jungs total überwältigt.

Bei ihrem letzten Gig in einer Heavy-Disco wurden sie von der headbangenden Schwermetallergemeinde gefeiert. Das war für die Teenager so etwas wie ein Ritterschlag gewesen. Jetzt fragten sogar Konzertveranstalter bei ihnen an. Ihre Show hatten sie – abgeguckt von den Stars – komplett durchgeplant, inklusive Licht- und Pyrotechnik. Toms Bruder Mario war dafür zuständig. Ihre luxuriöse Ausstattung an Spezialeffekten hatten sie dem Zufall und ganz viel Glück zu verdanken.

„Setz dich", hatte Frank im April 1987 gesagt. Tom hatte getan, wie ihm geheißen und gespannt gewartet, was Frank sagen wollte, den Telefonhörer fest an sein Ohr gepresst.

„Ich habe im Lotto gewonnen."

Tom hatte gedacht, er spinne. Genau genommen hatte er gedacht, Frank würde spinnen und er glaubte ihm kein Wort. Erst als Frank richtig ernst klang, hatte Tom gewusst, dass es stimmte. Franks Systemtipp hatte Erfolg gehabt, doch er hatte Unglück im Glück. Er war offensichtlich nicht der einzige, der diese Zahlenreihe getippt und fünf Richtige hatte. So blieben ihm letztlich ein paar tausend D-Mark als Gewinn – immerhin. Frank musste Tom nicht lange dazu überreden, am nächsten Tag die Schule zu schwänzen. „Wir machen eine Fahrt ins Blaue", hatte er geheimnisvoll gesagt.

Die Fahrt hatte sie ins tiefste Bayern geführt, zu einem Spezialhändler für Lichttechnik. „Wie, um alles in der Welt, bist du auf diese Adresse gekommen?", wunderte sich Tom. „Im ‚Metal Hammer' war ein Artikel über den Laden. Soll einzigartig sein, also genau das Richtige für uns", hatte Frank ganz selbstverständlich geantwortet.

Die netten Leute dort hatten den Jungs alle möglichen Lichteffekte vorgeführt und dann irgendwann gefragt, wie man so bescheuert sein könne, aus dem Sauerland bis ins Allgäu zu fahren, nur um ein paar Lichteffekte zu sehen. „Weil wir Bock drauf haben", hatte Frank lapidar geantwortet und das hatten die Freaks so cool gefunden, dass sie die staunenden jungen Musiker den ganzen Tag lang mit Kaffee, Brötchen, Getränken und Zigaretten versorgten. Für ziemlich viel Geld hatte Frank eingekauft: drei Flächenstrahler, Modell „E.T.", eine Nebelmaschine und eine Pyrotechnik-Anlage samt einem üppigen Arsenal an Theaterblitzen und Sprühern. Die Bühnenshow von *Insane* konnte beginnen.

Zurück im Westfalenstadion:

„Ich wäre sehr gerne bei der letzten Probe dabei, damit ich die Abläufe kenne."

Marios Stimme klang sehr eindringlich und Tom, der gedankenversunken ins Leere gestarrt hatte und dabei seinen inneren Bildern gefolgt war, fand augenblicklich zurück ins Stadion, zurück in die Realität und in die knisternde Spannung des Pokaldramas.

„Wir proben morgen Abend. Können wir später reden?" Tom klang sehr genervt und Mario hielt sich zurück. Wenn sein Bruder so genervt war, hatte es keinen Sinn, mit ihm zu reden. Er verließ sich auf die Zeit nach dem Spiel.

Murdo McLeod hatte sich den Ball zum Einwurf geholt, warf von der linken Seite auf Höhe der Mittellinie ein, doch Celtic wehrte erneut ab. Wieder Einwurf von Mc Leod. Er warf auf Raducanu. Pass zu Simmes, der Mill am Strafraum anspielte. Mill steckte durch zu Dickel. Dickel dribbelte, drohte das Leder zu verlieren, doch plötzlich flog der Ball aus gut elf Metern irgendwie ins Tor. „Toooooooooor!", jubelten Tom und Mario und sprangen sich in die Arme. 2:0 in der 86. Minute! 2:0 gegen Celtic! Es war der Wahnsinn! Das Westfalenstadion tobte.

Alle Schwarz-Gelben im Stadion feuerten nun die Mannschaft an, denn Glasgow durfte jetzt nicht treffen, sonst würde es in die Verlängerung gehen. Auf den Sitzplätzen saß niemand mehr, alle standen, klatschten und fieberten mit den Jungs auf dem Platz.

Es erschien eine endlose Zeit vergangen zu sein, bis der italienische Schiri endlich abpfiff und das Stadion vor Freude explodierte. Tom sah einige hundert Fans, die von der Südtribüne über die Gitter kletterten und auf den Platz stürmten. Sie umarmten die Spieler und tanzten mit ihnen auf dem Rasen. Nun taten es ihnen die BVB-Fans auf der Nord gleich, stiegen über die Zäune und feierten den historischen Sieg auf dem Grün. Tom und Mario ließen sich von der Masse mitreißen und fanden sich plötzlich auf dem Allerheiligsten des Westfalenstadions wieder. Sie stimmten ein in die Sprechchöre und Gesänge und tanzten mit den Fans, die nun von überall her auf den Platz strömten, auf Höhe der Mittellinie. Es entwickelte sich eine riesige Party und Tom und Mario kamen aus dem Staunen nicht mehr heraus.

Die Masse der Borussenfans hatte sich an der Mittellinie versammelt und aus den Gesängen und dem allgemeinen Stimmengewirr wurde plötzlich ein immer lauter werdender Ruf Richtung Nordtribüne vernehmbar, wo die Celtic-Fans enttäuscht auf den Rasen blickten. „Kohommt, Kohommt, Kohommt", skandierte die Masse mit auffordernden Gesten und dann setzte sich die Glasgower Fangemeinde in Bewegung. Die ersten stürmten bereits über die Zäune, als Tom seinen Bruder packte und ihm zurief: „Los! Weg hier!"

Tom wurde plötzlich von panischer Angst gepackt. Vor zwei Jahren war er fast in eine Massenschlägerei zwischen Dortmunder und Schalker Fans vor dem Westfalenstadion geraten, weil er die Situation nicht frühzeitig antizipiert hatte. Irgendein Mann hatte ihn an der Jacke aus der Fangruppe weg gezogen, die plötzlich auf die Blau-Weißen los gerannt war. Nun rannten Tom und Mario Richtung Südtribüne, um vor der bevorstehenden Keilerei zu fliehen. Das Adrenalin verlieh ihnen Flügel. Auf Höhe des Sechzehnmeterraums vor der Südkurve, schaute Tom sich kurz um und sah einen riesigen grün-weißen Mob, der Richtung Mittellinie lief. Noch ein paar Meter, dann wären sie in Sicherheit.

Tom half Mario über den Zaun und hechtete dann selbst in Sekundenschnelle darüber. *Gerettet,* dachte Tom atemlos. Irgendwo unterwegs hatte Mario seine Fahne verloren, doch das war jetzt egal. Gebannt schauten sie auf das Spielfeld, wo sich nun unglaubliche Szenen abspielten. Dortmunder und Glasgower Fans reichten sich die Hände, tauschten ihre Schals und Fahnen, lagen sich in den Armen. Sie verbrüderten sich. „Das gibt's nicht", entfuhr es Tom, „ich dachte, gleich geht's hier richtig ab."

Sie machten sich auf den Weg zum Parkplatz inmitten tausender singender und fröhlicher BVB-Fans. Mario und Tom waren immer noch ganz aufgedreht und völlig euphorisch nach diesem dramatischen Spiel. Auf dem Weg fragte Mario, wann denn nun genau die nächste Bandprobe stattfinde. Tom hielt einen Moment inne und schaute seinen Bruder kurz an. Sie waren beide stehen geblieben. „Morgen Abend. Wir treffen uns um sieben im Proberaum. Warum ist das so wichtig?"

„Weil ich doch die Show liefern soll. Ich will mir die Abläufe einprägen."

„Ja klar, aber das ist doch nicht ..."

„... nicht was?"

„Also nicht soooo wichtig, ich meine, nicht ganz so im Vordergrund. Ach scheiße. Klar ist das wichtig, aber ..."

„... nicht soooo wichtig? Glaubst du eigentlich, ich mach das nur aus Spaß? Ich hab mir die Skizze von dem Lichtplan für euren Gig genommen und sie auf meinen Computer übertragen. Ich habe da ein richtiges Programm für geschrieben. Ich hab genau eingegeben, wie ich mir das vorstelle, wie das Licht hängen soll und wie ihr dann auf der Bühne stehen müsst, damit alles gut ausgeleuchtet ist. Verstehst du? Es geht um Bilder. Bilder, die ich im Kopf habe. Ich habe auch unsere Flächenstrahler dabei eingebaut, den Verfolger und die Stellen, an denen die Nebelmaschine und die Abschussrampen für die Pyros stehen sollen. Kapiert? Ich kann dir das zuhause mal zeigen. Und ich kann das sogar ausdrucken in der Schule. Dafür muss ich nur die Daten auf der Datasette speichern und sie in der Schule wieder aufrufen."

Tom war sprachlos.

„Zu baff um was zu sagen, woll!?!", erfasste der kecke Mario die Situation.

„Du hast dir richtig viele Gedanken gemacht, oder?"

„Was denn sonst? Hey Tom, hör zu: Das Licht ist wie ein Instrument, wenn man es richtig einsetzt. Das habe ich bei den Proben gemerkt und es macht tierischen Bock, damit zu spielen. Es wirkt zum Beispiel einfach ungeheuer geil, wenn ein in Nebel gehüllter Gitarrist vor einem Flächenstrahler steht und den Gitarrenhals kurz vor dem Solo theatralisch in die Höhe reckt. Das wirkt wie ein zusätzlicher Ton, verstehst du?"

Tom verstand in diesem Moment alles. Er grinste ganz breit und umarmte seinen Bruder.

Tom hatte nicht nur begriffen, dass sie mit einer ausgeklügelten Show eine echte Chance bei dem Newcomerwettbewerb haben würden. Er begriff in diesem Moment auch, wie viel es seinem Bruder bedeutete, dabei zu sein. Und er begriff noch etwas ganz anderes: Computer bedeuteten die Zukunft. Tom hatte das Gerät – diesen Commodore 64 – als ein modernes Spielgerät für Kinder von besser verdienenden Eltern unterschätzt. Wenn er mal kurz im Zimmer seines kleinen Bruders gewesen war, hatte er den Kleinen immer mit einem Joy-Stick in der Hand gesehen, der so merkwürdige Spiele wie „Winter Games" oder „Bongo Construction Set" gespielt hatte.

Weit gefehlt, dachte Tom über seine Vorurteile.

„Du zeigst mir morgen deine Skizze, okay?", bat er.

„Na klar!", freute sich der Jüngere.

„Ähem … und, Mario?"

„Was?"

„Bringst du mir auch das bei, was du sonst noch so alles mit dem Computer machen kannst?"

„Mach ich. Aber nur, wenn du mich zum nächsten Spiel mitnimmst."

Hitzfeld? Hitzfeld! (1991)

1. Bundesliga, Saison 1991/92, 22. Spieltag
Freitag, 13.12.1991
Borussia Dortmund – FC Hansa Rostock 4:1

Hitzfeld? Hat der nicht mal irgendwann für Stuttgart gespielt?
Tom warf den Sportteil der Tageszeitung in die Mülltonne. *Was sollen wir mit einem Nobody als Trainer?* Er hatte sich gewünscht, dass Horst Köppel noch weitere hundert Jahre Trainer beim BVB geblieben wäre. Immerhin war die Mannschaft unter ihm vor zwei Jahren DFB-Pokalsieger geworden. Tom schwärmte immer noch von diesem sensationellen 4:1 im Finale gegen den großen Favoriten Werder Bremen und von Nobby Dickels Granatentor, volley von der linken Strafraumkante ins lange rechte Eck. *Ein Tor für die Geschichtsbücher. Was für eine Keule!* Der BVB zählte wieder zu den Großen.

Doch die Ernüchterung ließ nicht lange auf sich warten. Die gerade abgelaufene Saison war weniger dazu angetan, ins Schwärmen zu geraten. Borussia endete auf dem zehnten Tabellenplatz. *Herzlich willkommen zurück im Niemandsland der Bundesliga.* Dabei hatte Tom vor der Saison so sehr gehofft, dass der BVB nun durchstarten und sich endlich einmal wieder für den UEFA-Cup qualifizieren würde. Am Ende schafften es seine Schwarz-Gelben immerhin noch, sich vor der Fußball-Weltmacht SG Wattenscheid 09 zu platzieren, weil sie am letzten Spieltag mit 5:2 gegen St. Pauli gewannen.

Das Saisonende lag nun gut drei Wochen zurück und es hatte die lange fußballfreie Sommerzeit begonnen. Eine Zeit, in der Besessene wie Tom angesichts der sinnentleerten samstagnachmittäglichen Öde danach lechzten, wenigstens zwischendurch mal ein paar kleine Zeilen über ihren Verein lesen zu können. Voller Freude hatte er sich also auf diesen Artikel gestürzt, um nun einigermaßen skeptisch auf die bevorstehende Saison zu blicken. Seit gestern hieß der neue Trainer in Dortmund also Ottmar Hitzfeld und Tom wusste nicht, was er davon halten sollte.

Im Proberaum wurde es langsam immer wärmer. Die Sommersonne knallte mit voller Breitseite durch die vier großen Fenster des Lofts in der zweiten Etage der früheren Schraubenfabrik und Tom nahm einen großen Schluck aus einer Wasserflasche. Er startete das Tape erneut und hörte sich wieder in Hannos Song hinein. Ein paar Zeilen hatte Tom bereits zu Papier gebracht, aber eine wirklich zündende Textidee hatte er nicht. Er zerknüllte das angefangene Blatt und warf es in eine Ecke des Raums.

Es gab Tage, da flossen die Ideen aus seinem Kugelschreiber, ohne dass er dabei denken musste, und es gab Tage, an denen er sich dazu zwang, einen Text zu schreiben und es funktionierte überhaupt nichts. So wie heute.

Er stoppte das Tape mitten im Song und machte sich daran, seinen letzten Haschisch-Brösel mit hellem Feinschnitttabak zu vermengen. Sorgfältig putzte er danach seine Pfeife, stopfte etwas Tabak hinein und füllte den Kolben langsam mit seiner Mischung. Die Wirkung des Rauschmittels setzte schon nach wenigen Zügen voll ein. Toms Gedanken galoppierten und wenn er sie hätte festhalten können, hätte er davon augenblicklich 20 Songtexte schreiben können.

Er schaffte es aber überhaupt nicht, sich zu fokussieren. Stattdessen drückte er erneut die „Play"-Taste des Achtspur-Recorders und lauschte dem Songfragment, das Hanno mit einem Drumcomputer und vier nacheinander aufgenommenen Gitarrenphrasen auf Magnet gebannt hatte. Das unbetitelte Stück dröhnte über die großen Electro-Voice-Boxen und füllte den ganzen Raum aus.

Tom stand auf und schritt im Takt durch den Raum. Er versuchte das Gefühl aufzuspüren, das die Musik transportierte. Sein Blick schweifte über den Fußboden und streifte den Mülleimer. Er holte die Zeitung wieder heraus und überflog die Titelseite. Zu jeder Schlagzeile meldete sich eine passende Verlinkung in seinem Kopf und malte sich düstere Szenarien für die Zukunft aus. „Anstieg der Ölpreise", „Unruhen in Russland", „Bewaffnete Konflikte in Jugoslawien", „Einmarsch der libanesischen Armee in Sidon", „Auflösung des Warschauer Paktes" – vor seinem geistigen Auge sah Tom eine Welt, die in Chaos, Gewalt und Anarchie versinken würde, in der nichts mehr so blieb, wie es war. Er warf die Zeitung wieder weg und mahnte sich selbst zur Vernunft. Er wusste nur zu gut, dass die rasenden Katastrophenszenarien Produkte schlummernder Ängste waren, die durch das THC wach gerüttelt wurden. *Ich sollte endlich mit diesem Scheiß aufhören, ich vertrage es einfach nicht.*

Der Song war eben verklungen und hallte in Toms Kopf nach. Tom spürte die Stimmung auf. Sie war wütend, düster, melancholisch …

Urplötzlich war die Textidee da und Tom schrieb sie auf. In weniger als 15 Minuten hatte er die Grundstruktur eines Textes stehen, der – so hatte es ihn seine Erfahrung gelehrt – oft in mühevoller Kleinarbeit mehrmals überarbeitet und der Metrik des Songs angepasst werden musste. Häufig verwarf Tom während der Proben ganze Strophen, um sie sprachlich zu verbessern oder sie durch Zeilen zu ersetzen, die besser zu singen waren. Wenn er das Grundgerüst für einen Text gefunden hatte, begann der eigentliche Entstehungsprozess des Songs. Manchmal dauerte es dann Monate, bis ein Titel druckreif war.

Zu Hannos neuer Idee hatte Tom ein Stimmungsbild über die sich verändernden Zeiten geschrieben. Der Fall der Mauer, den er ungläubig mit weit aufgerissenem Mund an jenem 9. November 1989 vor dem Fernseher verfolgt hatte, hatte ganz langsam und fast unmerklich zu gewaltigen Veränderungen auf allen Ebenen geführt. Tom spürte, dass sich nicht nur die Gesellschaft langsam wandelte. Finanzmärkte und Industriekonzerne wirkten plötzlich wie entfesselt. Es zeichnete sich ein schleichender Übergang ab von der sozialen Marktwirtschaft in einer von den Westmächten wohl behüteten BRD in die raue Welt der rücksichtslos kapitalistischen Postmoderne. Tom spürte, dass dies nicht nur ihm Unbehagen bereitete. Zukunftsängste hatten viele Deutsche in dieser Zeit, obwohl es ihnen doch eigentlich saugut ging.

Noch 1990 hatten alle in eine blendende Zukunft geblickt. Auf zu neuen Ufern, hieß es. Die *Scorpions* pfiffen ihr „Wind of change" und lieferten damit den Soundtrack zu den noch zwei Jahre zuvor für unmöglich gehaltenen politischen und gesellschaftlichen Reformen, die plötzlich einsetzten. Mit der Mauer zerbröselte nun auch der einstmals furchterregende Ostblock unaufhaltsam. Das Feindbild, mit dem Wessi-Wohlstandskinder wie Tom aufgewachsen waren, die böse UdSSR, hieß jetzt Gemeinschaft Unabhängiger Staaten und sollte plötzlich ein Freund sein.

Und dann wurde Deutschland 1990 auch noch Fußball-Weltmeister. Das hart umkämpfte Achtelfinale gegen die Erzfeinde aus Holland, der Rotzer von Frank Rijkaard gegen Rudi Völler und schließlich Andy Brehmes Elfertor im Finale gegen Argentinien brannten sich in das kollektive Fußballgedächtnis der Deutschen ein. Es war ja kaum zu fassen, was da an Glück über das deutsche Volk hereinprasselte.

Vielleicht ging es dem deutschen Volk so gut wie noch nie nach dem Zweiten Weltkrieg.

Vielleicht ging es ihm auch zu gut.

Vielleicht war das der Grund, warum plötzlich so viele fröhliche Autofahrer einen neonfarbenen Klecks auf ihrer Motorhaube spazieren fuhren. Vielleicht war das der Grund, warum Werbeslogans plötzlich zu so etwas wie geflügelten Worten wurden. *Aber immer öfter*', dachte Tom mit einem Anflug von Brechreiz. Und vielleicht war das auch der Grund, warum das Wort von der „Überfremdung" die Runde machte. Vielleicht war das der Grund, warum Helmut Kohl immer noch selbstgefällig auf dem Chefsessel des Kanzleramtes saß. Die erste gesamtdeutsche Wahl hatte er mit dem Versprechen gewonnen, die Steuern nicht zu erhöhen. Tom hatte sich darüber aufgeregt, wie viele Menschen darauf hereingefallen waren, und es machte ihn fast krank, dass niemand in Sicht schien, dieses machtbesessene Fossil, das gieriggeifernde Erbe der Wirtschaftswundergeneration, endlich vom Sockel zu stoßen.

Vielleicht war das auch der Grund, warum es niemanden zu interessieren schien, dass der CSU-Parteigänger und Medienzar Leo Kirch die allgemeine politische Meinung in alle Wohnzimmer diktierte. *Kein Wunder, dass ‚Birne‘ jede Wahl gewinnt,* dachte Tom.

Es ging einem großen Teil der Deutschen nur zu gut und deshalb interessierte sie es auch nicht sonderlich, dass die Gewerkschaften auf verlorenem Posten für Tariferhöhungen kämpften und von der Arbeitgeberseite mit der Streichung von abertausenden Stellen erpresst wurden. „Wenn ihr nicht wollt wie wir, dann gehen wir eben ins Ausland. Da können wir viel billiger produzieren", sagten die Konzerne und ließen – die neue Freizügigkeit namens „Globalisierung" ermöglichte es – ihre Werke in Polen, Tschechien oder der Slowakei aus dem Boden stampfen. Die Medien nannten das „Standortdebatte". Und auf dem Boulevard wurde aufgelistet, wie wenig der produzierende Tscheche im Gegensatz zum produzierenden Deutschen koste.

Es regte dann auch niemanden wirklich auf, dass sich ein gewisser Pfarrer Peter Hintze, die selbst ernannte ideologische Speerspitze des Oggersheimer Oligarchen, den Aufbruch in ein „Neues Deutschland" wünschte, aber bitteschön nicht auf „Roten Socken", wie er es auf riesigen Plakaten verkünden lies. *Wie originell,* dachte Tom abschätzig.

Tom spürte, dass die wirklich gut gemeinten sozialdemokratischen Ideale der 70er-Jahre, denen er nachhing – Solidarität, Chancengleichheit, soziale Gerechtigkeit – ganz langsam zu Grabe getragen wurden und er spürte, dass sich so etwas wie eine Zeitenwende vollzog. Politik, Gesellschaft und Wirtschaft, das Alltagsleben, auch die Popkultur veränderten sich ebenso langsam wie radikal.

Tom schrieb:

„Es ist an der Zeit den Gürtel enger zu schnallen,
es ist an der Zeit, die Zügel wieder fest anzuziehen.
Das Volk – oh Schreck – ermüdet, erlahmt
Zu viel freie Zeit – wo führt das hin?
Jetzt holen wir die Peitsche raus
Und räumen erst mal auf.
Es ist an der Zeit zu Klotzen
Wer regt sich auf?
Arbeitsplätze gibt's genug
Wer keine Arbeit hat, hat Pech gehabt
oder ist faul
Es ist an der Zeit, den Gemeinsinn zu beschwören

Und die Gesetze zu lockern
Für die Industrie.
Es ist an der Zeit wieder zu zeigen, wer wir sind!
Wer sagt, dass wir vergessen haben?
Wer sagt, dass wir die Mitte verlassen?
Brandanschläge? Das sind Einzeltäter –
Das macht uns natürlich auch betroffen.
Doch die Kriminalität bereitet uns mehr Probleme
Kriminalität und Überfremdung
Zu viele Ausländer begehen all die Straftaten
gegen unbescholtene Deutsche!
Deshalb ist es an der Zeit, Euch kräftig zu durchleuchten
Zu kontrollieren Eure Schritte.
Keine Macht den Drogen! Keine Macht der Straße!
Alle Macht Lothar Matthäus!"

Tom erlebte die Zukunftsängste der Menschen in seiner Umgebung täglich hautnah. Arbeitslosigkeit war in seinem verschlafenen Kaff bis dato immer noch eine Ausnahmeerscheinung gewesen. Doch mittlerweile gingen auch in Hammerschlag die Firmen pleite und mussten die größeren Unternehmen Leute auf die Straße setzen, um zu überleben.

Deutschland befand sich in einer Rezession so kurz nach dem besoffenen Freudentaumel der Wiedervereinigung. Gleichzeitig krochen in Ost und West junge, national gesinnte Schläger aus ihren braunen Löchern und verübten gezielt tödliche Brandanschläge gegen Asylbewerberheime oder Mordattacken gegen Menschen anderer Hautfarbe. Die Drahtzieher des braunen Netzes distanzierten sich öffentlich von diesen „schlimmen Auswüchsen", wie sie es nannten, und warben für ein „Vaterland", in welchem Arbeitsplätze zuerst an Deutsche vergeben werden sollten.

In den sogenannten neuen Bundesländern funktioniert diese Strategie der Nazi-Erben ganz prächtig, dachte Tom verächtlich, *erst schafft die neue SA aus arbeitslosen Alkoholikern und perspektivlosen Volltrotteln „national befreite Zonen", danach zieht die NPD in die Parlamente ein.*

Auch der Westen rutschte weiter nach rechts. In Hammerschlag machten sich die Republikaner breit und skandierten „Das Boot ist voll." Tom und seine Freunde zerstörten nachts deren Wahlplakate.

Und wo war die Linke geblieben? Sie verlor sich auf Demos und Mahnwachen anlässlich des Zweiten Golf-Krieges oder demonstrierte zaghaft gegen den Sozialabbau. Eine Gegenbewegung zum bürgerlichen Mainstream konnte Tom beim besten Willen nicht erkennen. *Warum auch? Es geht doch allen gut,* dachte er.

Die Deutschen freuten sich auf die angekündigte Zukunftstechnologie namens ISDN und waren gespannt, was man mit ISDN und einem Personal-Computer alles würde anstellen können, während eine neue Jugendbewegung den Hedonismus der Achtziger übertraf und Ecstasy-Trunken von einem Rave zum nächsten taumelte. *Die folgerichtige Antwort auf die Zustände in der Republik,* dachte Tom. *Die Raver sind unpolitisch und ausgeflippt.* Sie hatten sich alle lieb und tanzten in Mamas und Papas abgetragenen 70er-Jahre-Klamotten durch die coolsten Locations der Republik zu einem gleichförmigen Sound, der Tom an die alte Schmiedepresse aus Opas Fabrik erinnerte.

Techno tötete Rock'n'Roll und Tom hoffte darauf, dass *Neil Young* Recht behalten würde mit „Rock and Roll can never die". Seine eigene Band eiferte dem nach und spielte viele Gigs für wenig Geld in der ganzen Republik, um dabei festzustellen, dass sich aktuell nicht so sehr viele Menschen für ihre Art von Musik interessierten. Zuletzt hatten sie in Köln vor einem zahlenden Gast gespielt – harte Zeiten für Rock'n'Roll.

Tom fragte sich jedenfalls, wie lange dieses ganze System noch funktionieren würde. Extrem viel Geld für die freundliche Übernahme der ehemaligen DDR entstammte einer Transfusion aus der Rentenkasse, während Norbert Blüm davon faselte, dass die Renten sicher seien, und die Konzerne fleißig weiter wegrationalisierten. Nebenbei geisterten dann immer mal wieder Geschichten über Korruptionsskandale und Schmiergeldaffären durch den Blätterwald, verbunden mit der schon ritualisiert auftauchenden Forderung nach „rückhaltloser Aufklärung", die Tom nur noch zum Gähnen brachte.

Irgendwann in dieser Zeit hatte er zum ersten Mal das Wort „Politikverdrossenheit" gelesen und dieses Wort traf es für ihn auf den Punkt. Tom sah es mit Sorge, dass sich ein Großteil der politischen Klasse mehr und mehr vom Volk distanzierte, denn er fürchtete, dass die Zwischenräume zunehmend von radikalen Kräften besetzt werden würden. Wegweisende politische Entscheidungen wurden indes vom Bundesverfassungsgericht getroffen. Tom fragte sich, wie lange das noch gut gehen würde und wie das alles enden sollte. Dummerweise hatte er das Gefühl, dass das nicht wirklich viele Menschen interessierte. Feststand für ihn: Das Land, in dem er aufgewachsen war, hatte ein völlig neues Gesicht bekommen. Eines, das ihm nicht gefiel.

Mitten in seine bekifft-bedeutungsschwangeren Gedanken schrillte plötzlich das Telefon und Tom wurde schlagartig nüchtern. „Sunshine Musikproduktion?", meldete er sich nonchalant.

„Das klingt immer so geil, wenn du dran gehst. Absolut professionell",
meinte Frank. „Ich wollte nur mal hören, ob du da bist, dann komm ich gleich
mal vorbei."

„Ja, klasse. Hanno hat einen neuen Song aufgenommen und ich hab mich an
einem Text versucht. Hör's dir mal an." „Alles klar, bin gleich da. Schon gehört
von unserem neuen Trainer?" „Ich weiß auch nicht, was da los ist. Ich glaub',
der Hitzfeld hat mal in Stuttgart gespielt, aber als Trainer sagt der mir gar
nichts. Das kann doch nur scheiße werden." „Jetzt piss dich mal nicht an. Der
Hitzfeld scheint ein echter Fuchs zu sein. Ich hab gelesen, dass er mit Zürich
in den letzten vier Jahren fünf Titel geholt hat." „Ey Frank, in der Schweiz,
ja. Aber das hier ist Bundesliga." „Na und? Fußball ist Fußball, Kumpel. Ich
hab' ein gutes Gefühl. Übrigens: Hast du gestern Hape Kerkeling gesehen?"

Tom prustete vor Lachen, denn augenblicklich dachte er an die Szenen dieses schier unglaublichen Coups, der am Abend zuvor im Fernsehen gelaufen
war. „Lecker Bütterchen", zitierte er aus dem Reality-Sketch und hörte Frank
am anderen Ende ebenfalls lachen. „Der Typ ist einfach irre. Was für eine
coole Socke, der Hape", meinte Frank. *Ein moderner Till Eulenspiegel,* dachte
Tom. Kerkeling hatte es, verkleidet als Königin Beatrix aus den Niederlan-
den, tatsächlich geschafft, vor dem Schloss Bellevue in Berlin vorzufahren
und die deutschen Sicherheitskräfte der Lächerlichkeit preiszugeben. „Nicht
Klaus …", versuchte sich Frank an einer Imitation des pseudo-niederländi-
schen Slangs und verabschiedete sich bis später.

Als er im Proberaum eintraf, machten sich die Freunde zunächst daran,
Plakate an einige Veranstalter zu versenden, bei denen sie in den nächsten
Wochen spielen würden. Außerdem wollten noch ein paar Päckchen mit
Demokassetten, Infos und netten Anschreiben an diejenigen Konzertver-
anstalter verschickt werden, die Tom heute angerufen hatte und die es sich
grundsätzlich vorstellen konnten, eine Rockband auf Eintrittsbasis für ihren
Laden zu engagieren. Nach erledigter Arbeit hörten sich die Jungs Hannos
Aufnahme aufmerksam an. Frank hatte auch Ideen für einen Song mitgebracht, die sie später mit einer Gitarre und einem Drumcomputer auf ihrem
neuen analogen Achtspur-Recorder aufnahmen.

Frank und Tom waren glücklich, wieder zusammen in einer Band zu spielen. Und mittlerweile war alles so viel professioneller geworden, als sie es
sich jemals hatten vorstellen können. Die Zusammenarbeit mit den erfahrenen Musikern Sven und Hanno von *Trinidad* war für sie ein Quell der Inspiration und hatte ihren musikalischen Horizont um Längen erweitert. Tom

lernte, dass Gitarren nicht unbedingt extrem laut und verzerrt sein mussten, um richtig zu rocken, und er begann, angeregt vor allem durch Hanno, sich mit ganz anderer Musik auseinanderzusetzen, als ausschließlich mit Heavy Metal. Und plötzlich hatte Tom das Gefühl, eine ganz neue musikalische Welt zu betreten. Es war ihm, als hätte jemand einen Schleier gelüftet, der ihm Zutritt zu einer bis dahin verborgenen Sphäre verschaffte, als er das erste Mal ganz intensiv *Frank Zappa* hörte. Hanno versorgte Tom mit Jazz, Psychodelic und aktuellem Rhythm & Blues und brachte ständig neue Platten mit, die Toms kleines musikalisches Weltbild ins Wanken brachten. Gleichzeitig brachte Tom Hanno dazu, sich mit Heavy Metal auseinander zu setzen und Hanno fand es gar nicht so schlecht, wie Tom es befürchtet hatte. Hanno fuhr voll auf *Iron Maiden* ab.

Franks und Toms Band *Insane* war Ende 1989 endgültig gestorben. Nicht plötzlich und unerwartet, sondern schleichend und quälend. Zunächst war Peter immer seltener zu den Proben gekommen. Er musste viel arbeiten, hatte eine neue Freundin und musste sich viel um seine jüngeren Geschwister kümmern. Peter nahm all seinen Mut zusammen, das zu verkünden und seinen Hut zu nehmen.

Frank hatte Mitte 1989 Sven und Hanno kennengelernt. Sie hatten in der oberen Etage der Rockfabrik mit ihrer Jazzrockband *Trinidad* geprobt. Nach deren Auflösung hatten sie eine Coverband gegründet, die noch keinen Namen hatte. Es war Hanno, der Gitarrist, der eines Abends im Proberaum von *Insane* auftauchte und Frank fragte, ob er es sich vorstellen könne, für einen Gig in seiner Coverband einzuspringen, weil sich deren Drummer bei einem Motorradunfall beide Arme gebrochen hatte. Frank hatte zugesagt und ließ fortan immer häufiger die Proben mit *Insane* ausfallen. „Das ist so geil, mit diesen Jungs Musik zu machen. Die haben es richtig drauf", schwärmte Frank seinem Freund Tom vor.

Tom war in dieser Zeit nur noch genervt. Sehenden Auges verfolgte er den Zerfall von *Insane*, aber er sah keine Chance, diesen aufzuhalten. Auch er hatte immer weniger Zeit für seine Band, seit er eine Ausbildung als Drucker begonnen hatte.

Derweil legte Timi in seiner musikalischen Entwicklung einen Quantensprung nach dem nächsten hin. Irgendwann kapitulierten Tom und Micha vor seiner überbordenden Virtuosität. Sie konnten ihrem Lead-Gitarristen einfach nicht mehr folgen. Timi wollte mehr Metal, mehr Härte, mehr Breaks, mehr Speed, mehr Solopassagen und anspruchsvolle Vocals, aber das konnten ihm seine Freunde nicht bieten.

Immer öfter verloren sich ihre Versuche, neue Songs zu schreiben, in einer Sackgasse, während sie ihre alten Stücke immer seltener spielten. Bei den Proben herrschte alsbald nur noch Lustlosigkeit. Anstatt wie früher vor Eifer, Kreativität und Spielfreude zu explodieren, gerieten die Proben immer öfter zu Frustbesäufnissen oder Kiff-Orgien, in deren Verlauf sie sich so sinnlose Späße erlaubten, wie den kompletten Proberaum mit ihrer Nebelmaschine einzunebeln und völlig breit und orientierungslos durch das undurchdringliche Gewaber zu stolpern. „Wir sind die wahren *Evil Kids* aus'm Sauerland", rief Micha mal bei einer dieser Gelegenheiten aus.

Die Band begann sich aufzulösen. Langsam, aber unaufhaltsam. Timi traf auf Musiker, die auch auf der Schwermetallebene funkten, und gründete eine neue Band, in der er seine Vorstellungen verwirklichen konnte. Er fand genau das, was er immer gewollt hatte.

Ein paar Monate später hatte sich auch Hannos Coverband aufgelöst. Hanno und Sven standen plötzlich allein da und Frank nahm Tom mit zu deren Proben. Micha klinkte sich vorübergehend ganz aus. Er hatte die Nase erstmal voll von dem ganzen Band-Kram und zog für ein Kunst-Studium nach Düsseldorf.

Hanno, Frank, Sven und Tom freundeten sich an. Durch ein Zeitungsinserat fanden sie Matthi, einen jungen und schüchternen Bassisten, der bislang in einer Big Band gespielt hatte. Nun hatte er die Nase voll von Swing und wollte lieber rocken. Für die Fünf begann eine Rock'n'Roll-Achterbahnfahrt, von der sie sich vollends mitreißen ließen.

Eine lange Zeit versuchten sie sich an Coversongs und spielten sich dabei kreuz und quer durch die Rockgeschichte. Für Tom eröffneten sich dabei neue musikalische Dimensionen. Er lernte nicht nur unheimlich viele neue Texte auswendig, sondern dachte sich in die Strukturen der Songs hinein, in die Art des Singens, und er versuchte die Techniken der guten Sänger zu adaptieren. Angeregt durch Hanno und Sven nahm Tom Gesangsunterricht bei einer früheren Opernsängerin, die ihren Schützling sehr streng unter ihre Fittiche nahm und ihm Tongenauigkeit und stimmliche Kondition antrainierte. Nach gut einem Jahr hatte die neue Band einen gemeinsamen musikalischen Nenner gefunden und begann, eigene Songs zu schreiben.

Hanno war der einzige Mensch in der Band, der eine Familie hatte, eine Frau und zwei kleine Kinder. Er lebte und arbeitete auf einem Bauernhof, der seinem Freund Paul gehörte. Zusammen mit Pauls und Hannos Familie lebten auf dem Hof noch zwei weitere Freaks, die alle zusammen beschlossen hatten, ökologische Landwirtschaft zu betreiben, sich selbst zu versorgen und natürlich auch hart dafür zu arbeiten. Jeder kannte sich mit allem aus, jeder konnte alles reparieren. Neben einer kleinen Schreinerei hatten sich die Männer eine komfortable Werkstatt eingerichtet. Wenn Maschinen kaputtgingen oder neue benötigt wurden, holte sich Paul die entsprechenden Teile vom Schrottplatz und tüftelte so lange herum, bis alles wieder lief. Das Leben der Aussteiger war spärlich, aber sie waren glücklich. Tom war gerne auf dem Hof. Manchmal half er bei kleineren Arbeiten aus und Hanno brachte ihm allerhand bei. Nach eingehender Unterweisung durfte Tom auch manchmal den uralten Hanomag-Trecker fahren, den Paul aus unendlich vielen Einzelteilen zusammengeschraubt hatte.

Bevor Hanno Bauer geworden war, hatte er als Werkzeugmacher gearbeitet. Eines Tages war er in eine furchtbare Krise geraten, denn er war es satt gewesen, von der Arbeit für ein Produkt so sehr entfremdet zu sein. Er konnte ja noch nicht einmal das Endprodukt bestaunen, an dem er mitgearbeitet hatte. Seine Firma produzierte Kleinteile, die in etwas größere Teile eingebaut wurden, die wiederum in etwas größere Teile eingebaut wurden, die wiederum in etwas größere Teile eingebaut wurden und so weiter. Ob die Metallteile, die seine Abteilung verließen, nun in Ozeandampfer oder Panzerabwehrraketen eingebaut wurden, wusste Hanno nicht. Kurzentschlossen hatte er sich vor einigen Jahren dann seinem Freund Paul angeschlossen, der den Hof geerbt hatte. Hanno wurde durch die Arbeit auf dem Hof immer mehr eins mit sich selbst.

Tom sprang nahezu täglich dort herum. Nach Feierabend saßen Hanno und Paul, Tom und die anderen Freaks beim Bier zusammen, philosophierten über die Weissagungen der Hopi-Indianer oder sahen sich Filme mit Leslie Nielsen an. Oft zogen sich Tom und Hanno zurück, um an Songs zu basteln. Tom schrieb seine Texte mittlerweile auf Deutsch und Hanno gab ihm häufig neue Ideen und Denkanstöße, die Tom in Zeilen umsetzte.

Wenn sie zusammen im Wohnzimmer saßen, spielte Hanno seine Telecaster, zeigte Tom seine neuesten Riffs und fragte: „Was hältst du davon?", während die Kinder um sie herumtobten und Hannos Frau Tilda versunken farbenfrohe Phantasielandschaften auf eine Leinwand zauberte, die sie auf ihre Staffelei gespannt hatte. Wenn Tom dann das Riff gedanklich verarbeitete, ratterten Textentwürfe durch seinen Kopf.

Wenn Hanno und Tom mit ihren Ideen zu den Proben kamen, wurde von allen daran herumgefeilt, bis brauchbare Songs oder zumindest Gerüste für Songs entstanden. Die ganze Band funktionierte als Kollektiv, in das jeder seine besonderen Fähigkeiten, nicht nur die musikalischen, einbrachte.

Sven, der Schreinermeister und Sologitarrist der Band, war das technische Mastermind. Er hatte eine Antwort auf alle Fragen zur Bandtechnik. Alles was ihre Anlage und die Aufnahme-Einrichtungen betraf, fiel in seine Zuständigkeit. Seine Gitarre – eine Fender Stratocaster aus den 70ern – liebte er über alles und als Lead-Gitarrist neigte Sven immer etwas zum Perfektionismus und tüftelte stundenlang an neuen Songs oder an seinen Soli herum.

Frank war die Seele der Band. Er gab alles für seine Jungs. Er nutzte jedes Minütchen Freizeit für die Band und für sein Schlagzeug. Er war besessen und trommelte oft bis tief in die Nacht, um sich zu verbessern. Sein Ehrgeiz war den anderen manchmal ebenso unheimlich wie sein musikalisches Gedächtnis. Frank konnte sich selbst an die kleinsten Nuancen irgendwelcher Ideen erinnern, die sie bei den Proben entwickelten. Wenn er einen Song ein Mal gehört hatte, konnte er ihn sofort nachspielen. Die anderen beneideten ihn um diese Fähigkeit. „Das ist seine Art, diesen schrecklichen Verlust zu kompensieren", hatte Hanno einmal gesagt und damit Franks rechtes Bein gemeint, das ihm infolge eines Wundbrandes nach einer eigentlich routinemäßigen Operation, aber saumäßig schlecht versorgten Wunde abgenommen werden musste.

Matthi, das jüngste Bandmitglied, ging in die Oberstufe. In der Band mischte er überall dort mit, wo es etwas zu tun gab, klebte nachts an den verbotenen Stellen die Bandplakate und kreierte, dank seiner großartigen musikalischen Grundausbildung, mit Hanno und Sven die Gerüste für neue Stücke.

Zur Band gehörten auch Micha und Mario. Nachdem Micha die Gitarre an den Nagel gehängt hatte, hatte er sich nebenbei in die Tiefen der Tontechnik eingearbeitet. Er kam öfter mal zu den Proben, stand bei den Gigs hinter dem Mischpult und nahm die Demotapes für die Band auf.

Mario, Toms jüngerer Bruder, bereitete sich zusammen mit Matthi aufs Abi vor. Er spielte selbst Bass in seiner eigenen Band, war aber gleichzeitig der geborene Licht-Techniker in der Band seines Bruders. Er hatte zusammen mit Paul, Sven und Frank eine kleine Lichtanlage gebaut, deren Wirkung Tom jedes Mal in Staunen versetzte. Mario konnte sich mit seiner spartanischen Ausstattung jeder Gegebenheit anpassen. Jeder noch so kleinen Bühne verlieh er mit seiner Ausleuchtung etwas Spektakuläres und Glanzvolles. Musik, Licht und Nebel wurden bei den *Rock'n'Roll Junkies* – so hieß ihre neue Band – zu einem Gesamtkunstwerk.

Die Band war mittlerweile zu einem kleinen Unternehmen geworden, wie eine kleine Plattenfirma – unabhängig, schlagkräftig und immer einsatzbereit. Sie wussten, worum es ging. Poster, Postkarten, Aufkleber und Infos entwarfen sie selbst. Sie nahmen ihre Demotapes selbst auf und hatten sich eine Anlage (im Fachjargon P.A. für den englischen Begriff ‚Public Adress' genannt) zugelegt, mit der sie jederzeit bis zu 300 Menschen beschallen konnten. Auch einen Bandbus nannten sie ihr Eigen. Das Fahrzeug erregte schon vor jedem Gig höchste Aufmerksamkeit. Wenn der himmelblaue Robur LO3000, gebaut 1983 in den sozialistischen Fahrzeugwerken Zwickau, um die Ecke bog, begann bereits die Show. Der Wagen war ein echter Hingucker und sah aus, als hätte James Krüss ihn gemalt. In ihm war Platz für neun Personen und die gesamte Sound- und Lichtanlage. Die Jungs hatten wochenlang daran getüftelt, wie die Anlage zu stapeln sei, damit auch alles hinein passte. Hanno hatte die Karre im Januar 1990, zu real existierenden DDR-Zeiten, für 150 D-Mark einem Händler aus der Altmark abgekauft, der froh gewesen war, den vermeintlichen Schrotthaufen los zu sein.

Wochenlang hatten vor allem Hanno und Paul an dem Motor geschraubt und hatten die anderen Jungs die rostige Karosse mit einer Flex und Stahlbürsten auf Vordermann gebracht und den morschen Holzboden durch frische Eichenbohlen ersetzt. Und dann hatten sie den Robur einem staunenden TÜV-Prüfer vorgestellt, der ihnen nach eingehender Inspektion die ersehnte Plakette aufs Nummernschild klebte, nicht ohne seine Begeisterung für das Fahrzeug und die erstklassige Arbeit der Hobbybastler zu verhelen. Einen besseren Bandbus hätten sich die Jungs kaum vorstellen können.

Ihre Schaltstelle war der Proberaum, der gleichzeitig auch Studio, Büro und sowieso allgemeiner Treffpunkt, Partyraum und gelegentliche Übernachtungsmöglichkeit war. Die *Rock'n'Roll Junkies* reisten kreuz und quer durch die Republik, spielten heute in Landau in der Pfalz, morgen in Magdeburg, übermorgen in Gießen und ein paar Tage später in Dortmund und Hamburg und natürlich in nahezu jeder Musikkneipe des Sauerlandes. Sie hatten Auftritte im Regionalfernsehen gehabt und ihre Demotapes wurden sogar im Radio vorgestellt. Es war ihnen bewusst, dass sie eigentlich nur eine kleine Rockband aus der Provinz waren, von der sowieso nur wenige Leute Notiz nehmen würden, aber insgeheim waren sie stolz darauf, was sie als Autodidakten mit ihren Ursprüngen in irgendwelchen Kellern und Garagen auf die Beine gestellt hatten.

„Wir müssen mal langsam den nächsten Schritt machen", sagte Frank unvermittelt.

„Was meinst du damit?"

„Ein Album herausbringen. Wir haben genug Songs zusammen, wir haben unendlich viele Ideen. Ich will endlich meinen Namen auf einer CD lesen", schmunzelte der Drummer.

„Ein Album aufnehmen", sinnierte Tom. „Du weißt doch, wie viele Absagen wir schon von Plattenfirmen bekommen haben. Wir sind zehn Jahre zu spät dran. '81 hätten wir da sein sollen, so wie *Extrabreit*. Die Plattenfirmen investieren nicht mehr in Newcomer, schon gar nicht in deutschsprachige. Das ist denen zu teuer. Wer sollte uns ein Album finanzieren?"

„Na, wir selber", meinte Frank, „und durch die Verkäufe kriegen wir die Kohle wieder rein."

„Weißt du, was das kostet?"

Als sich die Band am übernächsten Tag zur Probe traf, sprach Frank erneut das Thema an und es entbrannte eine wilde Diskussion, bis Hanno eine nahezu wahnwitzige Idee gebar.

„Wir lassen uns das Album vorfinanzieren", meinte er und lächelte dabei eigenartig.

„Von der Bank oder was? Ich bin dauernd pleite, ich krieg keinen Pfennig", meinte Tom.

„Ich auch nicht", lachte Hanno. „Nicht von der Bank." Hanno machte eine längere Pause. „Sondern von unseren Fans."

Alle schauten ihn ungläubig an.

„Wir verkaufen so etwas wie Gutscheine", legte Hanno seine Idee dar. „Die Leute geben uns 20 Mark und wir verpflichten uns dazu, dass sie dafür innerhalb eines Jahres entweder eine fertige *Rock'n'Roll Junkies*-CD oder ihr Geld zurückbekommen. Wer uns vertraut, wird uns das Geld geben."

Sie spielten an diesem Abend keinen Ton. Hannos Idee war so ungeheuerlich, dass die anderen erst einmal begreifen mussten, was er genau meinte und wie er sich das vorstellte.

In die anfängliche Skepsis und Ablehnung mischten sich allmählich Gedanken des Machbaren, die in schlüssige Vorschläge mündeten, wie das Vorhaben umzusetzen sei.

Es war schon weit nach Mitternacht, als sie beschlossen, es zu tun. Sie hatten sich eine Frist bis Jahresende gesetzt. Wenn absehbar sein würde, wie viele Gutscheine bis Dezember zusammenkämen, würden sie entweder das Geld an die Leute zurückzuzahlen oder ihr erstes Album aufnehmen.

Frank entwarf in der Firma ein Schreiben, das ihr Vorhaben erklärte, und setzte darunter eine Einverständniserklärung für den Deal. Er versah es mit einigen graphischen Gimmicks aus dem PC-Programm „Howard Graphics", druckte es mit einem Nadeldrucker aus und kopierte es 500-fach auf Firmenkosten. Tom schrieb einen Artikel über die Aktion und verschickte ihn an alle möglichen Zeitungen. Manche Musikmagazine fanden die Aktion so sympathisch, dass sie gleich die Adresse und Kontonummer der Band mit abdruckten und zur Beteiligung aufriefen. Die Gutscheine lagen in Musikgeschäften und in den Kneipen des Sauerlandes aus. Jedes Bandmitglied verkaufte sie an Verwandte und Freunde und bei ihren Konzerten brachten sie die Bons auch unters Volk.

Es war Freitag der 13. und es hätte kälter sein können an diesem Mittag im Dezember 1991. Die Sonne wollte sich im Sauerland trotzdem noch nicht zeigen. Zu dicht hingen Nebel- und Wolkenfetzen zwischen den feuchten Tälern fest und stiegen nur langsam auf, was diesem Tag eine trübe Grundstimmung verlieh.

Toms Stimmungen passten sich häufig dem Wetter an und als er an diesem Freitagmittag auf dem Weg zum Proberaum im Autoradio die „Hit Chips" auf WDR 1 hörte, verbesserte „Show must go on" von *Queen* seine Stimmung auch nicht wesentlich. Der Tod von Freddy Mercury, wohl einem der größten Entertainer und besten Sänger aller Zeiten, lag knapp drei Wochen zurück und hatte Tom richtig berührt.

Er parkte seinen hellblauen Seat direkt vor dem alten Backsteingebäude und öffnete den Briefkasten mit der Aufschrift „Sunshine Musikproduktion" in Erwartung der üblichen Werbung. Als ihm ein Stapel Briefe entgegenfiel und er die Umschläge sehr unbeholfen aufzufangen versuchte, dachte er, dass er es sich angewöhnen sollte, den Kasten öfter mal zu leeren.

Nachdem er sich selbst und die Briefe einigermaßen transportierfähig sortiert hatte und einen genaueren Blick auf die Post warf, war es ihm, als würde die Sonne das trübe Sauerländer Wolkeneinerlei blitzartig durchschneiden. Das war keine Werbepost. Das waren an die Band adressierte Briefe. Tom hatte sie nicht gezählt, aber es waren viele. Sehr viele.

Er huschte die 14 Treppenstufen, die er jedes Mal verfluchte, wenn sie ihre P.A. nach Auftritten wieder in den Proberaum bringen mussten, in Rekordzeit empor, schloss auf und warf die Briefe vor sich auf den Boden. In hoffnungsvoller Vorfreude riss er den ersten Brief auf. Darin lagen ein 20-D-Mark-Schein und die vollständig mit Adresse und Telefonnummer ausgefüllte Einverständniserklärung eines Menschen aus Bochum. Tom riss den nächsten Umschlag auf. Wieder 20 Mark, wieder eine Adresse, diesmal aus Meschede. Tom zählte insgesamt 59 Briefumschläge, gleich 1.180 Mark und er las immer wieder die freundlichen Wünsche und ermunternden Zeilen, die einige Leute dazu geschrieben hatten: *„Saugeile Aktion! Erinnert mich an* Greatful Dead. *Hoffe, ich bekomme bald eine CD von euch",* oder *„Da muss man doch einfach mit-*

machen, auch wenn ich euch nicht kenne und noch nie etwas von euch gehört habe",
oder *„Hab euch neulich im ‚Blauen Haus' gesehen und fand den Gig echt geil. Als*
ich im ‚Scene-Magazin' von eurer Aktion gelesen habe, konnte ich gar nicht anders,
als mich zu beteiligen." Tom wusste vor Freude nicht wohin mit sich, war aber
gleichzeitig hellwach und kramte die Geldkatze mit den bisher eingegange-
nen Gutscheinen hervor. Er zählte sie nach.

327. Sie hatten 327 Gutscheine verkauft. Das waren 6.540 Mark. Tom
schluckte. Sie konnten es angehen. Sie würden es angehen. Der Traum vom
ersten Album war plötzlich greifbar. „Waaaaaahnsinnnn", sprach er laut vor
sich hin und schickte einen Freudenschrei hinterher. Eigentlich hatte er sich
vorgenommen, einen Haufen Demotapes und Infos an Veranstalter zu ver-
schicken, aber daran war jetzt nicht zu denken. Er musste seine Freude teilen. Er rief Frank bei der Arbeit an. „Geiiiilllll!!!!!!!", schrie Frank so laut in
die Muschel, dass Tom den Hörer weit von sich weg hielt. Dann fuhr er zum
Bauernhof. Er musste zu Hanno.

Als Hanno seinen Freund über den Hof auf sich zukommen sah, musste er
breit grinsen. Er lud mit seinem Trecker gerade ein großes Bündel Heu am
Eingang zum Kuhstall ab. Tom schien es eilig zu haben.

„Wenn du schon mittags hier aufläufst hast du entweder kein Dope mehr
oder eine gute Nachricht", rief Hanno seinem Freund gegen die Lautstärke
des Dieselmotors zu, bevor er ihn ausschaltete, vom Trecker stieg und sich die
Hände an seiner Arbeitshose abwischte.

„Ich könnte auch schlechte Nachrichten haben."

„Nicht so, wie du strahlst. Was ist los?"

„Hanno, du glaubst es nicht. Wir hatten heute im Briefkasten fast 60 Briefe
mit jeweils 20 Mark drin mit total netten Anschreiben. Ich fass es nicht. Wir
haben über 6000 Mark zusammen. Wir können starten."

Hanno sagte erst einmal gar nichts. Dann lachte er laut los.

„Das darf nicht wahr sein! Das ist der Hit! Jetzt müssen wir aufnehmen. Da
geht kein Weg dran vorbei. Das sind wir den Leuten schuldig. Und wenn's
mehr kostet, müssen wir das eben reinspielen."

„Seh ich auch so", strahlte Tom.

„Lass uns rein gehen", meinte Hanno.

Nach einer Alibi-Tasse Kaffee in der geräumigen Küche des uralten Bau-
ernhauses, holte Hanno zwei Bier aus dem Keller und als sich sein Kumpel
Paul und die anderen zur Mittagspause einfanden, gab es zunächst ein großes
„Hallo" und dann Schelte für die beiden schon um diese Uhrzeit Bier trin-
kenden Musiker.

„Olper Tiet", rechtfertigte sich Hanno.

„Kein Bier vor Vier", meinte Paul lachend.

Pauls Frau Andrea und ihre Tochter Pia hatten ein feines Gulasch mit Kartoffeln gekocht und nun saßen alle beisammen und aßen. Tom erinnerte die Situation an früher, an die Samstage bei Opa, wenn seine Familie zusammensaß und gemeinsam aß. Nur etwas war anders: Hier wurde mehr gelacht. Das Telefon klingelte und Paul verdrehte die Augen. „Die lassen uns einfach nicht in Ruhe", sagte er in die Runde, während Hanno aufstand, um das Gespräch anzunehmen. Als er aus der Diele zurückkehrte, in der das Telefon stand, tauschte er mit Paul einen Blick aus, der sagen sollte: „War nicht geschäftlich." Die anderen schauten ihn fragend an. „Olaf hat'ne Karte übrig für das BVB-Spiel heute Abend. Andy ist krank geworden und kann nicht mit."

„Hast du Olafs Nummer?", fragte Tom sofort. Er hatte nichts vor an diesem Freitagabend. *Warum nicht den aktuellen Tabellenführer sehen?* Tom rief Olaf an, den er flüchtig von irgendwelchen Konzerten und Parties kannte. Er war einer von Hannos alten Kumpels.

„Schröder?", meldete sich Olaf.

„Hi! Hier ist Tom Weber. Hanno sagte gerade, du hättest eine Karte für heute Abend?"

„Hab ich. Kommst du mit?"

„Gerne. Wie kommen wir hin?"

„Mit dem Zug. Ich wollte den um 17:07 nehmen."

„Alles klar. Dann treffen wir uns am Bahnhof."

„Okay. Bis dann."

Hanno und Tom saßen noch eine Weile zusammen, feixten und bauten Luftschlösser.

„Ich ruf die Jungs an", meinte Hanno. „Vielleicht haben sie Bock heute Abend im ‚Engel' einen auf die guten Neuigkeiten zu trinken." „So gegen Mitternacht könnte ich auch da sein. Vielleicht können wir dann auch noch einen auf einen BVB-Sieg heben", schmunzelte Tom.

„Das hoff ich doch. Wie geil unsere Jungs in letzter Zeit spielen. Der Trainer scheint's echt drauf zu haben. Also sehen wir uns irgendwann zwischen angetrunken und Pupillenstillstand im ‚Engel'. Ich warte auf jeden Fall auf dich", meinte Hanno.

Bis Hagen war es im Zug noch ganz gemütlich gewesen. Tom und Olaf hatten freie Platzwahl, weil sich nur wenige Berufsschüler oder Pendler in dem Bummelzug verloren, die ihrem wohlverdienten Feierabend entgegenfuhren. Die beiden BVB-Fans quatschten über die Mannschaft und den aktuell schier unglaublichen Erfolg ihrer Borussia. Dortmund hatte die letzten vier Bundesligaspiele in Folge gewonnen, zuletzt sogar mit 1:0 bei Werder Bremen. Im Weserstadion hatten die Schwarz-Gelben sonst immer ziemlich schlecht ausgesehen. Gerade dieser Sieg war für Tom so etwas wie ein gutes Omen für den weiteren Verlauf der Saison. Er konnte sich jedenfalls nicht an einen Auswärtssieg bei Werder erinnern, geschweige denn an eine solche Siegesserie seines Vereins.

In Hagen mussten sie umsteigen und der Hauptbahnhof war schon fest in schwarz-gelber Hand. Hunderte BVB-Fans stimmten sich mit Gesängen auf den Kick gegen Hansa Rostock ein. Im Regionalzug nach Dortmund ergatterten Tom und Olaf zwar nur noch einen Stehplatz aber immerhin hatten sie einen Platz, während sie aus dem dichten Gedränge heraus diejenigen bedauerten, die in der Kälte auf dem Bahnsteig auf den nächsten Sonderzug warteten, als sich die Bahn langsam in Bewegung setzte. Fahrkarten hatten sie nicht. Ein Schaffner hätte es durch die Menschenmasse im Gang ohnehin nicht geschafft. Bis zur Haltestelle „Westfalenhalle" wurden sie tatsächlich nicht behelligt, was ihnen etwas Geld sparte, das sie schließlich in ein paar Dosen Bier investierten, die sie einem fliegenden Händler vor der Süd abkauften.

Olaf hatte Karten für die beste Stehplatztribüne der Welt und sie ergatterten gute Plätze in der Mitte der gelben Wand. Die Stimmung war prächtig, schließlich war der BVB seit dem Bremen-Spiel Spitzenreiter in der Liga. Trainer Ottmar Hitzfeld hatte aus der Mittelklasse-Truppe der letzten Saison eine Elf geschmiedet, die aus einer sicheren Deckung zielstrebigen Angriffsfußball spielte. Mehr und mehr war ein Spielsystem zu erkennen, das viel moderner und schneller angelegt war, als unter Köppel. Tom musste seine anfängliche Skepsis gegenüber dem neuen Trainer revidieren. Er ahnte, dass unter dem neuen Coach eine erfolgreiche Ära für den BVB anbrechen könnte. Schnell stimmten er und Olaf in die Anfeuerungsrufe vor Spielbeginn ein. Die Mannschaft wurde mit einem riesigen Applaus empfangen und an der Körpersprache der Spieler war zu erkennen, dass sie die Tabellenführung heute Abend unbedingt verteidigen wollten. *Das sollte zu machen sein gegen einen Gegner, der zwar fulminant in die Saison startete, aber mittlerweile im Abstiegskampf steckt*, dachte Tom. Außerdem hatte Borussia noch eine Rechnung mit den Nordlichtern zu begleichen. Das Hinspiel hatte der BVB mit 1:5 verloren und damals hatte Tom eine rabenschwarze Saison befürchtet und auf Hitzfeld geschimpft.

Die Partie lief noch keine fünf Minuten, als Tom es kurzzeitig verfluchte, auf der Südtribüne zu stehen. Der Rostocker Abwehrspieler Jens Wahl hatte den Ball versehentlich über die eigene Torlinie bugsiert und ein riesiger Jubel brach los, was auf der Süd auch schon mal zu einer unfreiwilligen Bierdusche führte. Dieser sah sich jetzt Tom an diesem kühlen Dezemberabend ausgesetzt. Er nahm es gelassen. Immerhin stand es 1:0 für Borussia. *Das ist schon ein kleines Opfer wert*, dachte er.

Borussias Fußball war gut anzusehen. Hinten räumten Schulz und Helmer alles ab und dann ging es meist über Kutowski, „Susi" Zorc, Günter Breitzke oder Michael Lusch blitzschnell nach vorn, wo die brandgefährlichen Angreifer Povlsen und Chapuisat lauerten. Dieser schlitzohrige Stephane Chapuisat avancierte langsam zum heimlichen Publikumsliebling bei Borussia, aber noch hatte sein sympathischer dänischer Sturmkollege diesen Rang inne. Unzählige Borussen-Fans trugen das Trikot des nimmermüden Kämpfers und trickreichen Knipsers, der ein Segen für diesen Verein war. Tom hatte ein sehr gutes Gefühl, denn Dortmund bestimmte das Spiel und übte unaufhörlichen Druck auf Rostock aus. In der 33. Minute badete die halbe Südtribüne erneut im feinherben Odeur des Dortmunder Aktien Bieres, als Michael Rummenigge das Tor zum 2:0 schoss.

In der Halbzeit aßen Tom und Olaf eine Bratwurst. Neben ihnen diskutierte ein Fangrüppchen angeregt und Tom fing ein paar Satzfetzen auf, die für ihn aber kein vollständiges Bild ergaben. Scheinbar ging es um Homosexualität und um irgendeine Fernsehsendung. „Das war echt der Kracher", nuschelte Olaf mit vollem Mund und deutete mit dem abgebissenen Ende seiner Wurst in Richtung des Grüppchens. Tom schaute ihn fragend an.

„RTL? Heißer Stuhl?", fragte Olaf, doch Tom zuckte nur ahnungslos mit den Schultern und hob die Augenbrauen. Er hatte nicht zum ersten Mal in seinem Leben das Gefühl, nicht gerade up to date zu sein.

„Okay", erklärte Olaf, „also: Rosa von Praunheim war Gast in dieser unsäglichen Sendung. Ist dir ein Begriff, der Typ?" Tom nickte. „Von Praunheim outet mal eben öffentlich den Kerkeling als schwul und den Biolek gleich mit. Hammer, oder? Ich hätte nicht gedacht, dass die vom anderen Ufer sind."

„Na und?", fragte Tom zurück und der gleichnamige Song von *Udo Lindenberg* kam ihm in den Sinn. „Diese öffentliche Denunziation find ich scheiße", meinte Tom, während er einen Bissen von seiner Bratwurst nahm. „Es ist mir völlig egal, ob Hape schwul ist oder hetero oder auch der Alfred Biolek. Mann, der Typ hat Monty Python nach Deutschland geholt", sprach er mit noch halb vollem Mund. „Dafür müsste man ihm eigentlich das Bundesverdienstkreuz verleihen. Was spielt die sexuelle Orientierung für eine Rolle? Schwul sein ist weder ein Verbrechen noch eine Krankheit. Krank ist der Paragraph

175 und krank sind die Leute, denen es Angst macht, dass jemand anders ist. Schwul oder nicht: Hape Kerkeling ist für mich einer der größten und cleversten Entertainer, den dieses Land je gesehen hat. Seit ‚Hurz‘ ist er für mich unsterblich. Ich liebe ihn", meinte Tom.

Bei der Erwähnung des Worts „Hurz" musste Olaf unweigerlich lachen und ein Stück Wurst blieb ihm im Halse stecken. Das Grüppchen neben ihnen hatte es ebenfalls aufgeschnappt und intonierte nun laut und in höchster Tonlage: „Hurz!" Nun lachten alle und stießen miteinander an. „Das war so geil", sagte Olaf, der sich noch immer nicht einkriegte, während sie sich langsam zurück zu ihren Plätzen begeben wollten. Doch sie hatten keine Chance mehr, diese zu erreichen. *„Maybe we can repeat the second verse"*, zitierte Tom aus dem „Hurz"-Gag und Olaf hörte nicht mehr auf zu lachen. Der untere mittlere Bereich der Süd, wo sie zuvor gestanden hatten, war nun voll besetzt. „Dann bleiben wir halt hier stehen, ist doch auch ein guter Blick und außerdem kriegen wir dann nicht so viel Bier ab", schlug Tom vor und so blieben sie in der Nähe des Aufgangs stehen, während sich Olaf weiter zu sammeln versuchte, aber immer wieder in Gelächter verfiel. „Hurrrz!", rief er laut und die Borussenfans um sie herum lachten mit.

Borussia würde in der zweiten Hälfte auf das Süd-Tor spielen, worauf sich Tom und Olaf schon sehr freuten. Sie waren sich in ihrem Halbzeitgespräch einig darüber gewesen, dass man unter dem neuen Trainer überhaupt nicht mehr das Gefühl haben müsse, so ein 2:0 sei kein sicherer Vorsprung. Die Mannschaft würde sich jetzt nicht zurücklehnen und das Spiel irgendwie nach Hause schaukeln wollen. Hitzfeld hatte der Truppe Disziplin eingeimpft und ihr eine hohe Laufbereitschaft vermittelt. Sie waren sich sicher, dass der BVB weiter Druck ausüben würde.

So geschah es dann auch. Dortmund knüpfte an die starke erste Hälfte an und erspielte sich einige Chancen. In der 66. Minute jubelte das Stadion erneut, als Steffen Karl das 3:0 markierte und Tom lag mit seiner Einschätzung, nun weniger Bier abzubekommen, völlig daneben. *Jetzt ist der Kuchen gegessen,* dachte er, während er sich den Schaum aus den Haaren strich.

Karl war einer von vielen jungen Leuten, zum Teil aus der eigenen Jugend, die seit diesem oder dem letzten Jahr für die Borussia kickten und die nun unter Hitzfeld eine echte Chance bekamen. Sergey Gorlukovich, Bodo Schmidt, Peter Quallo – diese Namen kannten höchstens BVB-Insider, bevor sie ihr Debüt bei den Profis gaben. Für die meisten Fans waren diese Jungs unbeschriebene Blätter, aber sie gaben dem BVB ein neues, ein frisches, ein hungriges Gesicht. Hitzfeld verlieh ihnen den richtigen Schliff und selbst die erfahrenen Spieler wirkten unter dem neuen Trainer spritziger und motivierter denn je. *Der ist richtig gut, der Hitzfeld. Hoffentlich bleibt er lange*, dachte Tom.

Das zwischenzeitliche 1:3, das Dowe für Rostock erzielte, fiel, weil Dortmund das Tempo herausgenommen hatte. Es dauerte nur drei Minuten, bis der BVB den alten Abstand wieder herstellte. Michael Rummenigge traf in der 76. Minute zum zweiten Mal an diesem Abend. Es stand 4:1 und die Südtribüne feierte nun den Spieler, der auf den Drahtzaun vor der Süd gesprungen war. Noch ein paar Jahre zuvor war er von den eigenen Fans ausgepfiffen worden, weil Rummenigge vom FC Bayern kam. In einem Interview hatte er sich einmal ziemlich unglücklich über Arbeiter und Handwerker geäußert. Aua!

Das wäre den mediengeschulten Fußballstars der Generation 2000 plus natürlich nicht passiert, aber Rummenigge hatte damals so geredet, wie ihm der Schnabel gewachsen war. Hunderte BVB-Fans hatten seinerzeit vor seinem Haus demonstriert und damit versucht, ihn zu vergrätzen.

Für die Fans war Michael Rummenigge damals einfach nur ein arroganter Schnösel, mit dem sich niemand aus der Arbeiterstadt identifizieren mochte. Doch Rummenigge zeigte es ihnen. Er hängte sich richtig rein, war Arbeitstier und Techniker und schoss obendrein noch Tore. Die Fans hatten ihren Frieden mit ihm gemacht und nun stand er nach seinem Tor da und jubelte in die Südkurve. Borussia blieb Tabellenführer, das war nach diesem Spiel klar. Tom und Olaf mochten das Stadion nach dem Abpfiff noch nicht verlassen. Die Fans begriffen es langsam, dass ihr BVB sogar Deutscher Meister werden konnte in diesem Jahr. Die Jungs aus dem Sauerland genossen die sich unaufhaltsam ausbreitende Euphorie, hüpften, sangen und klatschten mit den anderen Fans und mussten sich dann aber doch sputen, um nicht einen der Sonderzüge nach Hagen zu verpassen.

Nach einer feucht-fröhlichen Rückfahrt, auf der sie mit wildfremden Borussen tranken, feixten und über das Spiel sprachen, trennten sich ihre Wege. Olaf nahm ein Taxi nach Hause. Er musste am nächsten Tag arbeiten, während Tom sich auf den Weg zum „Blauen Engel" machte. Die Kneipe war für die Jungs so etwas wie ihr zweites Zuhause. Dort traf man immer einen Bekannten oder einen Freund, dort sah man sich nach Feierabend und wenn man mal keinen Bekannten oder Freund traf, dann gab's immer noch Tina und Erwin, die Besitzer und guten Seelen des „Engels", mit denen man quatschen und das Neueste austauschen konnte. Im „Engel" hatten die Jungs ihre ersten Auftritte gemacht und wenn sie heute dort spielten, platzte der Laden aus allen Nähten. Im „Engel" lief immer coole Musik und die Stammgäste durften auch schon mal ihre Lieblingsmixe einwerfen.

Der Fußweg vom Bahnhof zur Kneipe dauerte 10 Minuten und er hätte aus Toms Sicht auch nicht viel länger dauern dürfen, denn langsam bemerkte er durch kleinere Ausfallschritte, dass er ziemlich angeschickert, war und außerdem kroch ihm die Dezemberkälte unerbittlich unter seine dicke Jacke. Er schlang seinen alten BVB-Schal etwas fester um und beschleunigte seinen Schritt. Die Bahnhofsuhr hatte zehn vor Zwölf angezeigt. Hanno würde ganz bestimmt auf ihn warten.

Als er die schwere Eingangstür aufzog, empfingen ihn warme Rauchnebelschwaden und das aufgeregt beschwipste Stimmengewirr der unzähligen Kneipengäste, gegen das *David Bowie* mit „Ziggy Stardust" verzweifelt ansang. Tom fühlte sich sofort heimisch und begrüßte bekannte Gesichter mit Nicken und Handschlag. Als er um die Ecke in den größeren der beiden Kneipenräume bog, sah er seine Jungs an einem der großen Holztische sitzen.

„Tom!", rief Frank laut durch den Saal, als er seinen Freund erblickte. Die anderen Jungs schauten sich nun auch um und es gab ein großes „Hallo".

„Moin Alter – geiles Spiel gesehen?", begrüßte Erwin ihn und drückte ihm einen halben Liter Warsteiner in die Hand. Tom drückte den Chef kurz und ging dann zu seinen Jungs, um sie stürmisch zu begrüßen.

Die hatten schon ordentlich getankt und Frank orderte eine weitere Runde Ouzo zur Feier des Tages. Sie sprachen erst über das Spiel und dann meinte Matthi mit ziemlich ernster Miene:

„Hey Tom, du musst dich irgendwie verrechnet haben mit den Gutscheinen."

„Was?"

„Du hast dich verrechnet", wiederholte Sven.

„Wieso denn, ich hab doch …", stammelte Tom

„Du hast die Gutscheine noch nicht eingerechnet, die jeder einzelne von uns privat verkauft hat", erklärte Sven und Tom verstand immer noch nicht recht.

Sven grinste von einem Ohr zum anderen: „Zu denen, die du gezählt hast, kommen noch mal 38 Gutscheine dazu. Also mach deine Rechnung noch mal neu."

Der Ouzo wurde aufgetischt und plötzlich gab es kein Halten mehr. Die Jungs lagen sich in den Armen und schmiedeten Pläne.

„Eines musst du mir verraten, mein Freund", flüsterte ihm Hanno später zu.

„Was denn?", fragte Tom gespannt.

„Warum du so ekelhaft nach Bier stinkst."

Lupfen jetzt! (1997)

Finale Champions League 1997
Mittwoch, 28.05.1997
Borussia Dortmund – FC Juventus Turin 3:1

Tom fürchtete das Bewusstsein zu verlieren, so heftig fuhr der Schmerz durch seine Nervenbahnen, um binnen Millisekunden unter seiner Schädeldecke zu explodieren. Er hatte noch versucht, das Husten zu vermeiden, konnte den Reiz aber nicht mehr unterdrücken. Jedes Mal, wenn er lachte, hustete oder die Atemluft zu tief einsog, meldete sich seine angebrochene Rippe. Selbst kleinste Erschütterungen waren kaum auszuhalten. Tom hielt einen Moment inne, starrte ins Leere und fluchte leise vor sich hin.

„Alles klar, Tom?" Sein Vater klang besorgt.

„Geht schon wieder", antwortete der gedankenverloren. Es war ein schönes Gefühl, als das Stechen langsam nachlies. „Ich sehe mal nach, ob wir irgendwo Schmerztabletten haben", sagte der Ältere und wandte sich ab. „Lass gut sein, Papa. Ein Bier tut es auch."

Sein Vater drehte sich wieder zu Tom und lächelte. „Du hast ja recht. Und pro Borussen-Tor gibt es einen Himbeergeist. Ich habe ein richtig gutes Tröpfchen besorgt. Wir wollen mal hoffen, dass Chappi und Riedle heute in Top-Form sind, oder?" „Ich fürchte, wir müssen da wohl eher auf die Juve-Tore trinken, wenn wir Schnaps wollen", gab Tom den Pessimisten. „Dann trinken wir eben auf jede BVB-Ecke." „Besser auf Einwürfe", meinte Tom und versuchte lieber nicht zu lachen. Es schellte. „Das sind die Jungs", freute sich Toms Vater und ging zur Haustür.

Tom kauerte auf dem Sofa und hörte, dass sein Papa Hanno und Frank im Hausflur lautstark begrüßte. „Kommt rein, Jungs! Wir verhandeln gerade, wann es frisches Obst gibt." Tom schmunzelte und rieb sich sanft über seine rechte untere Rippe.

Er war froh, hier zu sein. Er war schon mittags nach dem Arztbesuch zu seinen Eltern gefahren. Die kurze Autofahrt war die reinste Tortur gewesen. Er hatte die Einladung seiner Eltern zum Mittagessen gerne angenommen, sich „Die Säulen der Erde" eingepackt und sich darauf gefreut, bis zu dem großen Spiel heute Abend nichts anderes zu tun, als auf der Couch abzuhängen und zu lesen.

Vor zwei Tagen erst war er mit der Band von einer zweiwöchigen Tour zurückgekehrt. In seiner WG, die er sich mit Mario und Matthi teilte, war ihm die Decke auf den Kopf gefallen, weil er wegen seiner Verletzung so gut wie nichts tun und sich auch nicht versorgen konnte. 13 Gigs in 14 Tagen hatten ihn ausgezehrt. Nach den vielen Nächten, die Tom im Bandbus oder in irgendwelchen Backstage-Räumen geschlafen hatte, hatte er sich am letzten Tag der Tour so sehr auf sein eigenes Bett gefreut und dann hatte er sich beim Aufbau für den Abschlussgig in Neumünster die kurze Rippe gebrochen. Er hatte das Flightcase mit der Hardware fürs Schlagzeug allein über eine steile Rampe auf die Bühne schieben wollen, doch dann war er auf den letzten Zentimetern ausgerutscht. Als er sich wieder aufgerichtet hatte, war das zentnerschwere Teil rücksichtslos über ihn hinweg gerollt. Nach einer Stunde Singen unter Vollschmerz hatte Tom das Konzert vorzeitig abbrechen müssen.

Hanno lachte ihn an, als er ins Wohnzimmer trat und seinen Freund Tom auf dem Sofa erblickte, der wie ein Häufchen Elend aussah. „Bring Bier mit", meinte Tom nur. Hanno reagierte und holte gleich mehrere Flaschen aus dem Kühlschrank in der Küche. Es klingelte erneut. Frank setzte sich neben Tom und umarmte ihn sehr sanft.

„Wie isses?", fragte er.

„Ganz okay", meinte Tom, „aber wie isses bei dir?"

„Geht langsam besser", meinte Frank und hustete wie auf Kommando. Frank hatte sich in den letzten Tagen ihres Trips mit einer schweren Erkältung und zeitweise 40 Grad Fieber durchgekämpft. Tom schossen Szenen von ihrer Rückfahrt durch den Kopf: Frank und er nebeneinander auf dem Rücksitz des Bandbusses. Der eine mit Dauerhusten und schon völlig entkräftet, von Schüttelfrost geplagt, der andere aufjuchzend bei jedem Schlagloch, das durch die Blattfederung des Roburs nicht abgefangen wurde. *Symptomatisch für die ganze Tour*, dachte Tom.

Kurze Zeit später enterten Matthi und Mario mit großem Hallo das Wohnzimmer und hatten eine weitere Kiste Bier mitgebracht. Die Begrüßung war herzlich. Sie hatten Frank und Hanno nicht gesehen, seit sie ihre Anlage im Proberaum abgeladen hatten. Mario schaute Tom fragend an. „Nee, ist immer noch nicht besser. Der Doc meinte, es lässt sich nichts anderes tun als still zu halten und abzuwarten, bis es verheilt."

„Ich hab 'n todsicheres Rezept: Ein paar Schmerztabletten und ordentlich Schnaps und Bier", grinste Matthi und plöppte nebenbei seine Bierflasche mit einem Feuerzeug auf.

Die Szene triggerte Toms Erinnerung an eine Situation in Hamburg: Reeperbahn, der Keller des „Lehmitz", nach einem leidenschaftlichen Konzert voller Energie, Schweiß und riesigem Applaus: Ein paar Jungs vom Kiez soffen mit den Kleinstadtrockern und ließen sich immer wieder zeigen, wie man mittels eines simplen Hebeltricks Bierflaschen mit einem Feuerzeug öffnete. Sie trugen es nicht offen zur Schau, aber Matthi, Tom und Frank fühlten sich geehrt, den tief beeindruckten Hamburger Jungs diese einzigartige sauerländische Kulturtechnik in verschiedensten Variationen vorzuführen. Erst viel später bemerkten Matthi und Frank, dass ihnen ihre Portemonnaies fehlten. Sie hatten keine Ahnung, wo sie ihre Sachen verloren hatten. Tom wurde in diesem Augenblick klar, wie billig sie sich hatten abziehen lassen. *„Country-Boys are going to the City“*, dachte er an eine Textzeile aus einem Song von *Hermann Brood & His Wild Romance.*

Als Toms Papa sich nun endlich setzen wollte, schellte es erneut. Tom lauschte Richtung Haustür und hörte, wie sein Vater seine alten Freunde Willi, Klopper und Heinz empfing. *Jetzt sind wir vollzählig – gleiche Besetzung wie gegen Manchester. Gutes Omen,* dachte Tom. Szenen des denkwürdigen Halbfinalspiels in Old Trafford huschten an seinem inneren Auge vorbei: Das Tor von Lars Ricken in der 8. Minute, die unmöglich erscheinende Rettungstat von Jürgen Kohler, als er kurz vor Schluss den Ball von der Linie kratzte, wofür ihn die Borussen-Fans zum Fußball-Gott erhoben. *Welch eine Dramatik, was für ein Fußballspiel, was für eine willensstarke Mannschaft.*

Tom hoffte, dass dem BVB heute im Finale gegen die Übermacht aus Turin vielleicht ein ähnlicher Geniestreich gelingen würde, aber er glaubte nicht wirklich daran. Zu groß war sein Respekt vor Juventus, der wohl aktuell besten Mannschaft der Welt. Sie dominierte seit Jahren den europäischen Fußball.

Klopper erschien in voller BVB-Montur samt Kutte und umarmte die Jungs aus der Band überschwänglich. Er machte keinen Hehl daraus, dass er wahnsinnig stolz auf sie war. „Ich höre ständig euren Song im Lokalradio“, begrüßte er Hanno. „Wenn auf'm Bau dat Radio läuft und ihr seid dran, dann sach ich immer zu meine Kollegen: Hömma! Die Jungs aus'm Radio kenn ich, seit se inne Windeln geschissen haben.“ Und Klopper lachte laut dabei, während er alle Jungs fast erdrückte und ihnen so fest auf den Rücken klopfte, dass sie dabei halb zu Boden gingen. Tom dachte beim Anblick des Bären spontan an den ehrenhaften und warmherzigen alten Seemann Mr. Pegotty aus Charles Dickens' „David Copperfield“, den er während der Tour gelesen hatte. Als Klopper Tom umschlingen wollte, hob dieser noch abwehrend die Arme, doch es war zu spät. Der Maurer herzte den auf dem Sofa Sitzenden so innig, dass dieser vor Schmerz das Gesicht verzog und aufstöhnte.

„Was is los, Tom?", fragte Klopper irritiert.

„Rippe gebrochen", stöhnte der.

„Oh, dat tut mir leid. Wie hasse dat denn hingekriecht?"

Tom erzählte seine Geschichte und Klopper lachte nur. „Wissen noch nicht wohin mit ihre Kraft, die jungen Gäule", sprach er in Richtung der älteren Herren, die sich schallend amüsierten.

„Wo ist dein Schal, Junge?", fragte Klopper. *Stimmt. Warum hab ich ihn nicht dabei?*, dachte Tom und sagte: „Im Auto." „Der Schal gehört heute Abend an. Ich hol ihn dir. Schlüssel?" Tom war die Situation unangenehm, doch der Polier war entschlossen. „Ist nicht abgeschlossen. Der Schal liegt auf der Rückbank", sagte Tom.

Als Klopper zurückkam, hängte er Tom den Schal fast zärtlich um den Hals. „Weisse watt? Find ich super, dat et immer noch der selbe alte Schal is." Tom lächelte ihn an und Klopper strahlte glückselig, während im Hintergrund die endlos nervende Werbung für irgendwelche Spielkonsolen, Plastikzahlungsmittel und Schnaps über den Bildschirm plärrte.

Tom griff nach Kloppers Hand, als der sich abwenden wollte. „Gewinnen wir heute?" Der alte Maurermeister grinste ihn breit an. „Wat denn sonst?" Und sein lautes Lachen erfüllte den ganzen Raum.

Juventus war für Borussia in den letzten Jahren so etwas wie ein Angstgegner geworden. Einerseits schwärmte Tom von diesen brillanten Spielern wie Zidane, Del Piero, Di Livio, Vieri oder Deschamps. Andererseits fürchtete er sie. 1993 hatte Juve den BVB – damals noch mit Andy Möller und Jürgen Kohler im Kader – in den UEFA-Cup-Endspielen mit 3:1 und 3:0 ziemlich humorlos nach Hause geschickt. Zwei Jahre später flog Borussia im Halbfinale des UEFA-Cups ebenso chancenlos gegen Turin raus. Immerhin hatte der BVB etwas besser ausgesehen und war nur knapp an den Italienern gescheitert. Auswärts war den Borussen sogar ein Unentschieden gelungen. Trotzdem: Die Italiener waren eine ganze Klasse besser gewesen.

Für das heutige Finale war Tom mehr als skeptisch. Turin war der klare Favorit auf den Champions-League Sieg. Doch trotz aller Skepsis hatte er auch ein kleines bisschen Hoffnung. Zehntausende BVB-Fans waren an diesem Tag nach München gereist. Er hatte in den Verkehrsnachrichten von langen Staus auf der A45 Richtung Süden gehört. München war heute fest in schwarz-gelber Hand. Selbst die Schlachtrufe derer, die keine Karte bekommen hatten, würde man im Stadion hören. Dessen war sich Tom sicher.

Dass Dortmund überhaupt das Finale erreicht hatte, war für alle BVB-Fans ein Traum. Die Mannschaft würde auch bei einer Niederlage gefeiert werden.

Was also hatte der BVB zu verlieren? *Beste Voraussetzungen für ein Fußball-Wunder*, dachte Tom. *Ein Wunder ...*

Das könnte seine Band jetzt auch gebrauchen. Vier Tage vor dem Ende der Tour hatte ihr norddeutscher Manager Lasse mit einem ganz langen Gesicht den Backstageraum des „Riders Cafe" in Lübeck betreten und den Jungs mitgeteilt, dass ihr Plattenvertrieb pleite gegangen sei und sie an ihre Alben nicht mehr herankommen würden. Sie seien Teil der Konkursmasse.

Tom hatte das dunkle Gefühl beschlichen, dass böse Mächte ihnen übel mitspielen wollten. Die letzten zwei Gigs der Band waren so schlecht besucht gewesen, dass die Tour nun langsam zu einem Zuschussgeschäft wurde und dann auch noch diese Nachricht ... .

Eigentlich hatten sich die *Rock'n'Roll Junkies* ein Jahr zuvor auflösen wollen. Sven hatte die Band verlassen, weil ihm die Masse an oft schlecht bezahlten Auftritten und Proben einfach zu viel geworden war. Er schaffte es nicht mehr, die Aktivitäten der Band mit seinem Job zu vereinbaren, und hatte das der Band an einem Probenabend gesagt. „Ich wünsche euch alles Gute", hatte er gesagt, „aber ich kann da einfach nicht mehr mitgehen." Die anderen hatten es bemerkt, dass er sich die Entscheidung nicht leicht gemacht hatte und sie im Grunde seines Herzens auch bedauerte. Danach hatten Matthi und Hanno, Frank und Tom ernsthaft überlegt, ob sie so weitermachen sollten.

Schließlich war es Frank gewesen, der das Feuer neu entfachte. „Wir können jetzt nicht einfach aufhören. Seht euch an, wie weit wir gekommen sind! Wir haben so viele neue Stücke geschrieben. Und die klingen richtig gut. Soll das umsonst gewesen sein? Scheiße Mann, ich will nicht aufgeben", hatte er an einem trübseligen Probenabend an seine Jungs appelliert. Eine Woche später stieg Mario als Gitarrist bei den *Junkies* ein. Für ihn war es eine herbe Umgewöhnung, denn er hatte bis dahin in seiner eigenen Band Bass gespielt. Mario übte wie ein wilder, saß viel mit Hanno zusammen, der ihm ganz viele Tipps und Tricks verriet. Technisch konnte Mario Sven zwar überhaupt nicht ersetzen, aber Toms kleiner Bruder brachte eine umwerfende Energie in die Band ein. Dabei wandelte sich der Sound immer mehr in Richtung Punkrock, inspiriert durch die neuen Alben der *Ärzte* und *Bad Religion*, *Monster Magnet* und *Social Distortion*. Sie arrangierten ihre neuen Stücke um, schrieben weiter fleißig Songs und spielten massenhaft Konzerte. Irgendwann im Jahr 1996 war die Band bereit, den nächsten Schritt zu gehen. Nach einem Konzert in Bremen lernten sie zufällig einen rührigen jungen Manager kennen, der ihre Musik mochte und der menschlich zu ihnen passte. Lasse – ein typisches Nordlicht – groß gewachsen, schlaksig, etwas zu blass und beseelt mit einer großen Portion schwarzen Humors, buchte viele Konzerte für die *Junkies* und verschaffte ihnen Gigs in angesagten Musikclubs. „Nehmt ein neues Album auf und wir versuchen gemeinsam, es so richtig zu pushen", hatte er der Band geraten, die mittlerweile mehr denn je von ihrem Erfolg überzeugt gewesen war.

Für ihr neues Album waren die *Rock'n'Roll Junkies* volles Risiko gegangen. Sie hatten einen üppigen Kredit aufgenommen, mit dem sie nicht nur die für ihre Verhältnisse aufwändige Produktion, sondern auch noch die Promotion finanzierten. Gleichzeitig hatte Lasse ihnen einen Deal mit einem kleinen Hamburger Plattenlabel vermittelt, das sich sogar an der Promotion beteiligte und seine Medienkontakte für die Band nutzte. Es hatte alles so gut begonnen – Interviews bei Radiostationen, Autogrammstunden in Plattenläden, Konzerte in coolen Clubs, sogar Fernsehauftritte bei Regionalsendern, die riesengroße Freude im Bandbus, als sie völlig unvermittelt einen ihrer Songs im Autoradio hörten.

Und jetzt? Die Katastrophe.

Tom ahnte, dass sie auf ihren Schulden sitzen bleiben würden und er hatte keine Ahnung, wie sie die geliehenen zehntausend Ocken wieder einspielen sollten.

„In einer halben Stunde müssen wir auf die Bühne", hatte Frank trocken gesagt. Hanno hatte Tom umarmt: „Nun denk mal nicht nur an die Kohle", sagte er, „wir kriegen das hin." *Hanno – der ewige Optimist,* hatte Tom gedacht. *Gibt es eigentlich irgendetwas, was diesen Menschen aus der Bahn werfen könnte?* Tom hatte seinen Freund, den großen Kämpfer, schon immer dafür bewundert, dass er jeder noch so vertrackten Situation etwas Positives abgewinnen konnte. Er selbst sah in diesem Moment seinen Traum von der Karriere als Rockstar endgültig platzen.

Sein Bruder Mario riss ihn aus dem Backstageraum in Lübeck heraus und beamte ihn wieder zurück ins Wohnzimmer. „Reich mal die Fernbedienung rüber", raunzte er Tom an, der mechanisch tat, wie ihm geheißen. Augenblicklich dröhnten die Schlachtgesänge zehntausender Borussen durch den Raum. Marcel Reif meldete sich aus dem Münchner Olympiastadion und beschrieb das, was die gespannten BVB-Fans vor dem Fernseher sahen: Ein Meer von Fahnen, Schals und Trikots in Schwarz und Gelb im weiten Rund des ehrwürdigen Münchener Olympiastadions. *Ausgerechnet in München,* frohlockte Tom. Die Borussen hatten das Stadion fest in ihrer Hand.

Die Männer vor dem Fernseher sahen Matthias Sammer in Großaufnahme auf das Spielfeld laufen. „Come on, Matthias!", rief Tom, der augenblicklich wie elektrisiert war. All seine trüben Gedanken waren in diesem Moment verflogen.

Die Mannschaften sammelten sich am Mittelkreis, als die in Toms Ohren grässlich klingende Hymne der Champions-League ertönte, während die Kamera die Dortmunder Spieler einfing. Die Startaufstellungen wurden eingeblendet.

„Ricken spielt nicht. Scheiße", meinte Matthi.

„Der kommt als Joker. Pass mal auf", entgegnete Toms Vater.

„Del Piero ist nicht dabei!", rief Tom erfreut. Er war geradezu erleichtert. In den vergangenen Duellen mit Juventus war der kleine Lockenkopf zu so etwas wie Dortmunds Alptraum geworden, weil er so oft getroffen hatte.

„Noch nehme ich Tipps an", rief Frank lautstark in die Runde, während er hektisch versuchte, die Tipps der Freunde so schnell aufzuschreiben, wie sie ihm zugerufen wurden. Mario hatte ein Schälchen geholt, in das sie alle zwei D-Mark einzahlten. Hanno erntete die Schmähtiraden seiner Freunde, weil er als einziger auf ein 2:1 für Juventus setzte. „6:0 für Borussia!", rief Toms Papa und erntete damit ein Riesengelächter, während Klopper immer noch mit ernster Miene überlegte und Tom sich kurzentschlossen auf „3:1 BVB" festlegte.

In der Aufgeregtheit rund ums Tippen hatte Tom den Anstoß verpasst und rief die anderen zur Raison: „Ruhe jetzt, es läuft", was Mario als Signal dafür verstand, den Ton noch einmal lauter zu stellen. Der Ball rollte.

Finale. Wir spielen im Finale der Champions League. Das ist so unglaublich, dachte Tom und seine Erinnerungen huschten zurück zu seiner Skepsis, als er vor sechs Jahren von Ottmar Hitzfeld als neuem BVB-Trainer gelesen hatte. Was hatte dieser Mann mittlerweile für Dortmund geleistet! Seit er das Sagen hatte, gehörte Borussia zu den Top-Clubs der Bundesliga, und 1995 hatte er dem Verein die erste Deutsche Meisterschaft seit über 30 Jahren beschert. Tom erinnerte sich an die Radioübertragung des letzten Spieltages '95, als der BVB mit einem 2:0 gegen den HSV dem SV Werder die Schale wegschnappte und danach im Westfalenstadion alle Dämme brachen, während die Band Backstage auf einen Auftritt in Göttingen wartete. 1996 hatten die Borussen das Ganze noch getoppt, als sie am Ende mit sechs Punkten vor den Bayern lagen – souveräner Deutscher Meister! Davon hätte Tom ein paar Jahre zuvor nicht zu träumen gewagt. *Du hast dir echt ein Denkmal in Dortmund verdient, Ottmar,* dachte Tom.

Tom schaute auf die Zeit, die rechts oben im Bildschirm eingeblendet war. 4 Minuten und 15 Sekunden waren gespielt und es stand 0:0. *Jedes Spiel ist ein neues Spiel und beim Fußball kann immer alles passieren. Auch Wunder.* Tom war total nervös. „Boah scheiße, so nervös war ich noch nie bei einem Spiel", sagte er in die Runde ohne eine Antwort zu bekommen. Lediglich Matthi, der auf dem Fußboden fast direkt vor dem Bildschirm saß, drehte sich zu ihm um und lächelte zustimmend.

Es war das gleiche offene Lächeln wie bei ihrem Gig in Bad Segeberg, als Tom plötzlich einen Blackout hatte. Die Band begann mit einem Song, Tom löste das Mikro aus der Halterung des Ständers, wollte mit dem Gesang einsetzen und hatte plötzlich den Text vergessen. Der gesamte Text – weg. Tom wurde unsicher. Die Band indes zog ihr Ding durch, spielte das Intro erneut. Hanno hatte die Situation sofort begriffen und instruierte die Band nur mit seiner Mimik. Dann trafen sich Toms und Matthis Blicke und Matthi grinste einfach nur. Sein Grinsen bedeutete soviel wie: Mach dir nichts draus, das passiert halt mal. Und plötzlich war der Text wieder da und Tom stieg ein. Tom musste innerlich lächeln, weil er die Routine der Band mittlerweile umwerfend gut fand. Jeder Fehler wurde irgendwie aufgefangen und gemeinsam ausgebügelt. *Wie bei einem ordentlich funktionierenden Fußballteam*, dachte er.

Die Borussia funktionierte heute mehr als ordentlich. Turin brachte von Beginn an diese Dominanz auf den Platz, erspielte sich eine erste Überlegenheit und setzte den BVB in dessen Hälfte fest, aber die Jungs wehrten sich. Sie nahmen jeden Zweikampf an. Sie waren bissig und schafften es immer wieder, sich aus der Umklammerung zu lösen und dann blitzschnelle Konter einzuleiten. Kohler, Sammer, Kree, Reuter – die Defensive hängte sich mächtig rein, aber auch Möller ging lange Wege, arbeitete genauso gut wie Sousa und Lambert extrem viel nach hinten. Jörg Heinrich lief um sein Leben und vorne sorgten Chapuisat und Riedle dafür, dass sich Turin nicht sicher fühlen konnte. Doch Angst brauchten die Italiener derzeit nicht zu haben. Die ersten 25 Minuten drängten sie die Borussia immer weiter zurück. Sie gewannen die entscheidenden Zweikämpfe im Mittelfeld und hatten Zug zum Tor. Noch aber stand Dortmunds Abwehr.

Endlich schaffte es der BVB jetzt einmal, einen Entlastungsangriff zu fahren.

„Ich muss euch übrigens dringend etwas erzählen", meinte Hanno an die Jungs aus der Band gewandt. Der Ball verpuffte. Immerhin gab es eine Ecke für Schwarzgelb.

„Jetzt nicht", bremste Tom, als sich Andy Möller den Ball zurecht legte. Er flankte den Ball von links. Das Leder wurde aber auf die halbrechte Seite abgewehrt. Da stand Paul Lambert. Der Schotte flankte vom rechten Strafraumeck zurück in die Mitte. Riedle stieg hoch und stoppte den Ball im Flug mit der Brust.

„Rieeedleeee!", schrie Marcel Reif.

„Mach et!", schrie Klopper.

Und Riedle schien die Anfeuerungen zu hören, bekam den Ball kurz vor dem Fünfer unter Kontrolle und hämmerte ihn mit links flach durch das Gewühl ins Turiner Tor. 1:0 für Dortmund! Eine knappe halbe Stunde war gespielt. Die Fans im Wohnzimmer sprangen auf und lagen sich in den Armen. Klopper stieß sich dabei seinen Kopf an Mama Webers ganzem Stolz, dem weit ausladenden Glasschirm der viel zu tief hängenden Wohnzimmerlampe, doch es schien ihn nicht zu stören.

Toms Vater reihte neun Schnapspinne auf dem Tisch auf und füllte sie lächelnd und bedächtig mit der hochprozentigen Köstlichkeit, während sich die anderen an der Zeitlupe ergötzten und wild durcheinander redeten. „Prost!" rief der Alte dann irgendwann, erhob seinen Pinn und alle griffen zu.

„Was wolltest du eben eigentlich so Wichtiges sagen?", fragte Tom seinen Freund Hanno.

„Jetzt nicht", bremste der, denn Dortmund bekam wieder eine Ecke.

„Vorne muss es abgehen", kommentierte Marcel Reif, als der Ball in den Strafraum segelte.

Tom sprang auf, noch bevor Riedle den Ball erwischte. Toms atemlosen „Ja!" folgte ein Jubelschrei aus neun Männerkehlen, welcher den Kampfrufen der schottischen Unabhängigkeitskrieger bei der Schlacht von Bannockburn im Jahre 1314 zur Ehre gereicht hätte. 2:0 für den BVB!

„Das gibt's nicht! Das glaub ich nicht. Das glaub ich nicht!", rief Tom, der sich in Kloppers Arme geworfen hatte. Seine Schmerzen spürte er in diesem Augenblick nicht. „2:0!!!!", rief Klopper, der selbst zunächst nicht ganz so ausgelassen gejubelt hatte, weil er sich darauf konzentrierte, eine erneute Kollision mit dem Lampenschirm zu vermeiden. Die schaffte diesmal Mario, der sich aber nicht darum scherte. Sie schrien wild durcheinander, herzten sich und brüllten sich an. Das konnte nicht wahr sein! Dortmund führte mit zwei Toren gegen Juve. Es war unglaublich! So langsam, wie der Lampenschirm auspendelte, kamen die Männer im Wohnzimmer zur Ruhe. Zum ersten Mal glaubten sie nun alle, dass ihr BVB tatsächlich den Titel gewinnen könnte.

„Dein Tipp ist ja schon mal für'n Arsch", höhnte Toms Vater in Hannos Richtung, während er erneut die Schnapspinne aufreihte. Als der Ungar Sandor Puhl zur Pause pfiff, bemerkte Tom, dass er schweißfeuchte Hände hatte. *Jetzt bloß nicht nachlassen, Borussia*, dachte er.

„Kommt mal eben mit in die Küche", forderte Hanno seine Freunde auf und die waren gespannt, was er zu erzählen hatte. Sie standen, jeder mit Kippe und Bier bewaffnet, in einem Kreis zusammen.

„In drei Wochen feiert ein alter Bekannter von mir Hochzeit. Ich hab ihm zugesagt, dass wir da spielen. Es gibt 1.500 Mark."

„Super, Hanno. Das passt", reagierte Frank und die anderen nickten und lächelten erleichtert.

„Das Ding ist: Es geht um Coversongs."

„Oh nee", grämte sich Tom.

„Jetzt wart mal ab", wollte Hanno weiterreden, doch Tom fuhr ihm ins Wort: „Ich hab keinen Bock auf diesen Top 40-Mist oder auf ‚Summer of 69' oder so 'ne abgedroschene Scheiße, die die Leute bei Hochzeiten hören wollen."

„Ich auch nicht", sagte Frank, „aber so etwas müssen wir doch auch nicht spielen."

„Das wollen doch eh nur die Ewig-Gestrigen hören", ergänzte Hanno.

Matthi schaltete sich ein: „1500 Mark ist ein Haufen Kohle. Wir können uns das überhaupt nicht leisten, das abzulehnen. An welche Songs denkst du?", wollte er wissen.

„‚Give it away' von den *Chilis*", meinte Hanno und fuhr fort: „‚All die ganzen Jahre' von den *Hosen*, ‚TV-Glotzer' von *Nina*."

‚The Passenger' von *Iggy Pop*", streute Mario ein.

„‚Pet Semetary' von den *Ramones*", meinte Tom.

„‚Let there be rock' von *AC/DC*", meinte Frank.

„‚Don't fear the reaper' von *Blue Oyster Cult*", meinte Matthi.

„Und natürlich ‚Sucker' von *Hermann Brood*", meinte Hanno und ergänzte: „Damit hätten wir doch schon eine hübsche Liste zusammen. Noch was von den *Beatles*, was von *Eric Burdon* und den *Ärzten* und fertig ist der Lack."

„Das heißt aber auch ab jetzt: Jeden Tag proben", meinte Tom.

„Stimmt, aber ich hab eh nichts anderes vor", sagte Frank und die anderen lachten.

„Fehlt uns nur noch ein Bandname für das Projekt", sagte Mario

„Wie wär's mit ‚Air Riedle'?", schlug Matthi vor. Wieder Gelächter.

„Es geht gleich wieder los!", rief Klopper in die Küche.

„Na dann. Holen wir uns den Pott!", rief Frank zurück und das Grüppchen gesellte sich wieder zu den älteren Herren im Wohnzimmer.

Tom war nun noch angespannter. Er fürchtete die Rache der Italiener. Und nun hatten sie auch noch Del Piero eingewechselt. *Scheiße*, dachte Tom. Jedes Mal, wenn Juventus in Strafraumnähe auftauchte, hatte er entweder Angst vor einem Schuss von Zidane oder Deschamps oder davor, dass ein Turiner am Sechzehner gefoult würde, denn die Freistöße von Del Piero waren immer eine Waffe. Juventus drückte nun und Dortmund zog sich immer mehr zurück.

„Dat geht nich gut, ich sach et euch", sprach Klopper das aus, was alle dachten. Alle klammerten sich an ihre Bierflaschen und schwiegen bei fast unmenschlicher Anspannung.

„Ach scheiße, letztlich ist es doch nur Fußball!", sagte Hanno, „wir tun ja gerade so, als ging's um Leben und Tod." „Wenn's nur darum ging ...", entgegnete Tom.

„Schütt uns lieber noch 'n Schnaps aus, Fritz", forderte Frank Toms Vater auf.

„So gefällt mir das, mein lieber Junge. Endlich mal ein guter Vorschlag", erwiderte der, sammelte die Pinne ein und machte sich daran, die nächste Runde auszuschenken. Zu diesem Zeitpunkt waren etwa 65 Minuten gespielt. Aus dem Turiner Mittelfeld heraus wurde Boksic auf der linken Angriffsseite in Strafraumhöhe bedient. Er zog mit dem Ball nach innen, vorbei an Fußballgott Kohler. „Nein!", schrie Tom, das Schlimme erahnend. Kohler konnte die Situation nicht mehr verteidigen und musste zusehen, wie Boksic die Pille auf den kurzen Pfosten zog, wo Del Piero schneller als Kree reagierte und einnetzte.

„Scheiße!", ärgerte sich Matthi lautstark und die anderen schickten weitere Flüche hinterher. *Ich hab's gewusst. Natürlich Del Piero!*, dachte Tom resignierend und dachte gleichzeitig daran, dass Turin wohl jetzt noch eine Schüppe drauflegen würde.

Die Männer schwiegen.

„Der Schnaps ist fertig. Wer will?", fragte Fritz Weber lustlos.

„Völlig egal jetzt", sagte Klopper. „Hinein damit. Und wenn wir dat auch noch verlieren, verlassen wir wenigstens mit erhobenen Haupt den Platz. Kopp in' Nacken, Jungs", prostete er allen zu, während Meistertrainer Ottmar Hitzfeld den Dortmunder Doppeltorschützen auswechselte und Heiko Herrlich brachte.

„Was soll denn das jetzt?", echauffierte sich Mario.

Frank holte eine weitere Kiste Bier ins Wohnzimmer.

Hitzfeld wechselte erneut. Ricken kam für Chapuisat.

„Jetzt kommt Lars", rief Fritz Weber. „Der macht das!"

„Gib mir noch 'ne Flasche, ich halt das nicht mehr aus", meinte Tom zu Frank. Er hatte sie kaum geöffnet, als Andy Möller einen traumhaften Ball spielte, blitzschnell geschaltet an der Mittellinie, ein Pass ohne hinzusehen, hinter die Turiner Verteidigungslinie. Ricken sprintete vorbei an den Italienern, in den freien Raum, dem Ball hinterher.

„Lupfen jetzt!", schrie Mario.

„Lupfen jetzt!", echote Marcel Reif.

„Jaaaaaaaaaaaaaaaaaaaaaaaaaaaaaaaaaaaaaaaaaaaaaaaaa!", schrieen dann alle zusammen im Chor.

Ganze fünf Sekunden nach seiner Einwechslung hatte der Dortmunder Wunderknabe gebraucht, um unsterblich zu werden. Es war diese eine Ballberührung, diese Bogenlampe aus 20 Metern über den einen Hauch zu weit vor seinem Tor stehenden Weltklassekeeper Peruzzi, die Dortmund zum sensationellen Sieger der europäischen Königsklasse und Lars Ricken zu einem ewigen Helden in der Dortmunder Vereinsgeschichte machte.

Tom sprang auf, riss die Arme hoch, schrie so laut er konnte und konnte das Ergebnis immer noch nicht fassen. Die schmerzende Rippe spürte er schon längst nicht mehr. *3:1*, dachte er. *3:1 gegen Juve – wer glaubt denn sowas?* Was für ein Tor! Tom konnte es nicht fassen. *Was für ein Wahnsinns-Tor!!!*

Mitten in den Freudentaumel krachte die gläserne Wohnzimmerlampe auf den Glastisch, zerbarst in Myriaden Einzelteile und zerdepperte dabei auch noch einige Flaschen Bier. Wie durch ein Wunder blieb die Schnapsflasche unversehrt. Irgendjemand aus dem jubelnden Männerknäuel musste die Lampe versehentlich aus ihrer Verankerung gerissen haben. Verheerend war jedoch die in Millisekunden ablaufende Kettenreaktion währenddessen, die „Laurel und Hardy" nicht besser hinbekommen hätten. Klopper wollte noch regieren, sah die teure Lampe fallen und wollte sie irgendwie auffangen. Dabei verlor er das Gleichgewicht und stürzte mit seinen 150 Kilogramm Lebendgewicht der Lampe hinterher, quer auf den Glastisch.

Die Männer um ihn herum sprangen zurück, während Tom die Szenerie mit aufgerissenen Augen verfolgte. Die Glasplatte zerbarst mit einem hässlichen Knacken. Aschenbecher und Gläser wirbelten durch die Luft und Hanno fing mit einer Blitzreaktion die Schnapsflasche auf, während sich Klopper über den Tisch abrollte und in der nächsten Sekunde wie ein hilfloser Maikäfer auf dem Rücken landete und alle Viere von sich streckte.

Augenblickliches Schweigen in dem nunmehr nur noch vom diffusen Licht des Fernsehers illuminierten Raum, während Marcel Reif über die märchenhafte Geschichte des Lars Ricken fabulierte, etwas von den Gebrüdern Grimm faselte und das Münchner Olympiastadion im schwarz-gelben Freudentaumel ertrank.

„Nix passiert", meinte Klopper, als er sich behäbig auf die Seite drehte und einigermaßen belämmert in die Runde blickte.

Schallendes Gelächter.

Hanno half dem Koloss auf die Beine.

„Wissen nicht wohin mit ihrer Kraft, die alten Säcke!", meinte Tom und allen standen vor lauter Gelächter die Tränen in den Augen. Hanno schraubte die Schnapsflasche auf, nahm einen Schluck aus der Pulle und reichte sie weiter zu Toms Vater, der aber gar nicht trinken konnte vor lauter Lachen.

Slapstick ist tot, dachte Tom an den Satz, der in Mel Brooks' „Silent Movie" eine spektakuläre Slapstickeinlage einleitete. Tom kam aus dem Lachen nicht mehr heraus, hielt sich den Bauch, versuchte nun angesichts des sich zurückmeldenden Schmerzes das Lachen zu unterdrücken, aber es gelang ihm nicht. Dieser Slapstick im Weber'schen Wohnzimmer war besser, als der in Mel Brooks' Meisterwerk. *Mama wird ihre helle Freude haben, wenn sie nach Hause kommt*, dachte Tom und prustete wieder los.

Immer noch lachend schafften die Männer in Windeseile ein Kehrblech, Aufnehmer, den Mülleimer und einen Staubsauger herbei. Schnell waren der Boden fachgerecht gereinigt und die Scherben entsorgt. Der Alurahmen des ehemaligen Glastisches wurde hochkant in einer Ecke des Zimmers deponiert. Fast nichts deutete mehr auf die soeben geschehene Katastrophe hin. Es roch halt penetrant nach Bier und ein kleinerer Ecktisch zierte nun als Ersatz ihre Mitte. Tom musste sich wieder ausschütten vor Lachen, als er einen Blick zur Zimmerdecke warf; da hin, wo einst die stolze Lampe gehangen hatte, und nun nur noch ein verwaistes Stück Kabel traurig in den Raum ragte nebst einem bedeutungslos gewordenen Haken.

„Hömma, dat tut mir echt leid, ich komme für den Schaden auf", sagte Klopper irgendwann zu Toms Vater. „Scheiß auf den Tisch und scheiß auf die Lampe. Heute wird gefeiert", entgegnete der und stieß mit Klopper an.

So hatte Tom seinen alten Herren auch noch nicht erlebt.

Ein paar Stunden später saßen die fünf Jungs zusammen mit vielen anderen Freunden im „Blauen Engel". Tom sinnierte kurze Zeit über das Wunder, das der BVB heute vollbracht hatte. Warum sollte seine Band nicht auch ein Wunder vollbringen können und sich selbst aus der Scheiße ziehen? *Wir schaffen das*, dachte Tom.

Das Bier floss in dieser Nacht in Strömen und überall erblickte Tom schwarz-gelbe Schals. Einige BVB-Fans hatten sogar Fahnen mitgebracht. Er fühlte sich wie in einer Borussenkneipe am Borsigplatz. Mit dem Unterschied, dass heute auch ein paar Schalker anwesend waren. Sein Kumpel Kurti zum Beispiel, der schon stockbesoffen war. „Mal ganz ehrlich", lallte der eingefleischte Blau-Weiße, „heute habe ich euch Zecken sogar die Daumen gedrückt. Das kommt zwar nicht oft vor, aber heute war es so. Kannse dir das vorstellen? Der Ruhrpott ist die Fußballmacht Nummer 1 in Europa! Dasisunfassbar!" Die Blauen hatten eine Woche zuvor in einem dramatischen Rückspiel im Elfmeterschießen bei Inter Mailand sensationell den UEFA-Cup gewonnen. „Ich hab euch letzte Woche auch die Daumen gedrückt. Hätte zwar nie gedacht, dass es einmal so weit kommt, aber ihr hattet es echt verdient", meinte Tom.

„Tom!"

Erwin, der Wirt hatte ihn gerufen. „Komm doch bitte mal." Tom tat wie ihm geheißen und drängelte sich zur Theke, hinter der Erwin eifrig zapfte.

„Was ist los?"

„Sag mal: Spielt ihr eigentlich auch Coversongs?"

„Öh – ja. Wieso?"

„Mein Bruder sucht 'ne Band für das Jubiläum seines Motorradclubs. Die feiern im Juli eine riesengroße Party."

„Klingt gut."

„Was nehmt ihr?"

„1.500 Schleifen. Dafür bringen wir auch die Anlage mit."

„Ja, super. Ich mach das klar. Darf ich ihm deine Nummer geben?"

„Gerne Erwin. Und nu tu mir mal noch 'n Pils."

Erwin reichte es ihm über den Tresen. „Geht aufs Haus", sagte er.

Tom bedankte sich, erklomm einen Barhocker, auf den er sich stellte, reckte das Glas in die Höhe und rief laut aus: „Auf den BVB!"

König Bönk I. (2002)

1. Bundesliga, Saison 2001/2002, 34. Spieltag
Samstag, 04.05.2002
Borussia Dortmund – SV Werder Bremen 2:1

„Biiiieeep, Biiieeep, Biiieeep ..." Überall im Haus schrillten Brandmelder und in dem dichten Menschengedränge herrschte blanke Panik. Alle versuchten, der Feuerhölle zu entkommen. Manche rissen sogar die Fenster auf und sprangen heraus. Als die Flammen aus dem Marshall-Verstärker geschossen und auf die Vorhänge im Wohnzimmer übergesprungen waren, hatte niemand mehr versucht, das Feuer zu löschen. Zu schnell war das alles gegangen und nun sorgte der Nachschub an Sauerstoff für eine explosionsartige Ausbreitung der Flammen. Aus ihnen starrten ihn verzerrte Dämonenfratzen an und Tom fühlte sich wie ein Gefangener in einem Bild von Hieronymus Bosch. Panische Angst erfasste ihn. Er würde es nicht schaffen, aus dem Zimmer heraus zu kommen. Er würde bei lebendigem Leib verbrennen. Er schrie ...

Und fuhr im selben Moment ruckartig hoch. Sein Atem ging schnell, sein Herz klopfte hörbar. Als er die Augen aufschlug, war er froh, dass alles so aussah, wie immer. *Alles ist gut,* beruhigte er sich. Er saß aufrecht in seinem Bett und neben ihm nervte der Notruf-Pieper unaufhörlich. *Oh nee,* dachte Tom, schaltete das Gerät aus und schälte sich langsam aus dem Bett. Sein Digitalwecker zeigte 14:59 an. Eine Minute später hätte er Alarm geschlagen. Tom schaltete ihn aus. Wann war er nach Hause gekommen? War es um sechs Uhr gewesen oder sieben? Jedenfalls war es hell gewesen und Tom hatte schmunzelnd über eine alternative sprichwörtliche Bedeutung des Wortes „Morgengrauen" nachgedacht, als er sich im Spiegel des Flurs begegnet war. Er fühlte sich zermatscht, ordnete seine Kopfschmerzen als Buße für das exzessive Gelage der vergangenen Nacht ein und schlurfte in die Küche, um etwas zu trinken.

Dann rief er auf der Arbeit an.

„Du musst leider kommen, Tom. Wir haben einen Notfall", sagte seine Kollegin Sina am anderen Ende der Leitung. Seit vier Jahren arbeitete Tom nun in der Jugendschutzstelle und bisher hatte er es noch nicht erlebt, dass der Rufbereitschaftsdienst in Anspruch genommen werden musste. *Ausgerechnet heute,* dachte Tom. Es musste sich um einen ziemlichen Ernstfall handeln, wenn Sina Unterstützung brauchte.

Tom nuschelte so etwas wie „Was ist los?" in die Muschel.

„Na, du hörst dich aber frisch an, Kollege", flachste Sina. „Die Feuerwehr hat sich gerade gemeldet. Die bringen uns einen 17-jährigen, der sich in der Fußgängerzone wohl sehr komisch verhalten hat. Er sei davon überzeugt gewesen, durch die Schaufenster von Aliens beobachtet zu werden. Außerdem hat er noch einen Polizisten angegriffen. Konnte sich nicht ausweisen, machte keine Angaben über seine Herkunft, keine Adresse, nichts. Sehr merkwürdig, das Ganze. Hört sich für mich nach drogeninduzierter Psychose an."

„Also kein Fall für uns, sondern für die Psychiatrie, oder?"

„Das muss der Amtsarzt entscheiden. Ich habe deren Bereitschaftsdienst angerufen und noch keine Rückmeldung. Sieht so aus, als dauert das noch."

„Ich mache, so schnell ich kann", sagte Tom.

„Na klar. Übrigens", sagte Sina, als Tom schon wieder auflegen wollte, „war'n richtig geiler Gig gestern in dem Wohnzimmer. Das hatte schon was von den *Hosen* – ‚Magical Mystery'-mäßig. Bis gleich, Schätzchen."

„Bis gleich."

Drogeninduzierte Psychose, dachte Tom, *davon war ich gestern auch nicht allzu weit entfernt.* Es fiel ihm wieder ein, dass Sina auch da gewesen war. Sie war allerdings wegen ihres Spätdienstes schon früh wieder gegangen. Hatte er, begast wie er war, versucht, sie anzubaggern? *Hoffentlich nicht.* Tom grinste vor sich hin, als er an den bislang schrägsten Auftritt seiner Band dachte. *Die abgefahrenste Party aller Zeiten. Nicht zu toppen.*

Man stelle sich vor: Ein ganz normales Reihenhaus in einer ganz normalen und biederen, eben typisch deutschen Wohnsiedlung. Gepflegte Vorgärtchen, getrimmte Rasenflächen, akkurat abgesteckte Grundstücke, der verspielt schmiedeeiserne und der gemeine Jägerzaun in friedlicher Eintracht und auf der Straße davor: blank polierte Mittelklassekarossen, die es gar nicht erwarten konnten, am morgigen Samstag von ihren akribischen Besitzern verhätschelt und gepflegt zu werden, während die Kinder der Autobesitzer darauf hofften, dass Papi endlich mal wieder mit ihnen spielen würde. Beim Anblick der Wohnsiedlung hatte Tom spontan an Gustav Meyrinks Erzählungen „Des deutschen Spießers Wunderhorn" gedacht.

Doch etwas hatte nicht gepasst an diesem bürgerlichen Idyll.

Hoch oben auf dem Dach des Hauses Nummer 37 prangte ein grell beleuchteter Schriftzug mit meterhohen Buchstaben. „Bönk Bäng 2002" las Tom. Das Logo überstrahlte die gesamte Siedlung und suggerierte das Flair eines angesagten Clubs. Der Weg zum Haus war gesäumt von mittelalterlich anmutenden Fackeln und von der Wand über der Eingangstür wurden die arglosen Besucher von einem ebenso finster wie entschlossen dreinblickenden überdimensionalen Augenpaar durchbohrt.

Tom hatte sich schlapp gelacht, als er die Szenerie betrachtet hatte. Noch vor dem Haus wurden die Jungs aus der Band vom König höchstpersönlich empfangen. Beim Anblick seiner skurrilen Erscheinung hatten sich Frank, Mario, Hanno und Tom urplötzlich als Statisten bei „Einer flog übers Kuckucksnest" gefühlt. Vor ihnen hatte eine einsachtzig große hagere Gestalt mit Vollbart gestanden, deren zerzauste Haare unter der schief sitzenden Krone aus goldenem Bastelpapier hervorlugten. Der einigermaßen wirre Blick, den Jonny Depp nicht besser hinbekommen hätte, hatte ihnen verraten, dass der König wohl bereits dem Gotte Dionysos gehuldigt hatte. Gewandet war der edle Herr in einen ebenso speckigen wie bunt karierten uralten Bademantel über einem grünen Baumwollpyjama. Seine Füße wurden von rosafarbenen Damenpantoffeln mit hellblauen Bommeln geziert. In seiner linken Hand schwenkte er ein Glas Champagner, während er die rechte soeben an den Mund führte, um einen tiefen Zug an einer Havanna zu nehmen. Er hatte den Kopf leicht zurückgelegt, dabei seine Krone überprüft und dann den Rauch vielsagend in den Äther geblasen.

„Sieh an, sieh an, das fahrende Volk ist eingetroffen. Es ist uns eine außerordentliche Freude, Euch an unserem Hofe willkommen zu heißen. Gestattet, dass ich mich vorstelle: Ich bin seine Majestät König Bönk der Erste, Herrscher über die unendlichen Weiten der Galaxis und über diese bescheidene Burg, in welche einzutreten, ihr nun das Vergnügen habt."

König Bönk hatte ihnen gönnerhaft die rechte Hand hingehalten, an deren Ringfinger ein voluminöser bernsteinfarbener Klunker prangte. Tom hatte sich vorgebeugt und den Ring geküsst. „Mein König, es ist uns eine Ehre, die majestätischen Ohren heute Abend mit rockmusikalischen Klängen beglücken zu dürfen." „So tretet denn ein", hatte der Bönk mit ausladender Geste gefordert.

Duschen, Anziehen, zwei Stullen für die Fahrt, das alles schaffte Tom in Rekordzeit. Um Punkt 15.30 saß er in seinem Nissan, schaltete WDR 2 ein und gab Gas.

Ausgerechnet heute, dachte er erneut. Vor seinem geistigen Auge erschienen die Gesichter von Kehl und Koller, Kohler, Reuter und Amoroso, von Rosický und Dede. „Ihr schafft das heute. Ihr schafft das!", sagte er leise vor sich hin, während der WDR-Reporter Manni Breuckmann ein erstes Stimmungsbild aus dem Westfalenstadion lieferte. *Dieser Breuckmann, der seine blau-weiße Gesinnung noch nicht einmal zu vertuschen versucht*, dachte Tom schmunzelnd.

Nach drei Minuten stand es 0:0 zwischen dem BVB und Werder Bremen. *Wenn jetzt abgepfiffen würde, wäre Dortmund Deutscher Meister.* Tatsächlich war die Konstellation an der Tabellenspitze so eng, dass die Entscheidung über die Meisterschaft erst heute am letzten Spieltag fallen würde. Dortmund hatte die besten Chancen, stand an der Tabellenspitze mit 67 Punkten. Dahinter lag Leverkusen mit 66 Zählern, gefolgt von Bayern München mit 65 Punkten. Bei eigenem Sieg wäre Dortmund ganz sicher Deutscher Meister. Bei einem Unentschieden dürften die anderen Teams keinesfalls gewinnen. Bayern und Bayer hatten ebenfalls Heimspiele. *Bayern wird ganz klar gegen Rostock gewinnen. Leverkusen hat Hertha zu Gast. So stark, wie die Berliner sind, können die sogar vielleicht was reißen,* wog Tom in Gedanken die Chancen der Borussia ab. Er hoffte, dass es ihm der Notfall auf der Station wenigstens ermöglichen würde, zwischenzeitlich mal Radio zu hören.

Mitten in seine Überlegungen platzte Sabine Töpperwien: „Tooor in Leverkusen", rief die Reporterin. Der laute Jubel aus dem Leverkusener Stadion drang durch die Autoboxen mitten in Toms Herz. Ballack hatte zum 1:0 getroffen und es waren erst zehn Minuten gespielt. „Scheiße!", fluchte Tom und bemerkte, dass er viel zu schnell fuhr.

Zu seiner Arbeitsstelle brauchte er an Werktagen immer gut 30 Minuten Fahrtzeit. An diesem Samstagnachmittag jedoch würde er es angesichts der leergefegten Straßen in etwas mehr als 20 Minuten schaffen. Er hatte sein Ziel schon fast erreicht, als ihn eine rote Ampel stoppte und ihm Manni Breuckmann nun endgültig die Stimmung versaute. „Tooor in Dortmund!", verkündete er und als die Regie blitzschnell dorthin schaltete, vernahm Tom zu seiner großen Enttäuschung nicht den lauten Jubel der BVB-Fans. Stalteri hatte nach 17 Minuten das 1:0 für den SV Werder geschossen. *Das war's dann wohl,* dachte Tom pessimistisch.

Sechs Minuten später schloss er die schwere Sicherheitsglastür auf. Alles war ruhig.

„Hi Sina!", begrüßte er seine drahtige Lieblingskollegin, die ihm ihr schönstes Lächeln mit ihren von langen blonden Haaren umrahmten stahlblauen Augen schenkte. Sie umarmte ihn zur Begrüßung. „Das ging aber echt schnell. Schön, dass du da bist. Ich habe uns einen Kaffee gekocht."

„Du bist super. Den kann ich jetzt gut gebrauchen", freute sich Tom. „Was ist mit dem Notfall?" „Sitzt im Aufnahmezimmer. Kam völlig ruhig hier an. Ein Notarzt hat ihm Diazepam gegeben. Macht eigentlich einen netten Eindruck, aber irgendwie auch spooky. Wirkt auf mich wie die Ruhe vor dem Sturm."

„Stört es dich, wenn wir Radio hören?"

„Nee. Wieso?"

„Bundesliga? Letzter Spieltag?", betonte Tom seine Worte so, als spreche er mit einer Hinterwäldlerin. „Oh ja, natürlich. Ist ja auch ganz besonders wichtig, live dabei zu sein, wenn 22 Männer hinter einem Ball her rennen und ..." Tom streckte ihr seine Handfläche wie ein Stoppzeichen entgegen: „20 Männer. Zwei stehen schon mal im Tor", stellte Tom klar und fuhr fort: „und wenn diese 20 gleichzeitig hinter dem Ball her rennen würden, ginge es nicht um Profifußball, sondern um die Mini-Kicker. Vorschlag: Du besorgst ein Radio und ich stelle mich mal unserem neuen Freund vor." Sina schüttelte immer noch den Kopf, als sie sich längst abgedreht hatte, um einen Weltempfänger aufzutreiben.

Tom klopfte an die Tür des Aufnahmezimmers und vernahm ein undeutliches und leises „Ja". Er schätzte den Jugendlichen ab, der auf einem Stuhl in der Mitte des Raumes saß und ganz kurz aufblickte, als Tom eintrat. Der Junge senkte seinen Kopf wieder und starrte apathisch vor sich hin. *Einsneunzig, etwa 100 Kilo schwer, muskulös, unberechenbar,* dachte Tom. *Wenn der durchdreht, kriegen Sina und ich den niemals bewältigt.*

„Darf ich dich kurz stören?" Tom sprach sanft, aber deutlich. Der Angesprochene antwortete nicht. Tom bewegte sich langsam. Er zog sich einen Stuhl heran, ohne dabei den Jugendlichen aus den Augen zu lassen. In einem Abstand von etwa zwei Metern ließ er sich auf dem Stuhl nieder. „Ich heiße Tom. Tom Weber."

Schweigen. Von dem Jungen ging eine Traurigkeit aus, die Tom erschauern ließ.

„Wenn du irgendetwas brauchst, wenn du Hunger hast oder Durst, kannst du dich jederzeit bei uns melden, okay?" Der 17-jährige nickte kaum wahrnehmbar.

„Sagst du mir deinen Namen?"

Schweigen.

Plötzlich regte sich der Oberkörper des Kolosses und er starrte Tom aus verlorenen grauen Augen an. „Bin ich hier eigentlich eingesperrt?" Seine Stimme klang undeutlich und unendlich müde.

„Nein, das bist du nicht, aber es kommt gleich ein Arzt, der dich untersuchen möchte und dir ein paar Fragen stellen wird." Tom hatte gelernt, dass es in solchen Situationen besser war, sachlichen Klartext zu sprechen, als irgendwie herumzulavieren.

Der Jugendliche nickte. „Und dann?", wollte er wissen.

„Schwer zu sagen. Es wäre hilfreich, wenn du uns sagen kannst, wer du bist, wo du wohnst und wen wir vielleicht verständigen sollen. Zum Beispiel deine Eltern." Der junge Mann nickte erneut behäbig und wirkte mächtig angespannt, wie unter Strom. Tom rechnete jeden Augenblick mit einem Ausbruch des Vulkans. Er wählte seine Worte mit Bedacht: „Ich kann mir vorstellen, dass das eine blöde Situation für dich ist", sagte er. „Du kannst aber sicher sein, dass wir hier alles dafür tun, um sie dir erträglicher zu machen." Schweigen.

Der Eintritt kostet den Verstand, dachte Tom und er wusste nicht, warum er gerade das dachte und urplötzlich drängten sich die Bilder der Party in seinen Kopf. 50 Leute, verteilt auf 40 qm, waren völlig ausgeflippt bei dem Wohnzimmerkonzert und die Jungs hatten weit über drei Stunden bis zur totalen Erschöpfung gerockt. Vor seinem inneren Auge sah Tom nass geschwitzte Gesichter, die sich entrückt zur Musik bewegten oder lauthals die Songs mitgrölten, sah wie die Glasvitrine des wuchtigen Eichen-Einbauschranks zu Bruch ging, sah lachende Augen und fliegende Haare und dazwischen an der Wand direkt gegenüber, einen gewaltigen röhrenden Hirschen in einem – natürlich – deutschen Wald, umrahmt von einem verspielten Holzornament in Gold. Die Band und die Leute, die ihr zuhörten, passten in dieses Wohnzimmer wie ein blutiges Steak in die vegetarische Abteilung einer Uni-Mensa. Die Jungs hatten so lange gespielt, bis das Kondenswasser in Bächen an den Wohnzimmerscheiben herunter gelaufen war. Zur Stärkung gab es nach dem Gig Caipirinha und Mettwürstchen.

Völlig entkräftet, doch überglücklich hatten sich die Vier später in den Armen gelegen. Seit sie mit ihrer Coverband *The Superstars* unterwegs waren, hatten sie in einigen coolen Locations gespielt, doch nichts reichte an diesen Auftritt heran.

Sie spielten viele Konzerte, reisten durchs ganze Land und hatten riesigen Spaß dabei. Als sie nach ihrer großen Pleite notgedrungen bei Hochzeiten und anderen privaten Feierlichkeiten gespielt hatten, um ihre Schulden wieder hereinzuspielen, hatten sie das Cover-Projekt noch als notwendiges Übel gesehen, doch mittlerweile überwog die Freude daran. Damals hatten sie ihre Schulden innerhalb eines halben Jahres herausgespielt. Kurz danach war Matthi ausgestiegen. Er war wegen eines Jobs nach Köln gezogen. Mario hatte die Gitarre wieder gegen einen Bass eingetauscht und mittlerweile rockten die *Superstars* so unbeschwert wie nie zuvor. Für Tom war es, als sei eine Riesenlast von ihm abgefallen. Er empfand nun keinen Druck mehr, unbedingt immer wieder neue Ideen liefern zu müssen und er schrieb nun auch keine Texte mehr. Hanno ging es ähnlich und irgendwie hatte sie das befreit. Dafür setzten sie sich nun mit Songs auseinander, von denen man annehmen würde, dass sie von einem klassischen Rockquartett niemals würden gecovert werden würden und gerade das machte ihnen riesigen Spaß.

Tom kümmerte sich auch gar nicht mehr aktiv um das Booking. Die Anfragen kamen nach jedem Auftritt nahezu automatisch und verschlugen sie zu Stadtfesten an den Rhein, zu privaten Feten nach Berlin oder zu Motorradtreffen in der norddeutschen Tiefebene. Doch nirgends war die Band so gefeiert worden wie bei dieser ebenso seltsamen wie ausgelassenen Party bei König Bönk.

Was für ein abgefahrener Film, dachte Tom, als der sich plötzlich im Jetzt und Hier zurück fand. „Kann ich dir mit irgendetwas behilflich sein, bevor der Arzt kommt?", hörte er sich fragen. Der Jugendliche erhob sich langsam von seinem Stuhl. Er überragte Tom um Haupteslänge. „Ich müsste mal aufs Klo", sprach er mechanisch. Tom war ebenfalls aufgestanden. „Ich zeig dir, wo es ist", sagte er, wies Richtung Tür und ließ den Riesen voran gehen. Dann zeigte er ihm die Toilette auf dem Flur. Als der Junge die Tür aufzog, sagte er: „Ich heiße übrigens Marco." „Marco – Herzlich Willkommen bei uns", sagte Tom mit einem sanftmütigen Lächeln und ging in Richtung des Dienstzimmers.

Als er eintrat, lief dort gerade aus einem kleinen Radio, das Sina auf dem Tisch platziert hatte, das Ende von *Ozzy Osbournes „Dreamer".* ,*I dream my life away',* sang Tom in Gedanken mit. Der Refrain erinnerte ihn an sich selbst. *Halbzeit?* Tom schaute zur Uhr, die 16:23 anzeigte. *Halbzeit.*

„Was ist dein Eindruck?", fragte Sina.

„Ich glaube, es geht ihm echt beschissen. Er wirkt völlig verzweifelt und andererseits so, als könnte er jederzeit explodieren. Ist gerade auf Toilette. Wir müssen verhindern, dass er durchtickt. Ruhig agieren, seine Wünsche respektieren, deeskalieren. Hast du übrigens unseren Chef informiert?"

„Na sicher, Tom. Er sagte, er sei in einer knappen Stunde da. Klang nicht gerade erfreut." „Das sieht ihm ähnlich" sagte Tom mit einem abschätzigen Grinsen. Er setzte sich und drehte sich eine Zigarette, während ihm Sina eine weitere Tasse Kaffee ausschenkte. Der Radiosprecher meldet sich und Tom lauschte angespannt hin. „… gehen wir gleich rein in die Konferenz, die ganz viel Spannung verspricht …" und dann hörte Tom, dass Jan Koller, der Teufelskerl, kurz vor der Pause den Ausgleich für den BVB erzielt hatte. Tom war augenblicklich hellwach. „Ja!", stieß er knapp aus und ballte seine rechte Faust. Seine Hoffnung war zurückgekehrt. Im selben Moment wurden sie durch ein lautes Klirren aufgeschreckt.

Toms Kurzzeitgedächtnis spulte automatisch an die Stelle zurück, an der Hanno – schon gut angeschickert – von einem tanzenden Partygast in der Küche angerempelt wurde, das Gleichgewicht verlor und auf den Tisch mit den geschätzten 128 Caipirinha-Gläsern segelte. Wundersamerweise passierte Hanno nichts und es gingen nur ganz wenige Gläser zu Bruch, doch das hochfrequente Klirren übertönte für einen Moment den Lautstärkepegel der Party, ehe es im allgemeinen Gelächter unterging. Über 200 Menschen mochten im ganzen Haus unterwegs gewesen sein, nicht nur um zu tanzen und zu trinken, sondern auch, um alle Räume zu erkunden, die eine spezielle Bestimmung hatten und liebevoll dekoriert waren. Eine Woche lang hatten der König und sein Gefolge das gesamte Haus auf den Kopf gestellt und alle Räume komplett umgestaltet. So wollte es offenbar der Brauch. Die ganze Party war von langer Hand geplant gewesen. In der Küche mixten zwei erfahrene und als solche leicht zu erkennende, weil entsprechend gestylte Barkeeper die Cocktails. Schrille junge Damen auf High Heels, gekleidet in Bluejeans und schwarze BHs, dezent geschminkt und mit glatten Bubikopf-Perücken in knallrot auf den Köpfen verteilten Getränke und kulinarische Köstlichkeiten. Sie hätten allesamt in „Lola rennt" mitspielen können. Des Königs Koch erinnerte mit seiner riesigen Kochmütze an seinen Kollegen aus der Muppet-Show. Er hatte sich sogar den entsprechenden Bart angeklebt.

Direkt neben der Küche lag „Des Königs Kiffer-Kabuff". Dort versprühten Lavalampen, Räucherstäbchen, Tücher an den Wänden, Sounds von *Klaus Schulze* und *Tangerine Dream* sowie Matratzen auf dem Fußboden eine transzendentale Atmosphäre, während in „Des Königs Schlafgemächern" Pärchen knutschten, ihnen andere dabei zusahen oder die herumliegenden Sexspielzeuge ausprobierten. Tom musste kurz an die Punkband *The Sexshop Toys* denken und an deren Version eines *Kim Wilde*-Klassikers, mit dem Titel „Tits in Amercia".

Im „Mäjestätischen Music Mixroom" liefen labile Gemüter Gefahr, einen epileptischen Anfall zu erleiden wegen der flackernd aufblitzenden und rasch wechselnden Lichteffekte in Kombination mit einem Dröhnsound aus einer Dolby-Surroundanlage. In der Mitte des Raumes stand ein Buzzer, effektvoll in Szene gesetzt von einem Punktstrahler unter der Zimmerdecke. Tom fragte sich, was es damit auf sich haben möge und noch während er überlegte, schlug er instinktiv darauf. Augenblicklich ballerten die *II-Blockx* ihr „How do you feel" durch den Raum. Hanno hatte das Buzzer-System sofort geschnallt, senkte seine Pranke auf das Gerät und es ertönte „Machine Gun" von den *3'O Clock Heroes*. Frank erwischte „King Kong Five" von *Mano Negra* und als Mario auf den Knopf schlug, sang Bundeskanzler Gerhard Schröder: „Hol mir mal 'ne Flasche Bier, Flasche Bier, Flasche Bier."

Im Keller war ein Fitnessraum umfunktioniert worden zu „Des Königs Folterkammer" und verständlicherweise hatten sich dort nur wenige Leute aufgehalten. An die Wände wurden von zwei Beamern die Endlos-Schleifen von Monty Pythons' „Spanischer Inquisition" projiziert, was die Plüschkissen auf den Sportgeräten erklärte. Als „Des Königs Lustgarten" entpuppte sich dann ein weiterer Raum im Keller, aus dem ein Pornokino geworden war.

Das Klirren!

„Scheiße, der Spiegel!", rief Tom. Sie rannten Richtung Toilette. Sina erreichte die Tür als Erste und riss sie auf. Sie sah Marco vor dem Waschbecken stehen. Überall im Raum und um Marco herum lagen tausende kleiner Scherben, die einmal als Spiegel über dem Waschbecken gehangen hatten. „Ich habe es nicht ausgehalten, mich zu sehen", sagte Marco mit einer Mischung aus Teilnahmslosigkeit und Bedauern.

„Kein Problem, Marco. Wir machen das sauber. Das ist kein Problem", beschwichtigte Sina. „Komm", forderte Tom den großen Jungen auf, „wir gehen in dein Zimmer."

Marco folgte Tom wie ein Roboter und stammelte wieder: „Ich konnte es nicht ertragen, mich zu sehen." „Das ist okay", sagte Tom sanft, „das ist okay." Er begleitete Marco ins Zimmer, während sich Sina ans Aufräumen machte.

Der Jugendliche setzte sich auf die Bettkante und starrte wieder vor sich hin. Tom versuchte die Situation abzuschätzen. Es war ihm klar, dass er Marco nicht aus den Augen lassen durfte. Andererseits konnte er es nicht riskieren, dass sich der Junge durch seine Anwesenheit bedrängt fühlen würde. Tom spürte eine große innere Anspannung, die ihm zu äußerster Vorsicht riet. Die Situation könnte jederzeit eskalieren.

„Ich hole dir etwas zu trinken, das wird dir gut tun", sprach er beruhigend zu Marco, der regungslos vor sich hin starrend schwieg. Tom verließ den Raum und ging ins Dienstzimmer.

„2:0 für Leverkusen. Michael Ballack macht es noch mal in seinem letzten Spiel für seine Leverkusener Kameraden", schwärmte Sabine Töpperwien und setzte noch eins drauf mit der Erwähnung, dass Bayer 04, Stand in dieser 52. Spielminute, Deutscher Meister sei.

Doch das Gehörte rauschte auf eigentümliche Weise an Tom vorbei und berührte ihn gar nicht. Er dachte an Marco, an dessen Zustand. Irgendetwas hatte Tom nicht ganz stimmig gefunden an ihm und an der Situation. Etwas passte nicht. Tom war irritiert, als er das Wasser für Marco in einen Plastikbecher schüttete.

Dann sah er plötzlich alles ganz klar.

Einer Eingebung folgend, knallte er die Wasserflasche auf den Tisch und rannte ins Aufnahmezimmer. Marco saß da wie ein gefallener Engel. Seine

Unterarme hatte er auf seinen Knien abgestützt. Aus beiden Handgelenken pulsierte sein Lebenssaft und tropfte zu Boden. Unter ihm hatte sich bereits eine riesige Blutlache gebildet. Eine große Spiegelscherbe lag daneben. „Ich konnte mich nicht mehr spüren", hauchte Marco tonlos. Sein Gesicht war kreidebleich.

Tom rannte zum Arztzimmer, kramte während des Laufens in seiner Hosentasche nach dem Schlüssel und rief über den Flur: „Sina! Ruf sofort einen Notarzt! Schnell! Pulsadern aufgeschnitten!" Ohne nachzufragen tat sie sofort das, was Tom gesagt hatte. Der streifte sich in Windeseile Latexhandschuhe über, griff sich vier große Mullbinden und rannte zurück zu Marco, der immer noch regungslos vor sich hin starrte. Tom legte ihm jeweils eine komplette Binde über die tiefen Schnittwunden an den Pulsadern. Dann schnürte er diese mit der anderen Binde so fest, bis die Blutung gestoppt war. Sina stürzte in den Raum. „Notarzt ist auf dem Weg", sagte sie atemlos und erschrak im nächsten Moment über das Bild, das sich ihr bot. Marco verdrehte die Augen, drohte ohnmächtig zu werden. Tom hielt ihn wach, indem er ihn schüttelte und ihn laut ansprach: „Leverkusen hat gerade das 2:0 geschossen und in Dortmund steht es immer noch 1:1, glaub ich. Was meinst du, wer Deutscher Meister wird?" Tom schalt sich für selten dämlich, aber etwas besseres war ihm in diesem Moment nicht eingefallen.

„Ich hasse Fußball", sagte Marco schwach.

Immerhin bleibst du wach, dachte Tom und redete weiter auf Marco ein, redete übers Wetter, über den erblühenden Mai, über die Hoffnung auf einen tollen Sommer.

Wenige Minuten später übernahmen zwei Rettungssanitäter und ein Notarzt die Situation. Marco wurde ins Kreiskrankenhaus abtransportiert. Kurz darauf traf der Leiter der Jugendschutzstelle, Dr. Adalbert vom Stein, ein. Nachdem Sina und Tom ihn ins Bild gesetzt hatten, telefonierte er kurz mit der Klinik. Zu seinen Mitarbeitern sagte er dann: „Der Patient bleibt mindestens für eine Nacht zur Beobachtung auf der Intensivstation. Sie können also Feierabend machen. Soviel ich doch weiß, befindet sich heute sonst niemand in der Jugendschutzstelle?" Sina nickte bestätigend. „Vergessen Sie bitte nicht, die Ereignisse en Detail zu dokumentieren", ordnete er an. Dann verließ er die Station.

Tom atmete auf, als die Tür hinter seinem schnöseligen Chef zufiel. *Nicht ein klitzekleines nettes Wort,* dachte er und schaltete das Radio wieder an. Sina hatte es ausgestellt, nachdem sie den Rettungswagen geordert hatte. Sie wollte etwas sagen, doch Tom bedeutete ihr mit einer Handbewegung, still zu sein und drehte etwas lauter, als er Manni Breuckmanns Stimme hörte: „… was für ein Drehbuch heute Nachmittag – Oscarverdächtig. Sämtliche Dramatik, die wir brauchen und wollen im Fußball, die ist drin. Jetzt die Möglichkeit für Dede! Und Toooooooooor!"

„Jaaaaaaaaaaaaaaaaaaaaaaaaaaa!", schrie Tom und sein Jubel hallte durch das ganze Gebäude.

„Und Toooor für Borussia Dortmund", fuhr Breuckmann fort, „durch den gerade frisch eingewechselten Ewerthon in der 75. Minute! Jetzt geht hier die Post ab. 2:1 für den BVB. Ich hab noch ein bisschen Zweifel, ob er den Ball als Letzter berührt hat. Da war nämlich auch noch Jan Koller in der Nähe, aber ich glaube, er ist es gewesen. Das alles bahnte sich von der linken Seite an, Koller verlängerte, lief dann unter dem Ball her und die Kugel war schon im Netz, als Koller noch mal den Versuch machte, hinterher zu treten. Ewerthon, 75. Minute, 2:1 für Borussia Dortmund. Das wäre die sechste Deutsche Meisterschaft für die Schwarz-Gelben, aber Vorsicht: Es sind noch 15 Minuten zu spielen."

„Und was ist, wenn Bremen jetzt noch mal trifft?", fragte Sina.

„Mal den Teufel nicht an die Wand!", mahnte Tom, der es vor Nervosität nicht mehr aushielt. „Was ist? Machen wir die Biege? Ich meine, es gibt keinen Grund mehr, hier zu bleiben. Etwaige Anrufe werden auf mein Scall weitergeleitet", sagte Sina.

„Ich hör mir auf jeden Fall das Spiel bis zum Ende an", meinte Tom.

„Na, dann leide ich noch ein bisschen mit dir."

„Wieso leiden? Wir führen. Drück lieber die Daumen."

Sina schüttelte verständnislos den Kopf. „Wir? Schon klar", sagte sie lapidar.

In der Bundesliga-Konferenz ging es indes Schlag auf Schlag. Edgar Endres meldete sich aus München und verkündete den Anschlusstreffer für Rostock durch Hansen in der 82. Minute. Er hatte kaum zuende gesprochen, als Sabine Töpperwien ebenfalls ein 2:1 vermeldete. „Tor für Hertha durch ‚Paule' Beinlich in der 83. Minute!" „Tor in München!", rief erneut Edgar Endres dazwischen. „3:1 für den FC Bayern durch Giovane Elber!" Die Minuten verstrichen wie in Zeitlupe. Keine weiteren nennenswerte Ereignisse in Dortmund, Leverkusen oder München. Jetzt war Manni Breuckmann wieder auf Sendung:

„Hier sind es noch vier Minuten und ich denke an die Zeit von vor drei Wochen zurück. Da verloren die Dortmunder mit 0:1 auf dem ‚Betze' in Kaiserslautern. Fünf Punkte Abstand zu Bayer Leverkusen. Da war alles gegessen. Da stand im Kicker: ‚Bye, Bye, BVB – Auf Wiedersehen – Futsch Deutsche Meisterschaft'. Aber nein – Bayer Leverkusen verlor die Nerven. Borussia

Dortmund mit einem Punkt Vorsprung vor diesem 34. und entscheidenden Spieltag. Sie führen mit 2:1 und da kommt der Pass auf Ewerthon, der könnte der Matchwinner werden, geht allein auf den Keeper zu und setzt den Ball über das Tor. Oh nein, das musste doch nicht sein."

Tom atmete hörbar aus. Er stand auf. Er hielt es nicht mehr aus. Sina sagte nichts. Sie schmunzelte nur, während sie sich auf die Dokumentation konzentrierte. In der 90. Minute wurde noch ein Tor für Rostock vermeldet, doch ansonsten blieb der WDR im Westfalenstadion.

„... und Ballbesitz und Rückpass von Koller auf Reuter", schilderte Breuckmann, „Schiedsrichter Edgar Steinborn nimmt die Pfeife zum Mund und pfeift ab. Und das Spiel ist aus!"

In Toms Jubelschrei entlud sich all seine Spannung, all seine Freude. Sein BVB war wieder Deutscher Meister! Das war einfach unglaublich! Völlig aus dem Häuschen hüpfte er durchs Dienstzimmer und er beruhigte sich erst etwas, als sein Handy in der Hosentasche vibrierte.

„Hanno" entnahm er dem Display. „Bevaubeee nullneuheuheun!" meldete sich Tom siegestrunken und Hanno lachte am anderen Ende. Tom ahnte am lauten Stimmengewirr im Hintergrund, dass Hanno bei irgendeiner Party gelandet sein musste. „Wollte nur Bescheid sagen, dass wir dich vermissen", schrie Hanno in die Muschel. „Die Meisterfeier findet in den herrschaftlichen Hallen unseres Königs statt. Ich bin da gerade angekommen. Also mach dich auf den Weg!" „Alles klar ...", sagte Tom, als die Verbindung abrupt abbrach.

Er sah hinüber zu Sina. „Ab 20 Uhr ist die Nachtwache für die Rufbereitschaft zuständig, oder?" Sie hob den Blick von ihrer Akte.

„Ja. Wieso?"

„Dann werd ich Punkt acht Uhr die erste Flasche Bier öffnen. Wir feiern heute noch mal beim Bönk!"

„Grüß mir den Bönki mal ganz lieb", sagte Sina lächelnd und fügte hinzu: „Und die erste Flasche Bier kannst du gleich schon trinken. Falls wirklich noch ein Notfall kommt, stehe ich bereit und wuppe das schon. Zur Not funke ich den Chef an. Der kann sich ruhig auch mal die Finger schmutzig machen. Du hast es dir nach heute echt verdient. Das war saugute Arbeit."

Ab zum Bönk Bäng, Teil 2, freute sich Tom und erinnerte sich an die gestrige Party.

„Das Bönk Bäng gibt's jetzt schon seit fünf Jahren, immer dann, wenn Hans-Werners Eltern im Urlaub sind", hatte ihm Sören erklärt. Tom hatte ihn und seine Kumpels im „Engel" kennen gelernt, als sie – allesamt schon ziemlich auf Sendung – die *Superstars* zu einem Wohnzimmer-Konzert bei Hans-

Werner Bönkhausen überredeten. Eine Gage gäbe es zwar nicht, dafür aber Freibier. Die Band hatte zugesagt, weil ihr in ihrer Trophäensammlung definitiv noch ein Gig in einem Wohnzimmer fehlte.

Aktuell spielte sie so oft, dass es kaum noch mit den Berufen der Jungs vereinbar war. „Manchmal glaub ich's einfach nicht", hatte Hanno mal gesagt. Die unvollkommenen und völlig neu interpretierten Versionen ihrer großen Rock'n'Roll-Helden kamen einfach an. Oft entstanden aus ihren neu erdachten Coversongs so harte Rockbretter, dass *Motörhead* oder *Rose Tattoo* ihre helle Freude daran gehabt hätten.

Als Tom gegen 18 Uhr an diesem für den BVB historischen Samstag vor dem Haus Nummer 37 parkte, erblickte er eine riesige Dortmundfahne, die fast die gesamte Hausfassade überdeckte. Auf dem Weg zum Haus dröhnte ihm in maximaler Lautstärke „She" von *Green Day* entgegen und vor dem Haus standen um die zehn Leute, die laut mitgrölten. Irgendjemand drückte ihm sofort ein Bier, ein anderer einen Joint in die Hand und rief „Prost! Auf die Meisterschaft!"

Vier Monate später:

Sie waren einigermaßen erschöpft, als sie nach sechs Zugaben von einer Bühne in Bergstadt stolperten, aber sie waren glücklich. „Klassenziel erreicht! Laden gerockt!", freute sich der durchgeschwitzte Frank. Tom, ebenso klatschnass, ließ sich in einen der Sessel fallen. „War ein geiles Konzert heute", meinte er, noch etwas außer Atem. Hanno reichte ihm ein kaltes Bier.

„Ausverkauft. Ich fass es immer noch nicht", strahlte Mario und die Jungs prosteten sich zu. Da konnte ihnen auch das vierte Unentschieden ihrer Borussen im fünften Spiel dieser Saison, das 1:1 gegen Herne-West, die Stimmung nicht versauen.

„Ich geh' mal gucken, was noch so los ist", hatte sich Tom aus dem Backstageraum verabschiedet, nachdem er sich abgetrocknet und umgezogen hatte. Nach ein paar Small-Talks mit einigen Kumpels und Fans der Band gesellte sich ein großer, muskulöser Typ zu ihm, der ihm mit einem Glas Wasser in der Hand zuprostete. „Ich dachte, ich hätte eine Wahnvorstellung, als ich dich auf der Bühne gesehen habe", sagte der Typ augenzwinkernd. Tom schaute auf das Gesicht des Burschen.

„Marco …". Tom wollte noch mehr sagen, doch es gelang ihm nicht.

Marco lächelte freundlich. „Ich bin total froh, dass ich dich sehe", sagte er. „Ich hatte bis jetzt keine Gelegenheit, dir Danke zu sagen. Danke, dass du mir das Leben gerettet hast."

Bolus (2013)

Finale Champions League 2013
Samstag, 25. Mai 2013
Borussia Dortmund – FC Bayern München 1:2

Was für ein schöner Ausblick, dachte Tom und er meinte nicht nur den visuellen Eindruck, der sich ihm aus etwa fünf Metern Höhe bot. Die Sonne schien hell, der wolkenlose Himmel strahlte stahlblau. Er hatte sich eine kurze Auszeit vor seinem letzten Arbeitsgang genommen und genoss einen Moment lang die Zufriedenheit, die sich unter allen Beteiligten so langsam breitmachte. In den letzten fünf Tagen hatten etwa 40 Leuten aus dem altehrwürdigen Bauerngehöft die Kulisse für ein Rockfestival gezimmert. Morgen würden über 1000 Besucher zum „23. Scheunenfestival" kommen.

Links von Tom, in gut dreißig Metern Entfernung, erstreckte sich das Bauernhaus und davor eine riesige Open-Air-Bühne, deren Anlage soeben zum Leben erwachte. Die Soundleute checkten die Grundeinstellungen der P.A. mit *Manu Chaus* „Me gustas tu", was Tom sofort in noch bessere Laune versetzte. Gleichzeitig bastelten die Lichttechniker an ihrer Show, wobei das grelle Tageslicht den Zauber der Performance bei Dunkelheit nur erahnen ließ. Unter ihm, auf dem riesigen Innenhof, fegten und putzten seine Freunde, schraubten an den Getränke- und Würstchenbuden, trugen Kisten umher, fuhren sperrige Maschinen mit Gabelstaplern beiseite, verlegten Stromleitungen und brachten auf Weisung der Lichttechniker allerhand Strahler und Effekt-Lichter an Gebäuden und Bäumen an. Sobald die Sonne morgen unterging, würden die Strahler das gesamte Gehöft illuminieren und eine einzigartige Atmosphäre über das Gelände zaubern.

Kaum zu glauben, wie das hier alles begonnen hat, sinnierte Tom.

Genau genommen hatte es völlig chaotisch begonnen, ungeplant und unorganisiert. Geboren aus der Schnapsidee, ein Rockkonzert auf dem alten Hof zu veranstalten. 100 Leute waren damals gekommen und hatten mit den Bewohnern und der Band eine wilde Party gefeiert, die mit „Sex and Drugs and Rock'n'Roll" noch verniedlichend beschrieben worden wäre. Ein Jahr später waren 250 Menschen gekommen und dann immer mehr und jedes Jahr hatten die *Rock'n'Roll Junkies* neue Bands eingeladen, die sie kennengelernt hatten. Mit der für diese Größenverhältnisse mickrigen Soundanlage der Band und ein paar bunten Lampions hatte alles begonnen. Und mit nicht enden wollendem Sauerländer Landregen. Denkbar schlechte Voraussetzungen für ein Open-Air-Festival, dass es einmal werden wollte. Dass trotz schlechten Wetters jedes Jahr mehr Menschen kamen, schrieb Tom dem Verlangen der kulturell vernachlässigten Landbevölkerung nach neuem, frechem und schrillem rockmusikalischen Input zu.

Irgendwann war das Unternehmen etwas zu groß für eine kleine Independent-Rockband geworden und Mario hatte die geniale Idee gehabt, einen Verein zu gründen, der das Festival veranstaltete, weswegen ihn alle Präsi nannten. Morgen würden Bands aus ganz Europa spielen. *Alles independent, alles durch die Kraft der ganzen Verrückten, die hierbei mitmachen,* dachte Tom glücklich.

Er raffte sich wieder auf. Noch zwei Lichtstrahler waren an den Leiterhaken des Satteldaches anzubringen. Die nötigen Kabel hatte Tom schon verlegt. Er bewegte sich vorsichtig auf der Dachschräge und befestigte den ersten Strahler, der orangefarbenes Licht in eine Baumkrone gegenüber des Schuppens werfen sollte. Zufrieden prüfte er die Befestigung, ehe ihm sein Kumpel Buddel einen weiteren Scheinwerfer herauf reichte. Buddel stand auf einer Leiter und hielt ihm die Lichtkanne hin. „Mach mal voran, wir haben nicht ewig Zeit", frotzelte er. „Halt dich bloß geschlossen", sagte Tom lachend, „so wie du arbeitest, möchte ich gerne mal Urlaub machen." Dann rutschte er plötzlich aus und stürzte in die Tiefe.

Zur selben Zeit, nahe der Autobahnausfahrt Bergstadt, lehnte Frank gerade eine Leiter an einen Laternenmasten, während Mario mit einem Wegweiser für das Festival und zwei Drähten in der Hand hinter dem VW-Bulli hervor kam. „Noch drei Schilder, dann haben wir es", sagte er zu Frank, der nun die Leiter sicherte, auf die Mario stieg. In drei Metern Höhe brachte er den Wegweiser aus Sperrholz an. Als er den zweiten Draht an der Unterseite des Schildes befestigen wollte, fiel er ihm aus der Hand. Frank sah das, wollte den Draht aufheben, sagte noch „Moment" und stieß im selben Augenblick wuchtig mit dem Stahlgelenk seiner Prothese gegen die Aluleiter, die urplötzlich wegrutschte. Mario geriet aus dem Gleichgewicht und er wollte sich noch am Masten festhalten, doch es gelang ihm nicht. Immerhin bremste die Aktion seinen Flug ein wenig ab. Trotzdem landete er hart mit dem Rücken auf dem Asphalt. Sein Hinterkopf schlug auf dem Boden auf und er verlor augenblicklich das Bewusstsein.

„Scheiße!", schrie Frank und hechtete zu seinem Freund. Unter dessen Kopf hatte sich eine Blutlache gebildet. Frank reagierte sofort. Mit der rechten Hand tätschelte er das Gesicht seines Freundes, mit der linken zog er ein

Handy aus der Tasche und wählte die 1-1-2, während er immer wieder Marios Namen rief und ihn weiter tätschelte, bis dieser die Augen aufschlug und „Alls klar, alls klar" lallte. Frank setzte den Notruf ab und legte Mario dann in die stabile Seitenlage. „Bleib wach, Mario, bleib bei mir!", rief Frank immer wieder. „Wassn los? Ich bin müde", hauchte Mario wie in Trance. „Wachbleiben. Der Notarzt ist unterwegs. Bleib wach!" Es dauerte vier Minuten, bis der Rettungswagen eintraf und den Verletzten in das nur ein paar hundert Meter entfernte Kreiskrankenhaus von Bergstadt abtransportierte.

Drei Stunden später flog im Krankenhaus von Hammerschlag die Tür des Zimmers 134 auf und eine überaus freundliche Krankenschwester begrüßte Tom. „Was darf ich Ihnen zum Abendessen bringen?", fragte sie.

„Ich heiße Tom", sagte er zu der gutaussehenden jungen Frau, die er noch vor wenigen Tagen in der Schlange vor einer Supermarktkasse bewundert hatte. *Hammerschlag ist ein Dorf,* dachte er. „Ich hätte gern zwei Schnitten Brot mit Aufschnitt oder Käse und etwas zu trinken", sagte er leise. „Gerne", sagte sie und entschwand. *Ich lebe. Verdammt, ich lebe noch,* ging es Tom durch den Kopf. „Mann-oh-Mann", sagte die Krankenschwester, während sie die gewünschten Speisen auftrug, „da hast Du echt ganze Sachen gemacht." Tom grinste schief. Er setzte sich umständlich auf in seinem Bett und dabei durchdrang ihn wieder dieser fiese Schmerz.

Bevor sein Fuß vollständig verbunden worden war, hatte Tom ihn noch einmal sehen können, diesen Trümmerhaufen am anderen Ende seines Körpers, diesen dick geschwollenen Klumpen, über den die Ärztin bei der Computertomographie gesagt hatte: „Sieht so aus wie ein Zwieback, auf den jemand mehrmals draufgetreten ist." Weniger prosaisch ausgedrückt war seine Ferse in mehrere Teile gebrochen und das Sprunggelenk nicht mehr existent. „Gehen sie mal davon aus, dass sie mehrere Monate nicht werden laufen können. Wenn überhaupt", hatte die Ärztin gesagt. Es war für ihn ein schwacher Trost, dass alles noch viel schlimmer hätte kommen können. Um angesichts der Situation allerdings schockiert oder deprimiert zu sein, war er zu high und zu bedröhnt. Er aß seine Brote und schlief dann ein. Der Cocktail aus verschiedenen Schmerzmitteln hatte seine volle Wirkung entfaltet und trug Tom sanft in eine Zwischenwelt.

Als Mario die Augen aufschlug, erblickte er das Gesicht seiner Frau. Sie lächelte ihn milde an und streichelte ihm sanft über die Wange, statt etwas zu sagen. „Wo bin ich?", fragte Mario benommen. Er wollte sich aufrichten, doch sein Körper gehorchte ihm nicht. „Du bist im Krankenhaus in Bergstadt", sagte Susanne. „Bergstadt …", murmelte er tonlos. Seine Erinnerung meldete sich bruchstückhaft zurück – Frank, der Bulli, die Wegweiser. „Wir müssen noch die restlichen Schilder aufhängen", fiel es ihm wieder ein und diesmal gelang es ihm, seinen Oberkörper etwas zu bewegen und den Kopf zu heben. „Bleib liegen, Mario. Es ist alles schon passiert. Frank hat das erledigt." Mario erschlaffte wieder und augenblicklich meldeten sich diese höllischen Kopfschmerzen zurück. Er verzog das Gesicht und fasste sich an den Schädel. Doch statt seiner Haare ertastete er einen Verband. Er war irritiert.

„Kannst du dich erinnern, was passiert ist?"

„Ich bin von der Leiter gefallen, oder?" Mario war sich nicht ganz sicher.

„Ja, das bist du. Du bist auf den Hinterkopf geknallt. Du hast eine Platzwunde und wahrscheinlich eine ziemlich schwere Gehirnerschütterung."

„Das wird schon wieder. Ist auf dem Bauernhof alles klar? Steht die Anlage?"

„Alles bestens. Die Jungs haben alles vorbereitet. Wir sind startklar für morgen", beruhigte ihn Susanne.

„Wir wollten heute Abend noch mal eine *Superstars*-Probe mit Angus machen …", meinte Mario. Susanne wollte etwas sagen, doch Mario sprach weiter: „… aber das wird ja wohl nichts. Müssen wir eben morgen ins kalte Wasser springen, aber das kriegen wir schon hin. Sag bitte Tom, dass er das Programm ausdruckt, das wir letzte Woche besprochen und geprobt haben."

Nur mit Mühe gelang es Susanne, ihre Tränen zurückzuhalten. „Mario", sagte sie leise und beugte sich ganz nah zu ihm herunter, „du wirst morgen nicht auf der Bühne stehen können. Du brauchst jetzt absolute Ruhe. Deine Lage ist ernst. Es kann zu Einblutungen kommen, sagte mir der Arzt. Damit ist nicht zu spaßen. Du darfst noch nicht einmal aufstehen. Hörst du?" „Ich …", Mario begriff nur scheibchenweise, was Susanne da gerade gesagt hatte. Sie schüttelte nur ganz langsam den Kopf.

„Ach scheiße", sagte Mario nur und nun war er es, dem die Tränen kamen. Susanne schmiegte sich an ihn. „Es tut mir so leid", hauchte sie, „aber hier geht es jetzt nur um deine Gesundheit." Nach einer längeren Pause sprach sie weiter: „Malcom hat gesagt, dass er für dich einspringen wird. Er probt gerade mit Angus und Quick die Songs durch. Kurti ist auch dabei. Er übernimmt die Gesangsparts für Tom. Die Jungs meinten, dass sie das schon irgendwie hinkriegen."

Mario schaute sie fragend an. Er verstand nicht, was sie meinte.

„Tom ist heute Nachmittag vom Dach des Schuppens gestürzt. Er liegt auch im Krankenhaus." Mario sagte nichts. Er starrte sie mit weit aufgerissenen Augen an. „Es geht ihm soweit ganz gut, also den Umständen entsprechend, wie man so blöd daher sagt. Er hat sich den linken Fuß gebrochen.

Genaueres weiß ich noch nicht. Er wird keinesfalls morgen spielen können, hat mir Kurti erzählt."

Mario wusste nicht, was er dazu sagen sollte. „Gib mir mein Handy", meinte er dann. „Ich muss ihn sofort anrufen", sagte er unruhig. „Gib ihm doch bis morgen Zeit", beschwichtigte sie. „Tom wird schon schlafen. Der braucht die Ruhe jetzt genauso wie du." Mario schloss die Augen. Er musste das jetzt erst einmal verdauen. *Was für eine Scheiße*, dachte er, *was für eine riesengroße Scheiße*. Dann schlief er ein.

Es war noch sehr früh am Morgen, als Tom durch die Geräuschkulisse auf dem Krankenhausflur aufgeweckt wurde. Irgendwie schaffte er es, die Krankenschwester von der Lebensnotwendigkeit einer Zigarette zu überzeugen. Kopfschüttelnd befreite sie ihn von seiner Infusion, als diese durchgelaufen war, und besorgte ihm dann einen Rollstuhl. Mühsam gelang es ihm, vom Bett in den Rollstuhl zu kommen. Tom sehnte die erste Zigarette nach gefühlten 100 nikotinfreien Stunden herbei. In der Raucherecke, nahe des Eingangs, stand bereits ein einsamer Raucher. Tom drehte sich eine Kippe und genoss die ersten Züge. Es wurde ihm sogar etwas schwindelig, als er den Rauch tief einsog. *Gut, dass ich im Rollstuhl sitze*, dachte er.

„Du bist doch der Sänger von dieser Kapelle. Ich hab dich doch schon mal in der Zeitung gesehen", wurde er plötzlich von dem anderen Raucher, Ende 50, angesprochen. „Wat hasse?" *Hammerschlag – ein einziges Dorf*, dachte Tom. Er schaute aus seinem Rollstuhl auf zu dem schmerbäuchigen Schwergewicht, an dem ihm vor allem zwei riesige Ohren auffielen. Der Mann hätte gut und gerne einen Furcht erregenden Piraten in einem der „Fluch der Karibik"-Filme abgeben können. Tom stellte sich ein Totenkopftuch und riesige Kreolen an den Elefantenohren des Kolosses vor.

„Sprunggelenk und Ferse gebrochen", sagte Tom knapp.

„Oh, das ist echt Scheiße. Wat hasse gemacht?" „Von 'ner Leiter gefallen", erklärte Tom die offizielle Version des Unglücks einsilbig.

Als er sich tags zuvor auf dem Boden gewälzt hatte, in den Momenten, als der Rettungswagen bereits auf dem Weg zum Bauernhof war, als die Freunde ihm Wasser einflößten, ihm eine Jacke unter den Kopf schoben, und ihm auf Verlangen eine Zigarette gereicht hatten, hatte sich Kurti zu Tom heruntergebeugt. „Hör zu, Schlucke", hatte er mit eindringlichem Blick, ernstem Tonfall und Bezug auf den besten aller jemals gedrehten deutschen Filme, „Bang Boom Bang", gesagt: „Mag vielleicht der falsche Augenblick sein, aber hör mir genau zu: Du standest auf einer Leiter, die jemand gesichert hat. Dann bist

Du gefallen. Wer? Warum? Daran kannst du dich nicht mehr erinnern. So ist es passiert. Von der Leiter gefallen, die jemand gesichert hat, keine Erinnerung. Alles klar?" Tom hatte nur genickt. Er wusste, wie wichtig die erste Aussage in der Ambulanz sein würde. *Verdammte Scheiße*, hatte Tom gedacht. *Wir haben das früher hundert Mal gemacht. Und nie ist etwas passiert. Ich Idiot.*

„Kerlokiste Lodda, du siehst aber heute wieder scheiße aus." *Die Stimme aus dem Off*, dachte Tom und drehte sich in deren Richtung. Sie gehörte zu einer kleinen hageren Gestalt, die langsam auf sie zu schlurfte. Der verhärmt wirkende Mittsechziger war elend blass und steckte in einem bemitleidenswert abgewetzten und schlabbrigen Jogging-Anzug, der von etlichen Löchern geziert wurde.

„Gisbert, du alte Nebelkrähe. Ham' se dich auch mal wieder rausgelassen?", reagierte Lothar. Gisbert wollte lachen, doch stattdessen bekam er einen Hustenanfall, der nicht mehr enden wollte. Als er endlich wieder Luft bekam, rotzte er einen dicken Schleimklumpen in Richtung Straße. Dann steckte er sich eine Zigarette an. Sein ganzer Körper vibrierte.

„Die haben den Schuss nicht gehört", beschwerte sich Gisbert und räusperte sich dabei immer noch. „Jetzt ham' se mich heute nicht mal frühstücken lassen, weil ich morgen 'ne Darmspiegelung krieg. Darf stattdessen Abführmittel fressen", beschwerte er sich kopfschüttelnd. Das Wort „Abführmittel" hatte er dabei so deutlich betont, dass es eine erneute Hustenattacke auslöste.

„Bist doch nur sauer, dass du dir den Schnaps heute Abend klemmen musst", meinte Lothar und drückte langsam seine Zigarette aus.

„Ach halt doch die Schnauze", fauchte Gisbert zurück, lachte und hustete gleichzeitig.

Na toll!, dachte Tom, *anstatt jetzt beim Festival zu sein, heute Abend mit der geilsten Band der Welt zu spielen und mich danach mit meinen Freunden gepflegt zu begasen, häng ich in diesem Pissbunker rum und muss mir die Raucherecke mit Hammerschläger Originalen teilen.* Als er wieder allein war, dachte Tom an die Geschehnisse von gestern.

Er erinnerte sich an jede einzelne Sequenz seines Sturzes und an die Fahrt im Rettungswagen, bei der er die ganze Zeit damit beschäftigt gewesen, nicht ohnmächtig zu werden. Nach dem Röntgen schob man ihn in einem Krankenbett in ein Arztzimmer, wo er einen Schmerztropf bekam, der ihn minutenschnell glücklich gemachte hatte.

Kurti hatte Tom die ganze Zeit über beigestanden. Er hatte auch Buddel angerufen, der sich Toms Wohnungsschlüssel abgeholt hatte und mit einer eilends gepackten Sporttasche mit den nötigsten Klamotten und Hygieneartikeln zum Krankenhaus zurück gekehrt war. Tom hatte die ganze Zeit davon gesprochen, dass er morgen auf die Bühne müsse, dass sie ihm den Fuß eingipsen und still legen sollten und dass er nach dem Gig bereit sei, sich behandeln zu lassen. „Jetzt hör mal gut zu, du alte Zecke", hatte Kurti Klartext gesprochen. „Du gehst nirgendwo hin. Du bleibst hier und basta. Hast du dir das Röntgenbild mal angeguckt? Das sieht richtig übel aus. Du bleibst hier. Verstanden?" Nur ganz langsam war sich Tom des Ausmaßes der Katastrophe bewusst geworden.

„Ich kann beim besten Willen nicht die Verantwortung dafür übernehmen, sie gehen zu lassen", hatte der besonnene türkische Ambulanzarzt gesagt. Er zeigte Tom die Röntgenbilder, was dessen Widerstand augenblicklich gebrochen hatte. „Dann muss du meine Parts bei den *Superstars* singen", hatte Tom resignierend zu Kurti gesagt. „Mach dir jetzt mal darüber keinen Kopf. Das ist nun echt nicht mehr wichtig", hatte der geantwortet.

Die Melodie von *Metallicas* „Enter sandman", der Klingelton seines hoffnungslos veralteten Mobiltelefons, riss Tom aus seinen Gedanken. Er schaute kurz auf das Display. „Mario" stand da. „Hi Bruder", begrüßte Tom ihn, „sehe ich dich heute noch oder bist du zu sehr im Aufbaustress?"

„Schön wär's. Ich lieg im Krankenhaus."

Tom fand die Ironie seines Bruders in dieser Situation nicht angebracht.

„*Ich* liege im Krankenhaus, du Pfeife!"

„Tom – ich auch", sagte Mario gedämpft, aber bestimmt.

„Was?"

„Ich liege im Krankenhaus in Bergstadt. Bin gestern von der Leiter gesegelt und auf den Kopf aufgeschlagen. Schädel-Hirn-Trauma, schwere Gehirnerschütterung. Ich hab 'n Kopf wie 'n Rathaus und Kopfschmerzen, die stärker sind, als das Morphium, das ich bekomme."

Tom schwieg. Er schalt sich einen Idioten dafür, dass er seinem Bruder diese Ignoranz unterstellt hatte.

„Bist du noch dran Tom?"

„Ja. Ja, klar. Das gibt's doch nicht. Ich meine, wer denkt sich denn so ein Drehbuch aus? Das tut mir so leid für dich. Scheiße ..." Tom musste sich erst einmal sammeln.

„Wie geht es dir denn überhaupt?", fragte Mario.

„Beschissen, um ehrlich zu sein. Keiner kann mir sagen, ob ich den Fuß überhaupt wieder bewegen kann."

„Oh nein", stöhnte Mario. Diese Nachricht musste er nun erst einmal verdauen.

Nach einer Weile fragte Tom: „Haben sie dir gesagt, wann du wieder raus kannst?"

„Etwa nach einer Woche, wenn alles glatt läuft", schilderte Mario.

„Ich weiß immer noch nicht, was ich sagen soll", sagte Tom.

„Bleibt uns ja wohl nicht viel anderes übrig, als allen die Daumen zu drücken, dass es heute rund läuft, oder?"

„Du sagst es", meinte Tom. „Kurti wird wohl für mich einspringen. Ich hoffe, die *Superstars* biegen das irgendwie hin."

„Das werden sie", war sich Mario sicher.

Direkt gegenüber von Tom stieg jetzt ganz langsam die Sonne über eine Bergkuppe und blendete ihn mit gleißendem Licht. „Besseres Wetter hätten wir uns jedenfalls fürs Open-Air nicht wünschen können", sagte er. Die Brüder verabschiedeten sich alsbald und verabredeten sich, am nächsten Tag zu telefonieren.

Einige Augenblicke später erkannte Tom die Silhouette eines Mannes, der sich im gleißenden Sonnenlicht beschwingt auf ihn zubewegte. Es war Angus, sein schottischer Freund, der schon seit ein paar Tagen Gast in Toms Wohnung war. Sein Auftritt im Sonnenlicht hatte etwas Magisches, besonders jetzt, wo er die Arme ausbreitete und „Tom!" rief. *Angus hatte schon immer ein Gespür für das richtige Timing*, dachte Tom. „Was maakst du für eine Seisssse, my friend?", begrüßte Angus ihn. „Es heißt Scheiße", korrigierte Tom ihn.

„For fucks sake!" meinte Angus und umarmte den tragischen Helden in seinem Rollstuhl. Sie sprachen über den Unfall und wie das hatte passieren können, darüber, dass alle froh seien, dass nicht etwas viel Schlimmeres passiert sei, über Marios Missgeschick und darüber, dass beim Festival alles wie geplant ablief. „Maak dir keine Sorgen", radebrechte Angus, „uir maaken das … I mean – it's a fucking situation, but we'll do our very best." Tom schmunzelte. Typisch Angus. Der würde auch noch zwei Minuten vor dem drohenden Armageddon optimistisch sein und Pläne für den nächsten Tag schmieden. Tom dachte an all die gemeinsam verbrachten Zeiten mit Angus. Siebzehn Jahre zuvor hatten sie sich erstmals getroffen, Angus, Musiklehrer an einem College in Glasgow und Tom, der frisch gebackene Sozialarbeiter, der sich nach dem Studium eine Reise nach Schottland gegönnt hatte. Irgendwann war es ihm in seinem Job als Drucker zu langweilig geworden und Tom hatte sich dazu entschieden, doch noch zu studieren. Er hatte es selbst finanziert durch Aushilfsjobs in der Druckerei und war in Rekordzeit durch die Uni gerauscht.

Rückblende: Glasgow, Mitte der 90er, an der Theke der Horseshoe-Bar.

„You're not from here, aren't you?", hatte Angus den jungen Rucksacktouristen freundlich und im fettesten Glasgow-Akzent angesprochen. „I'm from Germany", hatte der geantwortet und nach einer kurzen Pause verschwörerisch und mit theatralischer Geste hinzugefügt: „But don't mention the war." Angus war in lautes Gelächter ausgebrochen und hatte das John Cleese-Zitat aus der „Fawlty Towers"-Folge „The Germans" vollendet: „I mentioned it once and I think I got away with it all right." Mit viel Gelächter, einigen leckeren Single Malts und einer spontanen Übernachtung Toms bei Angus' Familie hatte eine Männer-Freundschaft begonnen, auf deren Schultern in den folgenden Jahren ein deutsch-schottischer Bandaustausch gewachsen war.

Irgendwann in diesen Jahren hatten die Freunde den Entschluss gefasst, ein Mal im Jahr eine Band zusammen zu bringen, die gute Musiker, die bei ihrem Festival gespielt hatten, vereinen sollte, „eine Band, die wie ein Gewitter über den Platz fegt und die das Festival rockt wie Sau", wie Mario es aus gedrückt hatte.

Seit ein paar Jahren gab es nun diese Band, deren Kern aus sechs bis acht Musikern aus Deutschland und Schottland bestand. Natürlich war Frank dabei und auch Mario. Die beiden bildeten eine unnachgiebige Rhythmusmaschine aus Drums und Bass. Sven hatte nichts Besseres zu tun und wieder Bock auf Rock'n'Roll. Er freute sich, wieder dabei sein zu können. Und als Hanno drei Jahre zuvor nach Australien ausgewandert war und sich damit einen Lebenstraum erfüllt hatte, war Quick als weiterer Gitarrist bei den *Superstars* eingestiegen. Quick hieß eigentlich Andreas Herder. Den Spitznamen hatte Tom ihm verpasst, als sich Andreas – damals als Soundtechniker mit den *Superstars* unterwegs – in irgendeinem Backstage-Raum Hannos Goldtop gegriffen und gedankenversunken Passagen aus dem *Maiden*-Song „Be Quick or be dead" dermaßen virtuos herunter gespielt hatte, dass die anderen im Raum vor Ehrfurcht geschwiegen hatten.

Tom sang in der Band und teilte sich den Job mit Kurti. Sie hatten den Bandnamen ihrer alten Coverband übernommen und trafen sich ein Mal pro Jahr zu einer Probe in Hammerschlag. Angus, der sich in den 80ern seine Brötchen als Session-Keyboarder verdient hatte, brachte dann immer seine tonnenschwere Hammond-Orgel mit. Die Proben wurden jeweils aufgenommen und die mp3-Files – der digitalen Revolution sei Dank – allen Bandmitgliedern zugeschickt. So konnten sie alle jederzeit all die Songs üben, die sie einstudiert hatten, die Nummern von *Otis Redding, Lynyrd Skynyrd, Rory Gallagher, Thin Lizzy* und *Talking Heads*, von *Alex Harvey, Bad Religion, Midnight Oil, Led Zepplin* und *Pink Floyd*.

Tom dachte an die Probe, die sie vor ein paar Tagen gehabt hatten. Er dachte an den Mördersound im Probraum und daran, wie viel Spaß es gemacht hatte.

Er dachte an das breite Grinsen seines Bruders, als er beim Gitarrensolo von *Deep Purples* „Lazy" den Bass voran gepeitscht hatte, als gäbe es kein Morgen. Das alles hatte so gut, so tight und so groovy geklungen und dann schossen ihm wieder die Bilder seines Unfalls in den Kopf – das Dach, der Moment des Abgangs, der zertrümmerte Fuß.

„Does the gig work without us? What do you think?", fragte Tom seinen schottischen Feund. „Who's the music-teacher? Show must go on", meinte Angus mit einer Selbstverständlichkeit, die keinen Zweifel zuließ.

Tom blieb in seinem Rollstuhl vor dem Krankenhaus stehen und sah seinem Freund nach. Er fühlte sich verloren und drehte sich eine weitere Zigarette. Doch ehe die Traurigkeit ihren bedrohlichen Würgegriff ansetzen konnte, sah er eine kleine Gestalt vom Parkplatz her in seine Richtung laufen. Augenblicklich ging für Tom erneut die Sonne auf, denn sein Sohn rannte ihm entgegen und rief ganz laut: „Papa!"

Papa – Tom hatte es sich früher nie vorstellen können, ein Papa zu sein. All die Jahre, in denen er mit seinen verschiedenen Bands unterwegs gewesen war, hatte er nicht im Erntferntesten daran gedacht, eine Familie zu gründen. Bis …, ja, bis Andrea plötzlich vor ihm gestanden und sein Leben innerhalb kürzester Zeit auf links gekrempelt hatte.

Das war heute fast auf den Tag genau acht Jahre her. Sie waren sich beim „Scheunenfest 2005" begegnet, hatten geflirtet, was das Zeug hielt und sich danach immer öfter getroffen. Schließlich zog er bei ihr ein. Blitzartig jagten Erinnerungen an seinem inneren Auge vorbei: Ihre Verliebtheit, ihre intimen und vertrauten Momente, die Geborgenheit in der täglichen Routine. Kurz flackerten in seinem Gedächtnis Bilder von ihrer Hochzeit auf und dann die Rückblenden in ihre ständigen Streits.

Es war immer schlimmer geworden und nach nur vier Ehejahren hatte sie ihm die Koffer vor die Tür gestellt. „Werd endlich erwachsen!", hatte sie ihm hinterher geschrieen. *Niemals!*, hatte Tom trotzig gedacht. Zwei Wochen lang hatte er sich mit Rotwein und *Dead Moon*, Whiskey und *Rage against the machine* betäubt. Dann hatte er wieder in die Spur gefunden. Immerhin hatten Andrea und Tom es geschafft, die Trennung für ihr kleines Menschenkind so erträglich wie möglich zu gestalten.

Sein Junge lief mit offenen Armen auf den im Rollstuhl sitzenden Papa zu und schmiegte sich fest an Tom. Sie drückten sich eine Ewigkeit. „Papa", flüsterte der Kleine. „Mein Schatz", flüsterte Tom. *Du hast meine kleine Welt so völlig auf den Kopf gestellt*, dachte Tom in diesem Augenblick. Der Junge war das größte Glück seines Lebens. Er sah ihn so oft es ging und die beiden liebten sich innig. Nie würde Tom die schönsten Momente seines Lebens vergessen, die Momente, in denen sein Sohn das Licht der Welt erblickte und Tom die Nabelschnur durchtrennen und den klitzekleinen Säugling waschen durfte. Diese Momente hatten Tom für immer verändert und die Koordinaten seines eigenen Lebens grundlegend verschoben. Tom nahm sich selbst nun weniger wichtig. Er fühlte sich mehr als reich beschenkt, als das Baby ihn anstrahlte, als der Kleine seine ersten Laute brabbelte, als er das erste Mal in seine Arme lief oder mehr als fünf Meter am Stück unfallfrei auf seinem Laufrad fuhr. Und heute? Heute spielte der Kleine bei den Mini-Kickern und nach den Sommerferien würde er eingeschult werden. Wenn er das Gefühl zu seinem Sohn hätte beschreiben sollen, dann wäre Tom nicht viel mehr dazu eingefallen, als zu sagen: „Ich würde ohne darüber nachzudenken für ihn sterben."

„Tut dein Fuß noch weh?", fragte der Kleine.

„Nein, gar nicht mehr, aber Fußball spielen können wir jetzt erst mal nicht mehr", sagte Tom, der Andrea erst jetzt wahrnahm. Sie stand direkt vor Vater und Sohn und schaute Tom bedauernd an. „Kann ich irgendetwas für dich tun?", fragte sie. „Das ist lieb von dir, aber im Moment ist alles okay. Du könntest mir die Hand auflegen und mich gesund machen. Dann könnte ich schnell noch zum Festival."

Sie lächelte.

„Zeigst du mir dein Zimmer, Papa?", fragte der Kleine.

„Na klar, Großer. Da geht's lang", sagte Tom und deutete zum Eingang.

„Okay – ich schiebe dich", meinte sein Sohn und seine Mama half ihm dabei.

Fast alle Bandmitglieder und viele Freunde ließen sich an diesem Tag in den verschiedenen Krankenhäusern blicken und besuchten die Weber-Brüder, bevor sie zum „Scheunenfestival" aufbrachen. Irgendwann gegen 15 Uhr, dem offiziellen Beginn des Festivals, schickte Mario eine SMS an Tom: *„Hey ho – let's go!"*

„Ready to rumble!", schickte Tom zuruck.

Mario las es und fiel in einen leichten Schlaf. Gegen 17 Uhr rief Susanne bei Mario an, offensichtlich sehr gestresst, aber überglücklich: „Wir haben gerade das 1000. Ticket verkauft", schrie sie gegen den Geräuschpegel an. Mario grinste nur, reckte seine Faust in die Luft und schlummerte dann wieder ein.

Als Tom am frühen Abend zum Rauchen rollte, wurde er vor dem Eingang von Piraten-Lothar begrüßt, der in diesem Moment von seiner Belagerung eines ebenfalls rollstuhlfahrenden Schalke-Fans absah. „Falsches Trikot", meinte Tom. „Zecke?", fragte der verächtlich. „Ein Leben lang – keine Schale in der Hand", sang Tom leise, was der Schalker – offensichtlich hatte er Humor – mit einem Grinsen quittierte.

„Dat geht ja noch. Ich meine wenigstens Schalke und nicht Bayern. Hier springt auch so ein Bayern-Fuzzi rum. Der geht gar nicht", mischte sich Lothar ein und just in diesem Moment gesellte sich der Teufel, von dem er gesprochen hatte, zu ihnen – Anfang 30, ohne jegliche Körperspannung, untersetzt, ausdrucksloses Gesicht, wirre schwarze Haare und Träger des roten Trikots mit dem großen „T" darauf. *Ein Verlierer-Typ*, dachte Tom, *deswegen ist er Bayern-Fan geworden. Damit er was zum Angeben hat.* Im nächsten Moment entschuldigte er sich innerlich für so einen Gedanken. Er kannte den Typen ja nicht einmal. *Für solche Gedanken werd ich bestimmt für Ewigkeiten in der Hölle schmoren,* dachte Tom.

„Wer geht gar nicht?", mischte sich der für sein Alter viel zu jünglich wirkende Rottrikotträger ein. „Na du mit deinen Scheiß Bayern", sagte Lothar unumwunden. So langsam wurde er Tom sympathischer. „Na, na, na", versuchte das Jüngelchen oberlehrerhaft und witzig zugleich zu wirken, was ihm allerdings gründlich misslang. Stattdessen nahm sein Gesicht langsam die Farbe seines Trikots an.

„Zieh sofort dat Trikot aus oder es setzt Ohrlaschen, Bursche!" Gisberts Stimme ging zunächst in ein krächzendes Lachen und dann in ein Husten über, bevor er sich eine Zigarette ansteckte. Seine Jogginghose hing auf halb acht, als er heran schlurfte.

„Uns bleibt auch nichts erspart", sagte der Schalke-Fan leise zu Tom. Als Bayern-Burschi etwas sagen wollte, schnitt ihm Gisbert direkt das Wort ab: „Wenn ihr dat Finale gewinnt, darfse dat Trikot meinetwegen einen Tach danach tragen, sonst will ich dat hier nicht mehr sehen." Tom war sich nicht sicher, ob Gisbert das wirklich ernst gemeint hatte und musste sich lachend abwenden, als der beklagenswerte Außenseiter sich mit einem mädchenhaften „… ist doch meine Sache", zu verteidigen versuchte.

Das Finale! Tom und Mario hatten bereits alles geplant für das Champions-League-Endspiel. Sie hatten alle Freunde eingeladen, das Spiel bei sich zuhause im Garten auf einer großen Leinwand zu gucken. Das Bier war schon bestellt. *Ich werde es mir Knicken können, wenn ich nicht bald operiert werde,* dachte er. Er ahnte, dass er seine Pläne für das Endspiel würde begraben können. *Werde ich je wieder laufen können?*

Das Festival lief indes und es hätte nicht besser nicht laufen können. Die *Superstars* und alle anderen Bands hatten das Gelände samt über eintausendköpfiger Zuschauerschar grandios gerockt. Das Bier war in Strömen geflossen und erst gegen halb fünf Uhr morgens hatten Marios Frau Susanne und ein paar übrig gebliebene Helfer die letzten Gäste verabschiedet. Tom und Mario hörten sich von ihren Freunden und Bandkollegen die Erzählungen an und wussten nun, dass sie ein wunderbares Fest verpasst hatten. Immerhin bekam Tom Besuch von Angus und Quick. Auf der Dachterrasse des Krankenhauscafés gönnten sie sich ein paar Flaschen Bier, wobei Tom die Warnungen der Krankenschwestern ob der Unverträglichkeit von Alkohol und der schwerwiegenden Medikation in den Wind schlug.

Noch am selben Abend ging es Mario plötzlich ganz übel. Er klagte über extrem starke Schmerzen und verständigte eine Schwester. Diese rief sofort den Arzt und der sorgte dafür, dass Mario nach einer Computertomographie und der vorläufigen Diagnose einer Einblutung ins Hirn sofort in eine Spezialklinik ausgeflogen wurde. Susanne informierte Tom und der weinte und hoffte. Er begann zu beten für seinen Bruder. Er versuchte sich einzureden, dass vielleicht doch nicht alles so schlimm sei. Er wusste nicht, was er tun sollte und wünschte sich, es hätte ihn getroffen. In seine tiefe Verzweiflung, die ihn ohnehin nicht hatte schlafen lassen, bellte kurz nach Mitternacht das „Enter Sandman"-Riff. Augenblicklich hatte Tom sein Handy am Ohr.

„Susanne hier. Hi Tom."

„Was ist mit Mario?"

„Alles bestens, kein Grund zur Sorge."

„Wirklich?"

„Ja. Er liegt hier auf der Intensivstation und wird permanent überwacht. Diese Einblutung war minimal und sei völlig normal, wie die Ärzte sagen. Er wird nichts davon über behalten. Sie haben ihn ruhig gestellt, aber ich denke – das jedenfalls sagen die Ärzte hier – dass er morgen wieder ganz normal ansprechbar ist. Hörst du? Es ist alles gut. Er kommt wieder hin."

„Danke, dass du angerufen hast", hauchte Tom ins Telefon.

Zwei Tage später meldete sich Mario bei Tom.

„Wie geht es dir, mein Lieber?"

„Soweit alles gut", sagte Mario.

„Du hast mir einen solchen Schrecken eingejagt. Ich dachte …"

„… ich auch."

Sie schwiegen längere Zeit. Mario durchbrach es: „Na ja. Ich kann wohl nächste Woche nach Hause. Ich habe immer noch diese fiesen Kopfschmerzen, aber das wird schon. Einer der Krankenpfleger ist übrigens Gitarrist. Der hat in den Anfangszeiten des Festivals mal mit seiner Band bei uns gespielt. Witzig, nicht?"

„Zufälle gibt's …"

„Ja, echt lustig. Jedenfalls besorgt er mir Bier fürs Finale."

„Cool. Bekommst du denn keine Medikamente mehr?"

„Doch, kann ich sogar selber steuern. Bolus."

„Bolus?"

„Bolus ist latainisch und bedeutet ‚Schuss'."

„Klugscheißer", lachte Tom. „Schuss was?"

„Schuss Morphium. Macht schöne Träume."

„Ich bin froh, dass ich davon wieder runter bin. Das war mir alles zu rosarot. Aber sag mal, kannst du denn das Spiel überhaupt gucken auf der Intensiv?"

„Bin gerade auf die normale Station verlegt worden. Wie ist es bei dir?"

„Unverändert schlecht. Fuß dick, Langeweile und noch immer kein OP-Termin. Na ja und ich habe einen neuen Zimmerkollegen. Nicht auszuhalten der Typ. Stinkt und schnarcht und ist Werder-Fan. Das sagt ja wohl alles", meinte Tom und grinste zu Peter hinüber, der tags zuvor am Knie operiert worden war. Sie hatten sich auf Anhieb gut verstanden.

Tom schaltete den Lautsprecher des Handys ein.

„Ist er grün und stinkt nach Fisch?", fragte Mario.

„Vorsicht!", rief Peter. „Sonst lasse ich deinen Bruder beim nächsten Rauchen in seinem Rolli bei Gisbert, Lothar und dem Bayern-Bübchen stehen."

„Hä?", fragte Mario.

„Ist 'n Insider über die nette Gesellschaft in der Raucherecke, aber du hast nichts verpasst. Bis auf Gisbert." „Wer ist das?" „Ein alter Mann, der mir richtig leid tut. Gestern haben sie ihm mitgeteilt, dass sein ganzer Körper voller Metastasen ist. Da erscheint dir dann das eigene Schicksal plötzlich als lächerlicher Kindergeburtstag."

„Oh Mann."

„Er trägt es mit einer Fassung, die mir jeglichen Respekt abringt. Mault rum, macht blöde Witze und benimmt sich wie eine offene Hose. Jedenfalls lässt er es nicht blicken, wie niederschmetternd seine Situation ist, und er jammert überhaupt nicht dabei. Ganz im Gegensatz zu so einem Würstchen von Bayern-Fan, das dir wegen jeder kleinen Blutentnahme einen vorheult. Schon allein wegen dieses Burschen darf Borussia nicht verlieren."

„Hast du auch gelesen, dass Götze nicht spielen wird?", fragte Mario.

„Ja. Ist wahrscheinlich auch besser so. Ich glaube ja fast, dass Kloppo ihn extra nicht aufstellt." Tom war sauer gewesen, als bekannt geworden war, dass Borussias Jahrhunderttalent ausgerechnet zu Bayern München wechseln würde. Öffentlich geworden war der Wechsel einen Tag vor Dortmunds grandiosem Halbfinalspiel gegen Real Madrid. Tom fand es ja legitim, dass Spieler den Verein wechselten. Von Mario Götze allerdings war er enttäuscht. Schließlich hatte der sich noch wenige Wochen zuvor öffentlich zu seiner Treue zum BVB bekannt. *Was für'n Charakter muss man haben, um so verdorben zu sein*, dachte Tom an die Textzeile des Bayern-Songs der *Toten Hosen*.

„Kann sein. Was tippst du?", fragte Mario.

„Weiß nicht. Ich hab die Befürchtung, dass die Kraft nicht reicht. Ich glaube, Bayern macht das." „Du solltest dich mal reden hören. Wir sahen schon bei der Auslosung gegen Real chancenlos aus und dann? 4:1!"

Tom dachte an das legendäre Halbfinalspiel. Er hatte sich gefühlt wie in einem Traum. Borussia hatte die favorisierten Spanier mit einer sensationellen Leistung aus dem Stadion gefegt. Dem Tempofußball und der konsequenten Linie aus stringenter Verteidigung, dem Willen zur Balleroberung und maximal schnellem Umschaltspiel war Real nicht gewachsen. Und dann war es noch ausgerechnet einer dieser Tage, an dem einem Spieler alles gelingt, was er tut und für alle Ewigkeiten zum Helden wird: Robert Lewandowski. Ausgerechnet der Mann, den sie noch ein Jahr zuvor in Dortmund als Chancentod verhöhnt hatten. Alle vier Tore schoss er in diesem denkwürdigen Spiel und Mario hatte das Spektakel von den besten Tribünenplätzen aus verfolgen dürfen. Matthi war irgendwie an VIP-Karten für das Spiel gekommen und hatte Mario mitgenommen, wofür Tom seinen Bruder bis an sein Lebensende beneiden würde.

„Okay, okay", lenkte Tom ein, „mir wär's nur recht, wenn sie die Bayern weghauen. Aber ehrlich gesagt: Das wird richtig, richtig schwer."

„Du hörst dich fast schon so an wie Jürgen Klopp, mein Bruder. Bevor ich's vergesse. Meld dich mal bei Malcom."

„Wieso?"

„Ganz irre Geschichte. Liegt auch im Krankenhaus. In Lauendorf."

„Was?", fragte Tom ungläubig.

„Hat einen Halswirbel angebrochen. Soll aber nicht so schlimm sein. Ist passiert auf einer Autofahrt mit Matthi. Dem ist – Gott-sei-dank – gar nichts passiert. Lass dir das von Malcom erzählen. Du lachst dich schlapp."

Tom freute sich sehr, dass es Mario wieder besser ging. Als sie sich verabschiedet hatten, strahlte er über das ganze Gesicht. „Deinem Bruder scheint es besser zu gehen", sagte Peter und Tom, der ihm heute früh die ganze Geschichte erzählt hatte, nickte. „Es ist ein gutes Gefühl zu wissen, dass er wieder der Alte ist."

Malcom Wallace war Toms bester Freund. Sie hatten ein paar Jahre in einer WG zusammen gelebt. Malcom stammte aus Glasgow. Eigentlich stammte er aus Dunoon, aber er war mit 18 Jahren nach Glasgow gezogen und Tom hatte ihn durch den Bandaustausch kennengelernt.

Sehr schnell hatten beide festgestellt, dass sie Seelenverwandte sein mussten. Nachdem sie sich kennengelernt hatten, zogen sie in Glasgow tage- und nächtelang durch die Pubs und Clubs. Dann begannen sie, sich regelmäßig gegenseitig zu besuchen. Im Sauerländer Sommer zeigte Tom ihm die schönsten Stellen in den Bergen und an den Talsperren des Sauerlandes und nahm ihn mit zu Festivals. Malcom hatte ihm die Highlands und die historisch bedeutsamen Orte in Schottland gezeigt und sie hatten nächtelang über Fußball, Politik, Geschichte, Religion, Rock'n'Roll und das Leben im Allgemeinen philosophiert. Eines Tages hatte Malcom dann unangekündigt vor Toms Haustür gestanden und war dann für immer geblieben. Sein Fußballherz schlug für Celtic und für den BVB.

Tom rief ihn an.

„Tom, alter Schwede!", begrüßte Malcom ihn herzlich.

„Was machst du denn für Sachen?"

Malcom erzählte von seiner Unfallfahrt mit Matthi:

„Es war der Tag nach dem Festival. Matthi sagt: ‚Komm steig ein, ich fahr dich nach Hause'. Hab nicht mitgekriegt, wie voll der noch war, weil ich selbst noch total angeschickert war. Ich noch so: ‚Ja, selbst fahr ich keinen Meter mehr.' Und Matthi so im Spass: ‚Ich fahre, dann können wir alle saufen!' Jedenfalls erzählt Matthi noch ganz stolz von seinem neuen Auto – nagelneuer Astra, von seinem Opa geerbt. Wir also unterwegs zu mir. Kurz vor Zuhause. Dann die kleine Kreuzung Rosenstraße/Tulpenweg."

Tom hatte die Straße in Lauendorf, die Malcom beschrieb, genau vor Augen.

„Matti reißt im letzten Augenblick, das Steuer rum. Okay – er hätte die Karre auch nicht mehr unter Kontrolle gekriegt, wenn er nüchtern gewesen wäre. War ja am Schütten wie aus Kübeln und Matthi hatte einfach zu viel Tempo drauf. Ich seh das Haus immer schneller auf mich zurasen. Ich weiß noch, dass ich dachte: *Ist doch kein Wunder, dass die Besoffenen die meisten Unfälle bauen, wenn sie es nicht üben dürfen, besoffen zu fahren.* Also, Matthi hätte sich ja auch einfach etwas eher dazu entscheiden können, links, anstatt rechts zu fahren. So aber scheuern wir mitten in der Nacht mit Vollgas in das Wohnhaus auf der Ecke. Bääääm! Die komplette Front total zerstört. Also beide Fronten. Die Autofront und die Hausfassade. Die war mit so Eternit-Platten verklinkert. Das gab einen Rumms, sag ich dir."

Tom konnte sich die Szene lebhaft vorstellen. Die Bewohner des Hauses müssen gedacht haben, dass der „Krieg gegen den Terror" nun auch im sauerländischen Lauendorf angekommen sei und die Amis eine ihrer Todesdrohnen losgeschickt hätten.

„Matthi so: ‚Scheiße, weg hier!'", sprach Malcom weiter, „er versucht den Schrotthaufen zu starten, aber das Biest will nicht und stottert völlig krank vor sich hin. Ich dann: ‚Matthi! Ey – Matthi! Hör auf! Die Leute.' Da hatten sich schon ein paar Gestalten vor dem Haus versammelt, völlig verstört in Schlafanzügen, Bademänteln und Pantoffeln. Ich glaube, es war eine italienische Familie. Jedenfalls war alles hell erleuchtet, weil komischerweise noch ein Scheinwerfer ging. Franz Kafka hätte seinen Spaß an der Szene gehabt.

Und dann Matthi. Guckt mich an, nickt und startet die Show des Jahrhunderts. Matthi, bleich wie eine Wand, steigt aus, hebt die Hände beschwichtigend und ich kurbel erst mal das Fenster runter, weil ich mitkriegen will, was da abgeht. Hab den Wirbelbruch erst gar nicht gemerkt. Das kam viel später mit Kopfschmerzen und den Hals-nicht-mehr-bewegen-können. Egal. Ich sehe Matthi auf die Leute zugehen und denke: *Der ist wie ein Politiker, der dem Volk bei einer Steuererhöhung suggeriert, dass es im Prinzip ja doch mehr Geld als vorher in der Tasche behält.* Nicht zu fassen, wie er die Leute einwickelte. Matthi zu den Leuten: ‚Schon gut, kein Grund zur Panik, ist ja eigentlich überhaupt nichts passiert. Ich verstehe Ihre Aufregung, aber Sie können jetzt eigentlich wieder schlafen gehen. Sehen sie, es ist doch nur eine Bagatelle.' *Stimmt*, dachte ich, *bei einem Schaden von grob 30.000 Euro ....* ‚Polizei?', hör ich Matti sagen. ‚Um Gottes willen', sagt er in so einem gönnerhaftem Ton, ‚wir wollen doch nicht die Beamten mit einer solchen Lappalie die Nacht versauen. Verzeihen Sie den Ausdruck. Nein, ich weiß etwas Besseres …' Und dann zieht er auf Stichwort einen Kugelschreiber und einen Notizblock aus der Jackentasche. Keine Ahnung, wo er das her hatte. Kritzelt seinen Namen und Adresse drauf und reicht ihm einem der Hausbewohner. Er sagt noch: ‚Dort können sie mich morgen ab 11 Uhr erreichen. Einen guten Abend noch und entschuldigen sie bitte die Störung.'

ENTSCHULDIGEN SIE BITTE DIE STÖRUNG! Das muss man sich mal vorstellen! Ich dachte, ich hör nicht richtig und musste mich total zusammenreißen, nicht laut loszulachen. Ich wäre fast geplatzt und hab mir in die Jacke gebissen. Ich dachte die ganze Zeit: *Matthi ist cooler als Basil Fawlty.*

Matthi kommt also zurück ins Auto, setzt sich hinters Steuer und ich hab gebetet, dass der Schrotthaufen anspringt. Ich winke noch aus dem Fenster und sage: ‚Jo – Tschühüß.'

Die verdutzten Italiener in ihren modischen Schlafanzügen sahen aus wie betrogene Spieler, die es noch gar begriffen hatten, dass man sie um eine Millionen beschissen hatte. Matthi versucht, den Wagen zu starten und der springt tatsächlich an. Er lächelt noch so promimäßig in ihre Richtung und setzt erst mal zurück, wobei er noch ein paar von den Eternit-Platten mitreißt. Ganz Staatsmann winkt Matti noch, als wir mit Tempo 10 – mehr gibt der Astra nicht mehr her – losschreddern. Wir beide voll am Zittern und dann haben wir uns ausgeschüttet vor Lachen. Matthi sagt noch: ‚Wie kann man auch Häuser in solche Kurven bauen?'"

Tom lachte. „Unfassbar!", rief er aus. „Keinen Ärger mit den Bullen?"

„Das war dann der nächste Hammer. Ich sag: ‚Matthi, jetzt pennst du bei mir und wir trinken erst mal noch 'n Bier auf den Schreck.' Wir sitzen also bei mir in der Küche, auf einmal schellt es. Die Bullen!"

„Wieso bei dir? Die hatten doch gar nicht deine Adresse."

„Nee, aber die Ölspur, der sie folgen konnten. Bis vor die Haustür."

Gelächter.

„Matthi und ich geben sofort alles zu, sind ganz kleinlaut. Die Bullen immer so: ‚Das wird teuer.' Dann Alkoholtest. Matthi macht sich schon auf das Schlimmste gefasst und das Gerät zeigt 0,0 Promille an."

Gelächter.

„Dann: Zweiter Versuch. Wieder 0,0"

Erneut Gelächter.

„‚Entschuldigen Sie', sagt Matthi, ‚ich habe Ihnen doch gesagt, dass ich nichts getrunken habe. ‚Das da', zeigt auf die Bierflasche auf dem Tisch, aus der er erst einen Schluck getrunken hatte, ist mein erstes Bier heute.' Und dann sind die Bullen irgendwann wieder abgehauen."

„Ich schlage Matthi für den Oskar vor. Und das Gerät für einen Test beim TÜV."

„Besser nicht", sagte Malcom und sie wünschten sich alles Gute für das große Spiel.

Am Freitag vor dem Showdown in Wembley las Tom alle Zeitungen, die im Krankenhauscafe verkauft wurden. Das südeuropäische Wirtschaftsdesaster, geheimdienstliche Abhör-Affären und die mafiösen Kapriolen Berlusconis – allesamt Themen mit genügend Sprengkraft – verblassten vor dem „Deutschen Finale" und schafften es allenfalls auf Seite 2 der Berichterstattung. Selbst die seriösen Blätter diskutierten die aktuelle „Vormachtstellung des deutschen Fußballs", den „Fall Götze" und das „Dortmunder Fußballmärchen". *Märchenhaft – das trifft es*, dachte Tom, als er sich an die letzten zehn Borussen-Jahre im Schnelldurchlauf erinnerte.

Er wusste es noch genau, wie er im Dezember 2003 ungläubig die Titelgeschichte der „Süddeutschen Zeitung" mit der Überschrift *„Borussia Dortmund vor dem Finanzcrash"* gelesen hatte. Seine anfängliche Hoffnung, dass es sich um eine künstlich aufgeblasene Story handeln würde, wich in den folgenden Tagen und Wochen der sich tröpfchenweise einstellenden Erkenntnis, dass die Existenz des Ballspielvereins Borussia so gut wie ausgelöscht war. Der frühere Dortmunder Präsident Niebaum und Manager Meyer, hatten mit Neuverpflichtungen in schwindelerregenden Millionen-Höhen nicht nur 130 Millionen Euro aus dem Börsengang des Vereins verbrannt. Sie hatten obendrein alle Spieler und das Stadion verpfändet und konnten keine Gehälter mehr zahlen. Der BVB war nicht mehr kreditwürdig.

Die Meisterschaft 2002, das UEFA-Cup-Finale gegen Rotterdam 2002, die Teilnahme an internationalen Wettbewerben – alles auf Pump. Alles erstunken und erlogen, hatte Tom damals gedacht. Niebaum und Meyer waren 2004 zurückgetreten. Ansonsten hätten die Borussen-Fans sie fortgejagt, vielleicht sogar gelyncht. Dr. Reinhard Rauball wurde neuer Präsident und bei der Hauptversammlung 2005 wurde Hans-Joachim Watzke, im Dunstkreis des Westfalenstadions nur als „Acki" bekannt, zum Vorsitzenden der Geschäftsführung gewählt.

Wenn es einer schafft, den Laden wieder auf Kurs zu bringen, dann ein Sauerländer, hatte Tom damals gedacht und er hatte gute Gründe für diese Annahme. Tom wusste, dass der Sauerländer als solcher nicht nur besonders leidensfähig ist. Er kann auch kämpfen bis zum Umfallen, gibt sich niemals geschlagen, verfügt über die in manchen Verhandlungssituationen sicherlich sehr nützliche Fähigkeit einer an Autismus grenzenden Sturheit und ist auch in ausweglosen Gefechtslagen immer noch optimistisch. Wie sonst hätte es diese Spezies Mensch in der humanoiden Evolutionsgeschichte bis ins 21. Jahrhundert schaffen können, angesichts einer manchmal äußerst feindlichen Umwelt, in der einem permanent Berge im Weg stehen, die Felder von Gesteinsbrocken durchsetzt und alles andere als fruchtbar sind und in der an manchen Orten die höchsten Niederschläge weltweit gemessen werden? *Der Sauerländer an sich ist äußerst zäh*, dachte Tom, *und genau deshalb ist Watzke der Richtige.* Natürlich gab es damals auch Skeptiker, nämlich diejenigen, die ihre Vorurteile über die Sauerländer pflegten und annahmen, die gesamte Population dieses Bergvolkes sei extrem eigenbrödlerisch und leidenschaftslos. Leuten, die so etwas dachten, empfahl Tom einen Besuch in der Eishalle am Seilersee bei einem Heimspiel der Iserlohn Roosters. Am besten gegen Düsseldorf. Mit dieser Leidenschaft konnte ansonsten nur das Westfalenstadion mithalten.

Tom erinnerte sich an den 15. März 2005, als er von der Spätschicht nach Hause fahrend, in den 22-Uhr-Nachrichten die Topmeldung gehört hatte: Watzke war es gelungen, die Gläubiger der Immobilienfondsgesellschaft „Molsiris" von seinem Sanierungskonzept zu überzeugen. Damit war die Pleite des Vereins zunächst abgewendet und Tom hatte diese Nachricht innerlich gefeiert wie den Gewinn der Deutschen Meisterschaft.

Tom dachte an die Ereignisse der Folgezeit, an die Zitterpartie um die DFL-Lizenz, daran, dass die Spieler – allen voran Leonardo Dede – auf einen guten Teil ihrer Gehälter verzichtet hatten, an den Verkauf der Stars, an den Rücktritt des großartigen Trainers Bert van Marwijk, der in dieser Zeit die ganze Misere mit einer stoischen Ruhe ertrug und seine Truppe auch noch so etwas wie Fußball spielen ließ. Van Marwijk hatte Nuri Sahin in den Kader geholt und der hatte seine Chance als jüngster Bundesligaspieler aller Zeiten genutzt. Gleichsam stand Nuris Nominierung sinnbildlich für Borussias nahe Zukunft. Die eigene Jugend sollte es richten. Tom hatte damals vor Staunen den Mund nicht mehr zu bekommen, weil seine damalige Freundin Antje ihm von einem „total sympathischen Burschen" erzählt hatte, der manchmal in das Jugendzentrum kam, das sie leitete. Einmal hatte der junge Nuri ihr seinen großen Traum verraten, wenigstens ein einziges Mal für den BVB auflaufen zu können. Damals kickte er noch bei einem kleinen Verein im Sauerland.

Für den von Tom geschätzten „Berti" kam Jürgen Röber als neuer Trainer und Toms schlimmste Befürchtungen bestätigten sich leider. Dortmund geriet in Abstiegsgefahr und feuerte ihn. Nächster Trainer: Thomas Doll. Der schaffte es zwar mit einer mit unbekannten Spielern gespickten Mannschaft bis ins Pokalfinale, disqualifizierte sich aber selbst in einer von den Boulevardblättern als „Wutrede" titulierten Pressekonferenz mit dem Satz: „Da lach ich mir doch den Arsch ab."

Auch Doll musste gehen. Jürgen Klopp kam und das eigentliche Märchen begann. Als Tom auf der Website seines Lieblingsvereins von der Verpflichtung dieses Fußballbesessenen gelesen hatte, war ihm klar, dass die Krise bald überwunden sein würde. Die Ausstrahlung dieses Mannes ließ keinen Zweifel darüber aufkommen, dass dieser Verein etwas Besseres verdient hatte, als permanent gegen den Abstieg zu kämpfen. Klopp schaffte es innerhalb kürzester Zeit, den BVB an das zu erinnern, was diesen Verein, die Mannschaft und die Fans immer stark gemacht hatten: Zusammenhalt. Klopp erzeugte ein Wir-Gefühl zwischen Fans und Mannschaft, das in Dortmund abhandengekommen schien und das im modernen Profisport seinesgleichen suchte.

Klopp und die Vereinsführung rückten ganz eng zusammen und setzten auf die Jungen. Nuri Sahin, Kevin Großkreutz, Mario Götze, Marcel Schmelzer – schon in der Dortmunder Jugend gespielt oder selbst in der gelben Wand gestanden oder als Balljungen die Profis bestaunt. Junge Spieler wie Mats Hummels oder Sven Bender kamen aus aussortierten Bundesligakadern oder aus unteren Ligen und brannten auf ihre Chance. Den spärlichen Etat für Neueinkäufe hatte Manager Michael Zorc in den Jahren 2007 bis 2011 in den Nachwuchs und relativ unbekannte Spieler investiert. Sogar die selbsternannten Experten wussten zunächst nicht besonders viel anzufangen mit Namen wie Neven Subotic, Lukasz Piszczek oder Jakub Blaszczykowski. Mit etwas Skepsis beäugten die BVB-Fans später die Verpflichtungen völlig unbekannter Spieler aus maximal entfernten Zeitzonen für minimale Ablösesummen wie Lucas Barrios oder Shinji Kagawa.

Allmählich wuchs etwas zusammen in Dortmund: Eine eingeschworene Truppe, die ihrem Leader Klopp bis in die Hölle gefolgt wäre. Kloppo hatte eine ganz einfache und klare Botschaft: Leidenschaftlicher Kampf bis zum Umfallen und immer Vollgas. *An dem ist ein Sauerländer verloren gegangen. Oder ein Rock 'n' Roller,* hatte Tom einmal gedacht. Die Spieler sogen die Vorgaben ihres charismatischen Trainers auf. Ihre Identifikation mit dem Verein war keine für die Massenmedien zur Schau gestellte Attitüde. Sie war echt. Ebenso wie die Leidenschaft, mit der die Schwarz-Gelben einschließlich Trainerstab, Präsidium und Management ihre Jobs machten.

In dieser Zeit wuchs ein großes Team heran beim BVB. Mit einem aufopferungsvollen Spielstil und nie gekannter Kreativität. Mit Pressing am Rande der Perfektion und schwindelerregendem Tempospiel, der als „BVB-Fußball" Schlagzeilen machte, eroberte die jüngste Dortmunder Profimannschaft aller Zeiten die Herzen der gesamten Fußballrepublik. Sie machte ihre Fans mächtig stolz und überrollte ihre Gegner in der Bundesliga. Nach der sensationell gewonnenen Meisterschaft 2011, legte die Borussia 2012 noch eins drauf. Schon frühzeitig hatte man die Schale erneut nach Dortmund geholt und dann setzte sich das Team im Pokalfinale gegen die Bayern endgültig die Krone auf. 5:2 hieß es am Ende eines denkwürdigen Pokalfinales in Berlin. Die großen Bayern gedemütigt. Sie waren chancenlos gewesen, gegen die zu allem entschlossenen Borussen. Tom hatte in diesem Augenblick nur gehofft, dass die jungen Wilden ihren Leistungszenit noch nicht überschritten hatten.

Am Samstag zählte Tom die Stunden bis zum Endspiel. Bayern-Burschi sah sich in der Raucherecke zunehmend in die sprichwörtliche gedrängt, während Gisbert, Lothar und all die anderen über die zu erwartende Aufstellung und die Chancen der Borussia diskutierten. Im Fernsehen gab es allerhand Vorberichte zu sehen und Tom genoss die Fernsehbilder über Dortmunds Weg ins Finale mit den unglaublich starken Vorrunden-Spielen gegen Real, Ajax und ManCity, dem dramatischen Weiterkommen dank Santanas Stochertor in letzter Sekunde beim Fußball-Wunder gegen Malaga und der Robert Lewandowski-Show mit vier Toren im Heimspiel gegen die königlichen Verlierer aus Spanien um „Heulsuse" Ronaldo. Kurti besuchte Tom und schmuggelte ihm ein paar Flaschen Bier ins Zimmer. Alles war angerichtet. Es konnte losgehen.

„You'll never walk alone". Tom las die SMS seines Freundes Malcom.

„Heja BVB", textete Tom etwas wehmütig zurück. Normalerweise säßen sie nun zusammen vor einer riesigen Leinwand: Mario, Malcom und ihre Freunde und sie würden Bier trinken, lachen und mit dem BVB fiebern. Stattdessen lagen die drei Freunde mit ihren unterschiedlichen Gebrechen in drei verschiedenen Kliniken. Immerhin konnten sie das Spiel überhaupt sehen.

„Lederhosen aus!", textete Mario und unmittelbar danach traf eine erneute SMS von Malcom ein: „… aber so was von …"

„Was soll'n das sein?", schrieb Tom, als er ungläubig das TV-Szenario betrachtete.

Paul Breitner und Lars Ricken betraten in Ritterrüstungen und mit Schwertern bewaffnet die Arena von Wembley.

„Ach du Scheiße", schrieb Mario.

„Schlag ihm den Kopf ab, Lars!", forderte Malcom.

„Wie lächerlich", kommentierte Tom die Szenen der martialisch agierenden Ritter in ihren schwarz-gelben und rot-weißen Kostümen. Das Gebaren der Laiendarsteller vor Spielbeginn erinnerte ihn an Monty Pythons „Ritter der Kokosnuss" und just in diesem Moment traf wieder eine SMS seines schottischen Seelenverwandten in Form eines abgewandelten Filmzitates ein: „Ihr schwulen Münschener – ihr esst ja nach dem Onanieren warme Weischwurscht!"

Tom, der gerade an seinem Bier genippt hatte, prustete selbiges wieder aus und hatte Mühe, seinen Lachanfall zu kontrollieren. Minuten später begann das Spiel und Toms Puls betrug mindestens 160 Schläge pro Sekunde.

Dortmund beißt und kämpft, ist giftig und schnell. Der Start ist super. Blaszczykowski mit der ersten Chance. Tom liest Malcoms Nachricht: „Super Auftakt, super Kuba. Come on Dortmund!" „Robben robbt nach Hause", kommt von Mario.

Dortmund spielt weiter in einem Höllentempo, stört Bayern früh und hat Torchancen.

„Kann da nicht mal 'n Neuer ins Bayern-Tor? Der Alte hält ja alles. So 'n –
Kack!", schreibt Malcom.

„Wie eine Wand, der Typ aus Herne, aber vielleicht legt er sich die Pille
irgendwann mal selbst rein", kommt von Tom.

„Ja, genau, wie damals gegen Gladbach – schöner Pass auf Reus direkt vorm
16er", schreibt Mario.

Borussia ist Mitte der ersten Halbzeit eindeutig die bessere Mannschaft.
Von München ist wenig zu sehen. Zu stark, zu schnell ist der BVB.

„Roooot!!! Ganz klar rot. Schiri! Der muss runter, der Ribery", echauffiert sich
Toms Zimmernachbar Peter lautstark und Tom schaut erschrocken von seinem
Handy Richtung Fernseher. Er hatte gerade schreiben wollen, dass er ein nahes
Dortmunder Tor geradezu spüre, als ihn Peter aufschreckt. „Ja, guck dir das doch
mal an", meint Peter, den Blick auf den Bildschirm fixiert und seinen rechten
Arm mit ausgestrecktem Zeigefinger auf den unschuldigen TV-Apparat deutend.
Tom hatte die Szenerie eines Gerichtssaals aus dem 18. Jahrhundert vor Augen,
in dem Peter den Ankläger mimt und die Todesstrafe für jemanden fordert.

Die Zeitlupe läuft. Lewandowski will Ribery übersprinten, als ihn der Fran-
zose mit einem Ellenbogenschlag ins Gesicht niederstreckt. „Ganz klar eine
Tätlichkeit, auch ohne Vereinsbrille, oder?", meint Tom. „Mann Mann Mann
Mann Mann, Schiri. Der zeigt noch nicht mal gelb!"

„Drecksau! Was hat der Italiener dafür gekriegt?", fragt Malcom in die Runde.

„Nutten und Black Jack von Uli Hoeneß!", spekuliert Mario.

„Und ein Aktienpaket von der Telekom", ergänzt Tom.

Das Spiel nimmt an Härte zu und die Bayern teilen ordentlich aus. Sie versuchen die Borussen zu zermürben.

„Hoffentlich halten die Jungs das Tempo durch", orakelt Tom.

„Müssen die nicht. Jetzt das 1:0 und dann das Ganze wie die Bayern nach Hause
schaukeln", schreibt Malcom und just in dem Moment, als Tom dessen SMS
empfängt, hat Mandzukic die erste Bayern-Chance. Toms Herz setzt kurz aus
und er atmet tief ein, als der Ball am Tor vorbei streicht.

„Genau das darf nicht passieren! Es wird Zeit für ein BVB-Tor! Hinein, Hinein,
Hinein!", textet Mario.

„Die können mich gleich in die Kardiologie verlegen", antwortet Tom.

Kurze Zeit später taucht Robben allein vor Weidenfeller auf, doch der bleibt
Sieger im Eins gegen Eins.

„Jedes Mal, wenn der Spakko in Strafraumnähe ist, hab ich Angst, dass er fällt
und der Schiri pfeift", schreibt Tom.

„„Wenn mir nicht augenblicklich jemand diesen Gebrauchtwagen abkauft,
erschlage ich dieses Robben-Baby'", zitierte Mario aus dem Film UHF.

„Für mich der Schwalbenkönig Nummer eins, die Diva", kommt von Malcom zurück.

Riesenchance für Lewandowski, doch wieder rettet Neuer.

„Nein, nein, nein", grämt sich Mario.

Halbzeit.

„Ausgeglichen – oder was meinst du?", fragt Peter.

„Lass uns rauchen gehen. Ich halte es kaum aus. Ich finde, dass Dortmund besser ist", sagt Tom.

Die üblichen Verdächtigen.

Bayern-Burschi versucht sich als Diplomat. „Ist ja ein ganz schönes Tempo."

„Schnauze!", keilt Gisbert dazwischen. „Dieser Schönling von Robben ist 'n Schauspieler vor dem Herrn und der Schiri ist gekauft! So kann das Dortmund nicht gewinnen", meint er.

„Dortmund hält das Tempo nicht durch und das wissen die Bayern", analysiert Peter." „Jo – dat wird schwer", echot Lothar und Tom, der sich gerade seine zweite Selbstgedrehte ansteckt, nickt.

Als er nach einer Weile die Zigarette in den Aschenbecher schnippt, wird sein Rollstuhl herumgewirbelt. Tom erschrickt. „Abmarsch. Es geht gleich wieder los", meint Peter, der seinen Zimmerkollegen schnellen Schrittes Richtung Aufzug schiebt.

Die Bayern werden besser. Sie wirken spritziger, werden sicherer in ihren Kombinationen. Trotzdem bleibt es ein Abtasten, ein Mittelfeldgeplänkel.

„Du hattest Recht. Scheiße. Sie kommen irgendwie nicht mehr so richtig hinterher", analysiert Malcom. *„Ein bisschen ausruhen und ab der 75. kommen sie wieder",* schreibt Mario.

Plötzlich spielt Ribery Robben frei, der an Pisceck vorbei in die Mitte flankt. Der Ball fliegt vorbei an Weidenfeller. Mandzukic in der Mitte – 1:0 Bayern.

„FUUUUUCK!!!!!!!" – Malcom.

„☹" – Mario.

„Oh nee" – Tom.

Tom plöppt sein nächstes Bier offen. „Mist", sagt er in Richtung Peter, der den Kopf schüttelt. „Typisch Bayern. 60 Minuten nichts von denen zu sehen und dann – Bäääm! Echt typisch. Sind halt einfach genial, auch wenn ich sie nicht leiden kann", sagt er.

Tom nickt nahezu apathisch.

Mandzukic hat die nächste Großchance. Tom verschluckt sich an seinem Bier.

Malcom sieht schwarz: *„Wenn jetzt das 2:0 fällt …"*

„... gewinnen wir 3:2", sieht Mario himmelblau.

„Was haben sie dir denn wieder gegeben?", fragt Tom.

Dann Reus. Dribbelt in den Strafraum. Jetzt gegen Dante. Er geht vorbei. Dante legt ihn.

„Elfmeter!", schreit Tom und ein wenig Bier ergießt sich über seine Bettdecke. Er spürt zum ersten Mal seit zwei Wochen wieder ein Gefühl in seinem linken Fuß. Ein Kribbeln. Er ist so aufgeregt wie vor seinem ersten Besuch im Elternhaus seiner Jugendfreundin.

Der Schiri zeigt tatsächlich auf den Punkt. *„Come on, Dortmund"*, textet Malcom Augenblicke später.

Gündogan schnappt sich den Ball.

Elfmeterkiller Neuer, denkt Tom.

Gündogan läuft an.

Ilkay, mach es, denkt Tom.

„Jaaaa!" Es steht 1:1. „Jawoll!!! Jawoll! Jetzt packt sie Euch. Ihr macht das", schreit Tom auf die auf der Mattscheibe gezeigte schwarzgelbe Spielertraube ein, die sich jubelnd zurück Richtung Mittellinie bewegt und ballt die rechte Faust dabei. Mit der linken Hand prostet er Kevin Großkreutz zu, während die Nachtschwester ins Zimmer stürzt, kurz auf den Fernseher starrt und jubelnd die Arme hochreißt. „Super BVB!", ruft sie und entschwindet wieder.

„Absolut verdient", kommentiert Peter. „absolut verdient. Aber wieso hat der Dante keine Gelbe Karte gekriegt. Der müsste doch eigentlich runter fliegen."

„Geil, aber das war gelb-rot für Dante. Der Schiri ist wohl jetzt Großaktionär!", schreibt Mario. *„Der hält bereits die Mehrheitsanteile an der Telekom"*, kommt von Malcom.

„Stimmt! Ist mir eben gar nicht aufgefallen", meint Tom zu Peter, als er die Zeitlupe des Fouls sieht. „Da wäre er mit Gelb noch gut bedient."

Dann Hummels! Knallt das Ding drüber. *So was von knapp – Scheiße*, denkt Tom.

Dortmund müht sich. Das Tempo ist sehr hoch. Die Mannschaft kommt nicht mehr ganz hinterher. Bayern ist spritziger. Solo Müller. Der Ball rollt vors Tor, Weidenfeller ist geschlagen. Subotic! Subotic klärt vor Robben.

„Oh Mann, das wird eng. Das wird echt eng", schreibt Malcom.

Weidenfeller wehrt einen Scharfschuss von Alaba ab.

„Sie geben alles, aber sie können nicht mehr", schreibt Tom.

Dortmund wankt beträchtlich. Ein Dortmunder Rückzug ist angesagt gegen immer präzisere Bayern, die jetzt wach und frisch wirken. *Sie sind wie die Wölfe. Sie wiegen ihren Gegner in Sicherheit und schlagen zu, wenn er müde ist*, denkt Tom. So kommt es. Und so kommt es ausgerechnet eine Minute vor Spielende, in der 89. Minute: Ein langer Ball aus dem Mittelfeld an die Dortmunder Strafraumkante, Ribery schaltet blitzschnell, legt mit der Hacke auf Robben und der dribbelt sich bis ins Dortmunder Tor. Weidenfeller ohne Chance. 2:1 für München.

„*Das war doch klar*", schreibt Tom entmutigt an seine Freunde.

„*Malagaaaaaa!!!!*", antwortet Mario sofort.

Malcom schweigt.

„*Ausgerechnet Robben*", schreibt Tom.

„*Nicht zu fassen* ☹", kommt von Malcom.

Kein Malaga. Kein Manchester. Kein Celtic. Kein Fortuna Köln. Keine BVB-Legende heute Abend. Immerhin, ein großer Kampf, denkt Tom.

Abpfiff.

Mario tippt sein letztes Wort:

„*Bolus.*"

Wonder Boys (2015)

1. Bundesliga, Saison 2014/15, 23. Spieltag
Samstag, 28.02.2015
Borussia Dortmund – FC Schalke 04 3:0

Gott!!! Was hast Du mit mir vor??? Wie Hiob trieb er im offenen Ozean. Er japste nach Luft. Gischt spritzte ihm ins Gesicht. Er fiel in ein Wellental und die Wogen krachten über ihm zusammen. Er tauchte wieder auf, spuckte Salzwasser aus, fühlte seinen Körper nicht mehr. Die Eiseskälte lähmte ihn und eine nie gekannte Müdigkeit breitete sich in ihm aus. Bevor er endgültig das Bewusstsein verlor, drang ein bizarrer Gedanke zu ihm durch: *Icebucket-Challange ist Luschenscheiße.*

Als Tom die Augen aufschlug, fragte er sich, ob es sich wirklich so anfühle, wenn man tot sei. „He's alive. He's okay", rief jemand aufgeregt gegen den dröhnenden Motorenlärm an. Sehen konnte er diesen Jemand nicht, denn er sah nur den von ein paar Schäfchenwolken gezierten blauen Himmel über sich. Doch diese Stimme kam ihm seltsam vertraut vor. Als Tom seinen Kopf drehte, sah er Quick neben sich. Gleichzeitig fühlte er diese harten Erschütterungen, die seinen Körper malträtierten und ihn immer wieder gegen eine Wand aus Gummi drückten. *Ein Schlauchboot. Ich liege in einem Schlauchboot. Er hat ein knall- ... -rotes Gummiboot ...,* dachte Tom schlaftrunken. „Alles klar mit dir? Kannst du dich bewegen?", fragte Quick. Tom nickte. Ein Rettungssanitäter bedeutete ihm, ruhig liegen zu bleiben und drapierte die Thermodecke fester um Toms Körper. Tom konnte tatsächlich wieder etwas spüren, fühlte ein Kribbeln in den Beinen und in den Fingern. Fühlte Nadelstiche. Milliarden Nadelstiche. Dann schlief er ein.

In seinem Traum sah Tom alles ganz klar, erlebte er das Geschehene noch einmal, nur viel besser. Ausgewählte Szenen in HD-Qualität, mit Slowmotion-Effekten, überzeichneten Farben und irren Kameraeinstellungen: Quick und Tom am Düsseldorfer Flughafen, wie sie auf den riesigen Tafeln nach ihrem Check-In-Schalter für den Flug nach Glasgow suchen, eingefangen im Ballhaus-Kreisel. Frank kommt zu ihnen zurück und hat Dosenbier dabei. „Nummer 19", spricht Quick seltsam verlangsamt. Der langgezogene Halleffekt auf seiner Stimme lässt Tom selbst im Traum erschauern, während Frank ganz weit im Hintergrund lacht und zischend eine Dose öffnet.

Eine neue Sequenz. Eine sehr kurze Einstellung, aufgenommen von einer Kamera unter der Decke der Abflughalle: 87 Fluggäste warten auf ihren Aufruf. Unter ihnen die drei Jungs von den *Superstars*, lachend, feixend, Bier trinkend. Schnitt.

Tom geht die Gangway hinauf. Vorfreude. Grinsen. Eine Stewardess begrüßt ihn freundlich. Tom hat das Gefühl, dass er sie kennt, als er an ihr vorbeigeht. Er dreht sich noch einmal zu ihr um und plötzlich grinst ihn ein halbverwestes Totengesicht unter dem lächerlichen Häubchen mit dem Logo der Fluggesellschaft an. Doch statt erschreckt zu sein, lächelt Tom zurück und knipst der Horrorgestalt ein Auge. Schnitt.

Tom prägt sich die Sicherheitsanweisungen genau ein, auch wenn er dabei einen Lachanfall bekommt, denn als Stewardess steht Bully Herbig im Gang und fuchtelt unbeholfen und tuntig mit einer Schwimmweste herum. Schnitt.

Die Sonne knallt durch die Seitenfenster. Das Wetter ist traumhaft schön. Tom sieht unter sich die Küstenlinie des europäischen Festlandes. „Das könnte Friesland sein", hört er sich sagen und Quick bestellt eine Runde Tullamore Dew für die Drei. Sie prosten sich zu. „Auf die Tour!", sagt Frank feierlich. Schnitt.

Das Geräusch im Flugzeug hat sich merkwürdig verändert. Tom denkt sich zunächst nichts dabei. Dann findet er es komisch, die Düsen nicht mehr zu hören. Quick schaut Tom fragend an und Frank, der neben ihnen, auf der anderen Seite des Gangs sitzt, schaut ernst herüber. „Irgendetwas stimmt da nicht", sagt er, wobei die Worte „stimmt da nicht, stimmt da nicht", ein Echo bilden, das noch nachhallt, als Tom sich auf die undeutliche Durchsage des Kapitäns zu konzentrieren versucht. Doch er schnappt nur wenige Wortfetzen auf. „Notwassern … Anschnallen … Schwimmwesten …". Und er hört Quick, der irgendetwas sagt wie „… soll endlich die Socke vom Mikro nehmen …" Schnitt.

Sinkflug über der Nordsee. Es geht rapide nach unten. Tom kippt den Tullamore auf Ex herunter. Er schaut Quick an, dann Frank. Sie sprechen nur mit ihren Augen. Sie verabschieden sich voneinander. Frank lächelt. Um sie herum schreien die Leute, weinen sie. *Gott-sei-Dank sind keine Kinder an Bord*, denkt Tom. Schnitt.

Sie legen die Schwimmwesten an. „Nicht jetzt schon aufblasen", warnt Quick. Der Sinkflug hat Ewigkeiten gedauert. Jetzt ist das Meer schon ganz nah, dann zischt die Maschine in einem sehr flachen Winkel aufs Wasser. Der Schlag, mit dem sie abgebremst wird, ist unbeschreiblich hart. Das Flugzeug wird herum geschleudert und Tom hat das Gefühl, von einem Brontosaurier attackiert zu werden. Er erwartet, dass die Maschine auseinander fetzt, doch sie hält dem Druck stand. Tom schließt die Augen, doch eigentümlicherweise rast sein Leben nicht an ihm vorbei. Er denkt … gar nichts. Schnitt.

Wellen schlagen gegen die Flugzeugfenster. *So was hab' ich noch nie gesehen*, denkt Tom. Bully Herbig reißt eine der Notfalltüren über den Tragflächen auf.

Die Leute sind seltsam diszipliniert. Kein Gedränge. Man könnte meinen, sie seien ganz normal am Glasgow International Airport angekommen. Die Menschen stehen auf und reihen sich in Richtung der Notausgänge auf, wie in einem Lehrfilm für Flugzeugabsturznotfälle. Tom ist dem Ausgang ganz nah. Als er auf die Tragfläche springt, wird er von einer starken Windböe empfangen. Bevor er an den Leinen zieht, die seine Schwimmweste aufblasen, schaut er kurz zurück und sieht Quick hinter sich. *Wo ist Frank?*, denkt Tom. „Fraaank!!!", ruft er so laut er kann. „Spring!!!" ruft jemand hinter ihm. Und vor sich in einiger Entfernung sieht er eine ganze Flotte von kleinen und großen Booten, die auf das Flugzeug zuhalten. *Jetzt bloß nicht von einem Hammerhai gefressen werden*, denkt er und springt in die Fluten.

„Hast du es schon gehört?" Malcom Wallace ruhte normalerweise in sich selbst wie ein schottisches Loch im tiefsten Winter, doch die Aufgeregtheit in seiner Stimme war unüberhörbar.

„Was gehört?", fragte Mario.

„Von dem Absturz."

„Was für'n Absturz?" Mario hielt das Smartphone etwas weg von seinem Ohr, denn Malcom redete sehr laut.

„Der Flug nach Glasgow. Mit Quick und Tom und Frank. Der Flieger ist über der Nordsee abgestürzt."

Mario stutzte und begriff gleichzeitig den Ernst der Lage. Malcom machte am laufenden Band irgendwelche blöde Witze oder erfand lustige Wortspiele aus manchmal ziemlich abstrusen Gemischen zwischen Englisch und Deutsch. Einmal hatte er einen Song mit „Eins, Zwei, Trocken, Angst" angezählt und danach hatte vor Lachen keiner mehr proben können. Doch niemals würde Malcom einen dummen Scherz über eine solche Katastrophe machen.

„Was sagst du da?"

„Das lief gerade im Radio. Als Eilmeldung. Irgendwas mit Notlandung auf dem Wasser, nähere Umstände noch nicht bekannt. Eindeutig die Maschine, die nach Glasgow fliegen sollte."

„Wir sehen uns bei mir!", hatte sich Mario schnell verabschiedet. Reflexartig hatte er versucht, Tom anzurufen, doch er hörte nur diese nervige Computerstimme, die ihm sagte, dass die angerufene Person gerade nicht erreichbar sei.

„Ich muss dringend weg", hatte Mario seinem Chef erklärt und war dann in Warp-Geschwindigkeit nach Hause geeilt, wo er irgendeinen Nachrichtensender anschaltete. Bilder von einer groß angelegten Rettungsaktion im Meer flimmerten über den überdimensionalen Flachbildschirm in Marios Wohnzimmer. Mario sah ein Flugzeug, das schon halb versunken auf dem Wasser trieb und unzählige Boote drum herum.

Perspektivwechsel: Eine Kamera aus einem Hubschrauber zeigte die Szenerie aus großer Höhe. Das Flugzeug schien einigermaßen unversehrt. Wie kleine bunte Punkte nahmen sich die Schiffe und Schiffchen aus. Es mochten um die 50 sein. Aus dieser Perspektive war auch die britische Küste zu sehen. Erneuter Perspektivwechsel: Eine Person wurde aus dem Wasser in ein Schlauchboot gehievt. Sie sah erschöpft aus, entkräftet. Sie spuckte Wasser aus, aber sie schien zu lächeln. *Dieses Lächeln*, dachte Mario. „Quick!!!“, rief er ungläubig, als er seinen Freund auf den verwackelten Bildern erkannte. Erst dann achtete Mario auf den Kommentar.

„… kann man wohl ohne Übertreibung davon sprechen, dass sich hier an der britischen Ostküste, südöstlich von Edinburgh gelegen, ein Wunder ereignet hat“, sagte ein Reporter, der nun auch eingeblendet wurde. Die Kamera zeigte ihn an irgendeinem Hafen. Im Hintergrund blinkten unendlich viele rote und blaue Lichter von den Polizei- und Rettungswagen, konnte man Krankenwagen und Hubschrauber erkennen.

„Wie die Fluggesellschaft mitteilte“, fuhr der Berichterstatter fort, „haben alle 87 Passagiere und auch alle Mitglieder der Crew diese spektakuläre Notwasserung unweit der britischen Küste, in der Nähe des Örtchens Dunbar, überlebt. Abgesehen von kleineren oder größeren Verletzungen sind alle Beteiligten wohlauf, wie wir auch von einem Sprecher der örtlichen Rettungskräfte in Erfahrung bringen konnten. Wie es genau zu dem Beinahe-Absturz kommen konnte, ist zur Stunde noch unklar. Vermutet wird, dass die Triebwerke der Maschine versagt haben könnten, aber das ist – wie gesagt – noch reine Spekulation. Wir müssen …“. Mario schaltete den Ton ab, weil sich sein Smartphone meldete. „Kurti“, zeigte das Display an.

„Alter – hast du das mitgekriegt?“

„Ich sehe es gerade. Quick war im Fernseher. Die haben ihn aus dem Wasser gezogen. Die Jungs leben. Die sagen, dass alle überlebt haben.“ Mario konnte noch immer nicht glauben, was er da eben gesehen hatte und immer noch sah.

„Im WDR läuft gerade eine Sondersendung dazu. Die sagen das auch. Ist das der Hammer? Ist das der Hammer???“

„Das ist der Hammer, Kurti“, sagte Mario und fuhr nach einer kurzen Pause fort: „Hast du Bock vorbeizukommen?“

Einen kurzen Moment bevor Tom vollständig erwachte, hatte er erwartet, in seinem Bett aufzuwachen. *Koffer schnappen, Quick und Frank wecken, ein Taxi zum Bahnhof bestellen*, dachte er. Heute würden sie nach Glasgow fliegen.

„Guten Morgen, mein Lieber. Herzlichen Glückwunsch zum erneuten Geburtstag", flüsterte Frank, als Tom die Augen öffnete. Frank saß auf Toms Bett. Tom sah sich um. Er befand sich in einem Krankenzimmer und zählte sechs Betten. Tom fuhr sich mit der Hand durch das Gesicht und setzte sich auf. Er war noch etwas benommen, fühlte sich aber gut.

„Ist das wahr, dass wir einen Flugzeugabsturz überlebt haben?", fragte er seinen Freund.

Frank nickte. „Nicht nur wir. Alle anderen auch."

„Echt?!?" Tom konnte seine Freude kaum fassen.

„Echt."

„Woher weißt du das?"

„Ich habe alles mitgekriegt. Mir ist überhaupt nichts passiert, hab noch nicht mal nasse Füße bekommen. Hier reden alle vom Wunder von Dunbar."

„Wahrscheinlich waren alle Schutzengel dieser Welt ausgerechnet hier auf Betriebsausflug. Wo ist Quick?", wollte Tom wissen.

„Hat sich pennen gelegt. Dem geht's gut", meinte Frank und deutete auf das Nachbarbett, in dem ihr Gitarrist leise vor sich hin schnarchte. Frank griff unter das Bett und zauberte seinen Rucksack hervor. „Und weißt du was der Oberhammer ist? Ich hab noch ein paar Döschen Hopfenkaltschale übrig." In Toms Gesicht stand ein riesiges Fragezeichen.

„Ich hab mir nach der Bruchlandung meinen Rucksack geschnappt und bin über den Flügel auf meiner Seite ausgestiegen. Da stand schon direkt ein Fischerboot parat. Das glaubt mir keiner, wenn ich das erzähle." Tom hatte das Bild von Captain Jack Sparrow vor Augen, wie er in Port Royal trockenen Fußes sein sinkendes Schiff verlässt: ein Fuß auf dem Mast, den anderen auf dem Anleger.

„Hört auf zu labern und reicht mir ein Bier rüber. Und dann lasst uns mal überlegen, wie wir hier wegkommen", murmelte Quick, der aufgewacht war.

„Ja, dürfen wir denn einfach so hier weg?", fragte Tom.

„Wir sind doch keine Gefangenen", wandte Frank ein.

„Wir sollten vielleicht mit einem Arzt oder einer Schwester sprechen", meinte Quick.

„Wie kommen wir nach Glasgow?", fragte Tom. „Hat noch jemand von Euch Geld dabei? Ich hab nix mehr, noch nicht mal meine Jacke, so 'n Scheiß."

„Am Ende des Gangs steht eine Heulbude, dort kannst du dich ausweinen", meinte Frank.

„Wie spät ist es überhaupt?", fragte Tom. Frank deutete auf eine Uhr, die über der Zimmertür hing und 11:17 p.m. anzeigte.

„Okay", meinte Tom und machte eine kurze Pause. „Dann sollten wir erst mal schlafen und morgen sehen wir weiter." Frank und Quick nickten. Sie tranken ihr Bier und sagten lange nichts. Jeder war gedanklich zu sehr mit dieser wundersamen Rettung und der ziemlich skurrilen Gesamtsituation beschäftigt.

„Ich sollte dringend mal zuhause anrufen", sagte Tom leise in die Stille. „Ich muss Andrea bescheid sagen. Und Mario. Die machen sich sicher alle Sorgen." Dann fiel ihm ein, dass er nichts mehr hatte, schon gar kein Handy. „Unsere Handys sind alle Schrott. Versuchs mal im Schwesternzimmer. Wenn du ein Telefon auftreibst und Mario erreichst, soll er gleich bei unseren Familien anrufen", schlug Quick im Flüsterton vor und deutete dabei auf Frank und sich selbst.

Tom schälte sich aus dem Bett. Als er aufstand, fühlte er sich noch etwas wackelig auf den Beinen, aber nach einigen Augenblicken hatte er sich im Griff. Er schaute an sich herunter und fühlte sich fremd in einem dunkelblauen Jogginganzug, der nicht ihm gehörte. Seine Füße steckten in dicken weißen Socken. Das sah schon sehr komisch aus. *Blau-Weiß, na prima*, dachte Tom, ehe er sich auf leisen Sohlen auf den Weg nach draußen machte. Der Stationsflur war schwach erleuchtet und zu seiner Rechten erblickte er einen Glaskasten, hinter dem er das Schwesternzimmer vermutete. Langsam schritt er darauf zu. Eine Nachtschwester sah ihn und ging ihm geschäftigen Schrittes entgegen. Sie strahlte eine Herzenswärme aus und fragte ihn ganz lieb, ob alles okay sei. Tom nickte und bat darum, telefonieren zu dürfen. „No problem", sagte sie und begleitete ihn in das Stationszimmer.

Im Krankenzimmer prostete Quick Frank zu. Sie konnten sich ein breites Grinsen nicht verkneifen. „Zum Gig schaffen wir es auf jeden Fall noch rechtzeitig", sagte Frank.

Tom lächelte, als er zurückkam. „Die Leute hier sind so was von nett. Durfte vom Stationszimmer aus anrufen und habe Andrea und Mario erreicht. Mario ruft eure Familien an", sagte er. Tom spürte seine Erschöpfung, leerte sein Bier und bedeutete den anderen, schlafen zu wollen. „Wir müssen den Piloten ausfindig machen", flüsterte er, bevor er einschlief, „ich würde ihn gerne umarmen."

Mario hatte sich mit dem Telefon in sein Büro zurückgezogen, weil er ob des lauten Stimmengewirrs, das in der Küche und im Wohnzimmer herrschte, kein Wort seines Bruders verstand. Alle ihre Freunde waren gekommen, um sich gegenseitig beizustehen. Als Mario nun ins Wohnzimmer zurückkam, herrschte absolute Stille. 25 Augenpaare starrten ihn an.

„Die sitzen in ihren Krankenbetten in Edinburgh und saufen Bier", sagte er so sachlich wie möglich und es brach ein Jubelsturm los, als hätte Borussia soeben das 6:0 gegen Bayern München im entscheidenden Spiel um die Meisterschaft erzielt. „Ich rufe sofort Angus an. Vielleicht kann er sie abholen", sagte Mario mehr zu sich selbst, als zu den anderen.

„Sieht es nur so aus oder bleibt es tatsächlich bei unserem Plan?", fragte Kurti. Der Plan der *Superstars* für ihre kleine Tour mit drei Konzerten in Schottland war etwas kompliziert, aber keineswegs verwegen. Er sah vor, dass Frank, Tom und Quick bereits montags voraus fliegen wollten, um „schon mal die Lage zu checken", wie sie es nannten. In Wirklichkeit hatten die Drei einfach nur Bock gehabt, sich mit Freunden in Glasgow zu treffen und zu feiern, bis die anderen eintrafen. „Wir kümmern uns dann auch schon um die Wohnung", hatte Quick sich noch bemüht, einen etwas seriöseren Grund für die frühe Abreise ins Feld zu führen. Angus würde ihnen eine Wohnung zur Verfügung stellen. Er hatte sie erst kürzlich von seiner Oma geerbt. Dort war genug Platz für die sieben Musiker aus Germany. Weiter sah ihr Plan vor, dass der unter panischer Flugangst leidende Kurti zusammen mit Sven mittwochs mit dem Zug reisen würde, weil Malcoms Sprinter nur zwei Plätze bot. Malcom und Mario wollten sich schon dienstags mit der Backline im Gepäck auf den Weg machen und die Fähre von Rotterdam nach Hull nehmen.

„Wenn Donnerstagmorgen alle da sind, machen wir ein anständiges Scottish Breakfast in der Wohnung", hatte Tom gesagt und Mario war bei dem Gedanken an Black Pudding, Baked Beans, Bacon and Eggs das Wasser im Mund zusammengelaufen.

Schon für Donnerstagabend war der erste Gig geplant und zwar im „Starka" in Motherwell. Freitags stand „Henry's Cellar Bar" in Edinburgh auf dem Programm und der Abschlussgig sollte in Glasgow stattfinden, im „Nice & Sleazy".

„Was sollte sich an dem Plan ändern? Das Wichtigste bleibt nach wie vor, dass wir am Samstag irgendwo das Derby gucken können", antwortete Malcom. Mario verständigte Angus und der versprach, dass er gleich am nächsten Morgen nach Edinburgh aufbrechen und die drei Abgestürzten nach Glasgow holen wolle.

Alle Stimmen im Raum bemühten sich, so leise wie möglich zu sprechen und trotzdem waren sie laut genug, um Tom endgültig aufzuwecken. Sein Blick blieb zuerst an der Uhr hängen, die 09:30 a.m. anzeigte und streifte dann weiter durch den Raum. Eine Frau mit langen glatten braunen Haaren saß auf Franks Bett, Frank daneben. Quick sah in dem geliehenen Jogginganzug gewöhnungsbedürftig aus. Er nestelte in einem Schrank am anderen Ende des Raumes herum. Zwei Krankenschwestern kümmerten sich um die anderen Leute in ihren Betten. Der weitere junge Mann in ihrem Zimmer schlief tief und fest.

„Moin", sagte Tom gedämpft, als er sich aufsetzte.

„Hey Tom!", begrüßte Quick ihn. „Die haben unsere Klamotten getrocknet und hier in die Schränke gelegt", sagte er, während er sich der fremden Klamotten entledigte und seine Jeans überstreifte. Die Frau neben Frank drehte sich zu Tom. Sie trug eine Brille und lächelte so sanft, dass ihr Blick Steine hätte erweichen können. Heller Rock, schwarze Bluse – eine Kombination, die gleichzeitig lässig und seriös wirkte. Sie nickte Frank kurz zu, bevor sie aufstand und zu Toms Bett ging. Die Langhaarige mit diesem sanftmütigsten aller vorstellbaren Blicke streckte Tom ihre Hand entgegen.

„Guten Tag. Mein Name ist Konstanze Köhler. Ich bin Psychologin und im Auftrag ..." Millisekunden, bevor Tom sie unterbrach, erstarrte er, weil er es nicht glauben konnte. Er hatte sie wiedererkannt. Er sah die Konstanze Köhler von vor 40 Jahren vor sich: Ihr keckes, manchmal freches Lächeln, ihre Wangengrübchen, ihre langen glatten Haare, ihre Brille mit Kassengestell und ihre Zahnlücke, dort wo einmal ein Schneidezahn gewesen war. In seiner Erinnerung hörte er sie sagen: „Komm, wir spielen Silberpfeil. Ich bin Mondkind und du bist Falk."

„Konstanze Köhler aus Mühlendorf", fuhr er ihr ins Wort und schlagartig verwandelte sich ihr Gesicht zu einem Ausdruck völliger Überraschung. „Tom!" rief sie, verwundert und glücklich zugleich und warf sich in seine Arme, ihre therapeutische Distanz über Bord werfend. Sie drückten sich eine gefühlte Ewigkeit. „Das glaub ich jetzt nicht", sagte Frank von ganz weit entfernt und Quick, der die Szene mit offenem Mund verfolgte, war zu baff, um etwas zu sagen.

„Weißt du eigentlich, wie sehr du mir damals gefehlt hast?", flüsterte Konstanze irgendwann. Tom erfuhr, dass sie im Auftrag des Auswärtigen Amtes nach Schottland gereist war. Zwanzig Psychologen aus Deutschland waren dem Ruf der Behörde gefolgt, um eine seelische Erstversorgung der Absturzopfer zu gewährleisten. „Hör zu, Conny", so hatte Tom sie früher immer genannt, „wir wollen so schnell wie möglich nach Glasgow."

Zur selben Zeit, mehr als 2000 Kilometer südöstlich, waren Malcom und Mario gerade damit beschäftigt, die Backline in Malcoms Sprinter zu packen. Sie wollten früh aufbrechen nach Rotterdam. „Bloß keinen Stress", lautete ihre Devise, als Marios Smartphone Alarm schlug. Malcom verkeilte soeben die Marshall-Tops mit einigen Decken, um sie vor Erschütterungen zu schützen, als Mario wieder auflegte. „Angus sagt, er hat derzeit keine Chance, an die Jungs heranzukommen. Riesiger Presseauflauf vor der Klinik in Edinburgh, Kamerateams aus der ganzen Welt und die Bullen lassen im Moment niemanden aus dem Krankenhaus raus oder rein. Er wartet ab, was passiert und meldet sich."

„Bis morgen Abend wird sich das ja wohl geändert haben", meinte Malcom lapidar und überprüfte, ob auf der vollgepackten Ladefläche noch irgendetwas rappelte oder ins Rutschen geraten könnte. Zufrieden knallte er die Hecktüren zu. „Sonst drehen wir einen Schlenker über Edinburgh und holen die Jungs ganz persönlich aus dem Bunker raus. Notfalls mit Sprengstoff. Ich kenne einen Bombenbastler in Tighnabruaich, der uns das Zeug besorgt."

„Noch ganz in Ruhe 'n Kaffee und dann gemütlich ab nach Rotterdam?", schlug Mario vor und Malcom nickte. Sie mussten um spätestens 19:30 Uhr auf der Fähre einchecken. Es blieb ihnen Zeit satt. Für 21 Uhr war die Abfahrt, für 8 Uhr am nächsten Morgen die Ankunft in Hull geplant. Sie hatten eine Schlafkabine gebucht. Für die Fahrt nach Glasgow hatten sie zehn Stunden eingeplant. Wenn alles planmäßig verliefe, würden sie am frühen Mittwochabend dort ankommen.

„Ist irgendwie richtig komisch, jetzt so ins Ungewisse zu fahren", meinte Malcom, als sie am Küchentisch saßen. „Ich meine, da stürzt mal eben so die Maschine vom Himmel, in der unsere Kumpels sitzen, und wir können nichts machen. Verrückt. Das ist einfach verrückt. Und dann überleben die das auch noch." Malcom schmunzelte, als er das sagte.

„Konstanze Köhler ist der absolute Wahnsinn", sagte Quick. Tom hatte seinen Freunden die Geschichte von ihr und ihm zu Grundschulzeiten in Mühlendorf erzählt. Er konnte es immer noch nicht glauben, in welchen Zufall er da geraten war. Sie standen auf einem großen Balkon im sechsten Stock auf der Rückseite der Klinik und rauchten. Die flache Hügellandschaft erlaubte einen weiten Blick. In der Nähe des Horizontes erhob sich Arthur's Seat, der uralte Vulkan, eine unwiderstehliche Magie ausstrahlend.

Konstanze hatte nicht lange gefackelt, nachdem Tom ihr erklärt hatte, warum sie so dringend nach Glasgow mussten. „Ich bin in spätestens einer Stunde wieder bei Euch." Mehr hatte sie nicht gesagt. Doch die Jungs hatten gespürt, dass sie einen Plan hatte.

Als sie zurückkam, forderte sie die Drei lediglich mit einem Blick auf, ihr zu folgen. In einem kleinen Besprechungsraum legte sie einen Haufen Papiere auf den Tisch und kam sofort zur Sache: „Ich brauche jetzt ein paar Unterschriften von euch", sprach's und legte einen Kugelschreiber neben den Blätterstapel. Sie verteilte ein paar Formulare an die Jungs. „Zuerst einmal die

Bestätigung Eurer Identifikation – Name, Adresse, Geburtsdatum, etc. – das seht Ihr ja." Sie füllten alles brav aus. „Hier habe ich vorläufige Reisepässe für Euch", sagte sie und hielt weitere Formulare hoch.

Konstanze hatte an alles gedacht: An eine Erklärung, dass sie sich in einem guten körperlichen und seelischen Gesundheitszustand befinden und auf eigenen Wunsch entlassen werden wollten, an ein exklusives Rückflugticket (Business Class) der Fluggesellschaft, das jederzeit in Anspruch genommen werden konnte und an 100 Pfund Bargeld pro Person – wie die Reisepässe zur Verfügung gestellt vom Auswärtigen Amt. Das alles galt es zu unterschreiben und zu quittieren. Zuletzt hatte Konstanze eine Schachtel Zigaretten, ein Feuerzeug und ein Prepaid-Handy mit 25 Pfund Guthaben auf den Tisch gelegt.

„Ich zeige euch, wo Ihr rauchen könnt. Inzwischen kümmere ich mich um die Abwicklung des ganzen Schriftkrams und wenn ich zurückkomme, könnt Ihr gehen." Tom fragte, wie sie das alles in so kurzer Zeit habe organisieren können. Konstanze lächelte überlegen, ohne arrogant zu wirken, bevor sie sagte: „Was meint Ihr, was hier los ist und was die Behörden in solchen Fällen möglich machen? Insbesondere, wenn die ganze Welt zuschaut. Da werden Weisungen von *ganz* oben umgesetzt. Unfassbar, wenn Ihr mich fragt, aber genial organisiert."

Die *Superstars* genossen die Sonne und den Blick vom Balkon. Tom zündete sich die zweite Zigarette an und wählte Marios Nummer. Er hatte die Lautsprecherfunktion des Handys eingeschaltet. „Mario Weber", meldete sich dieser sehr förmlich, weil er den Anrufer nicht identifizieren konnte. „Einen recht wunderschönen guten Bon Giorno, John Porno", meldete sich Quick aus dem Hintergrund und auf beiden Seiten der Funkverbindung brach Gelächter aus. Mario hatte sein Gerät nun auch auf laut gestellt und während er noch lachte, rief Malcom vom Fahrersitz aus: „Hey Jungs, ich bin auf dem Weg zum Badeurlaub an der Nordsee. Wie ist die Wassertemperatur?"

„Ein bisschen zu warm, wenn du mich fragst", meinte Tom, während er in die grinsenden Gesichter seiner Freunde schaute, „aber das ist schon okay. Sollen wir uns in Dunbar treffen? Da soll's super sein." „Nee lass mal", schaltete sich Mario ein, „da passieren mir zu viele Wunder." „Wo seid Ihr?", wollte Frank wissen. Mario antwortete: „Auf dem Weg nach Rotterdam. Im Moment stehen wir im Stau auf der A 40. Das Übliche. Sind aber nur drei Kilometer. Um neun Uhr heute Abend legt die Fähre ab. Was ist mit Euch? Geht's Euch allen wirklich gut? Keine Verletzungen oder so?"

„Saugut. Nichts passiert. Nenn es ein Wunder. Ich weiß auch nicht, wie ich es anders bezeichnen soll. Alles ist gut, Ihr braucht Euch keine Sorgen zu machen. Wir sind gleich aus dem Krankenhaus raus und machen uns auf den Weg nach Glasgow", meinte Tom.

„Angus wartet schon seit Stunden vor der Klinik", meinte Mario. „Wie geil ist das denn?", rief Quick dazwischen. „Schick mir bitte seine Handynummer, dann ruf ich ihn sofort an", bat Tom. „Mach ich." „Du glaubst nicht, wen ich getroffen habe", meinte Tom an Mario adressiert. „Wen denn?" „Konstanze Köhler, meine alte Schulfreundin aus Mühlendorf." Schweigen am anderen Ende und Tom fiel ein, dass er seinem Bruder nie von ihr erzählt hatte. „Ist auch egal jetzt, aber manchmal gibt's Zufälle, die nicht erklärbar sind." „Das stimmt", sprach Malcom dazwischen. „Wenn Eure Maschine, zum Beispiel, nicht genau in dem Winkel und mit genau der Geschwindigkeit aufs Wasser geklatscht wäre, wie es passiert ist, hätten wir die Gigs absagen müssen." „Meldet Euch mal von unterwegs. Ich melde mich, wenn wir Angus treffen", meinte Tom. „Alles klar und Tschüß!", riefen Malcom und Mario unisono. Sekunden später traf eine SMS mit Angus' Nummer ein. Tom rief ihn an. „How does it feel to be part of a miracle?", hatte Angus gefragt. Er sagte zu, so lange zu warten, bis er sie nach Glasgow mitnehmen könnte.

Die Balkontür wurde aufgezogen und Konstanze gesellte sich zu ihnen. Sie lächelte. „Es ist alles geregelt. Ihr könnt gehen. Ihr werdet gebeten, den Hinterausgang zu nehmen. Wegen der ganzen Pressemeute da draußen. Am Ausgang wartet ein Wagen, der Euch nach Glasgow bringt oder wohin auch immer Ihr wollt. Ich begleite Euch." Nacheinander umarmten Quick und Frank diese wunderbare Frau, die nun richtig gerührt war. Tom sah Konstanze lange in die Augen. „Weißt du eigentlich, was es uns bedeutet, was du da für uns getan hast?", fragte er sie. Für einen winzigen Moment wirkte sie sogar etwas verlegen. Dann wurde sie plötzlich ganz ernst. „Ich kann es mir vorstellen. Weißt du, Tom – du hast einen Vorteil." Sie machte eine kurze Pause und Tom sah sie fragend an. „Du kennst mich", sagte sie und dann brachen sie alle in Gelächter aus. In diesem Moment wünschte sich Tom nichts sehnlicher, als Konstanze zu heiraten. Er schloss sie in seine Arme und küsste sie ganz sanft auf die Wange. „Danke, du Engel", flüsterte er ihr zu, was sie erröten ließ.

„Na dann lasst uns mal aufbrechen, ich hab auch nicht ewig Zeit", mimte Konstanze die Gefasste. Sie drehte sich um und ging dem kleinen Grüppchen voran. Sie nahmen einen Fahrstuhl, doch der stoppte schon nach zwei Stockwerken. Wieder ging Konstanze voran und sagte über die Schulter hinweg zu ihren Begleitern: „Ihr hattet Euch doch gewünscht, Euch bei dem Piloten zu bedanken. Der freut sich schon auf Euch."

Sie blieb abrupt stehen und klopfte an eine Zimmertür zu ihrer Linken. Dann traten die Vier ein. Der Pilot lag in einem Einzelzimmer. Tom machte einen Tropf neben seinem Bett aus. Der Mann trug eine Halskrause aus Plastik. Die Rückenlehne seines Bettes war auf Sitzposition gestellt. Als sie eintraten, legte er die englische Ausgabe von Sir Walter Scotts „Waverly" zur Seite. „Das sind die Herren, die Ihnen danken möchten, Herr Richter", sagte Konstanze. Der Pilot, Tom schätzte ihn auf Ende fünfzig, lächelte, aber sagte nichts. Tom war etwas verlegen. Er begrüßte den Mann mit aller gebotenen Distanz und Höflichkeit. „Mein Name ist Tom Weber, Herr Richter. Ich möchte mich bedanken, dass Sie mein und unser aller Leben gerettet haben. Sie sind ein Held, Herr Richter, ein richtiger Held. Ich hoffe, dass es Sie selbst nicht zu schlimm erwischt hat und dass Sie bald wieder gesund werden."

Der Pilot winkte mit seiner linken Hand lässig ab. „Es ist nur ein Schleudertrauma. Nichts Dramatisches. Ich bin okay. Wissen Sie, ich bin einfach nur überglücklich, dass wir alle leben. Ich danke Ihnen von ganzem Herzen, dass Sie zu mir kommen. Das bedeutet mir sehr viel." Nun traten auch Frank und Quick hervor, um ihrem Lebensretter zu danken.

„Was sind Ihre Pläne? Was haben sie vor in Schottland?", fragte Richter unvermittelt und Tom erzählte ihm davon, erzählte ihm die ganze Gesichte seiner Freundschaft zu Angus und was sich daraus entwickelt hatte. Richter wirkte nachdenklich. „Wissen Sie, was ich gedacht habe, als die Maschine im Wasser trieb und es absehbar war, dass sich der Schaden in geringen Grenzen halten würde? Ich habe gedacht, dass mein ganzes Leben und mein ganzes Schicksal vielleicht auf diesen einen Moment ausgerichtet waren. Auf diesen einen Moment, in dem ich – wie ferngesteuert – alles richtig gemacht habe. Ich erkläre es mir so, dass wir alle noch etwas zu regeln haben, hier auf Erden." Und dabei verzog sich sein Gesichtsausdruck zu einem Lächeln, dessen Wärme die Herzen der *Superstars* zum Leuchten brachte.

„Eines möchte ich wissen, Herr Richter", sagte Tom. „Wie konnten so schnell so viele Rettungsboote da sein?" „Ich habe gleich im ersten Moment, als mir klar wurde, dass die Triebwerke es nicht mehr schaffen würden, einen Notruf mit den voraussichtlichen Koordinaten der Notwasserung abgesetzt. Bis zum Aufprall waren es von da an noch 15 Minuten. Feststeht, dass alle, egal ob Fischer, Rettungskräfte oder die Transportschiffer einfach großartig reagiert haben. Feststeht aber auch, dass wir wahnsinniges Glück hatten, genau dort zu landen, wo ich es nach meinen Berechnungen zu hoffen glaubte."

Sie verabschiedeten sich herzlich voneinander und als sie gerade im Begriff waren, den Raum zu verlassen, rief Richter ihnen hinterher: „Lasst es krachen bei Euren Gigs. Gebt alles – für Euch selbst und für Euer Publikum. Ich wünsche Euch alles Gute und viel Glück."

„Aye aye, Captain!", hatte Frank geantwortet.

Vor der Hintertür der Klinik wartete ein schwarzer SUV mit Fahrer. Tom hatte kurz mit Angus telefoniert und ihn zur Bahnstation Haymarket in Edinburgh gelotst. Frank und Quick hatten sich bereits von Konstanze verabschiedet und machten es sich auf den Rücksitzen in dem geräumigen Fahrzeug bequem.

„Wie lange wirst du noch hier sein? Ich meine, sehen wir uns wieder? Ich würde mich mehr als freuen", fragte Tom seinen braunhaarigen Engel. „Ich kann es dir nicht sagen. Ich hab deine Nummer, Tom, und rufe dich an, versprochen. Ich möchte dich auch gerne wiedersehen", sagte sie. Tom diktierte ihr noch schnell die Tourdaten in ihr Smartphone und dann verabschiedeten sie sich mit einem sanften Kuss. „Haymarket, please", sagte er, als er sich auf den Beifahrersitz schwang. „I know", sagte der Fahrer lächelnd.

Die Dämmerung hatte sich über Glasgow gelegt und im zweiten Stock eines Hauses an der Balcarres Avenue, lümmelten sich drei Deutsche und ein Schotte in bequemen Sesseln in einem riesigen Wohnzimmer und tranken Dosenbier. Angus hatte gleich mehrere Paletten davon eingekauft, nebst kulinarischer Verpflegung, die den Kühlschrank an seine Grenzen brachte. Er hatte sogar an Zahnbürsten und sonstige Hygieneartikel gedacht.

Tom empfing eine SMS von Mario: *„Sind jetzt auf der Fähre. Melde mich morgen früh."* Immer wieder hatten sie ihre unglaubliche Geschichte aus ihren unterschiedlichen Perspektiven erzählt. „It's unbelievable", hatte Angus nun schon gefühlte dreihundert Mal gesagt, bevor sich die Freunde verabschiedeten und sich die *Superstars* langsam in ihre Betten kuschelten.

Ein wunderbarer Tag in Glasgow wartete auf sie – ausschlafen, Scottish Breakfast auf der Byres Road, stöbern in Plattenläden, schottische Kumpels anrufen und mit ihnen ein paar Pints trinken und abends mit Malcom und Mario durch die Clubs stromern.

Wuuuuuuummmm! Malcom schoss aus seiner Koje. Normalerweise schlief er so tief wie ein Grizzly im Januar, aber in diesem engen und miefigen Kabuff auf dieser viel zu weichen und nach Desinfektionsmittel stinkenden Matratze war an Schlaf nicht zu denken. Der gedämpfte Knall und eine leichte Erschütterung hatten ihn sofort hochschrecken lassen. *War das eine Explosion?* Malcom war sich nicht sicher. Er sah hinüber zu Mario, der zu seiner Linken friedlich weiterschlief. *Was war das?* Malcom stand auf und streifte sich sein blaues T-Shirt mit dem Aufdruck *„Pro Delgado"* über. Aus dem Bullauge sah er hinaus in die Nacht. Der volle Mond warf ein fahles Licht auf die spiegelglatte Nordsee. Viel mehr konnte er nicht erkennen und dann zuckte er zusammen, als ihn plötzlich ein schrilles und immer wiederkehrendes Alarmsignal durchdrang. Über der Kabinentür blinkte dazu im selben Rhythmus eine rote Warnleuchte. *Scheiße*, dachte Malcom, *das ist bestimmt keine Übung.* Mario störte das alles überhaupt nicht. Der hätte auch bei einem Bombeneinschlag direkt neben seinem Bett weiter geratzt. Malcom stieß ihn kräftig an. „Mario! Mario! Aufstehen! Los werd' wach!", rief er seinem Freund fast direkt ins Ohr, bis Mario sich rührte und die Augen aufschlug. „Was ist?" Er wirkte äußerst verwirrt. Malcom sprang in seine Kleidung. „Mach dich fertig, Alter. Irgendwas ist hier gerade passiert." Mario war schlagartig voll da. Ohne etwas zu sagen, zu denken oder anzuzweifeln zog er sich an.

„Attention, attention! This is an emergency call", drang eine extrem höhenlastige, nasale Stimme durch einen kleinen Lautsprecher unter der Kabinendecke zu ihnen, überlagert durch das penetrante Alarmsignal. Aufgeregte Stimmen und Rufe vor ihrer Kabinentür. Malcom und Mario sahen sich kurz an. Sie streiften ihre Jacken über. Die Lautsprecherstimme war nun kaum noch richtig zu hören: „Assembly points … Lifewests …", viel mehr verstanden sie nicht. *Warum müssen Mikrofondurchsagen in öffentlichen Verkehrsmitteln eigentlich immer so beschissen undeutlich klingen?*, dachte Mario.

„Schwimmwesten. Wo sind die?", Malcom wirkte etwas hektisch. „Cool bleiben", meinte Mario und kniete sich vor seine Koje, unter der er eine Schwimmweste fand. Malcom tat es ihm gleich. Sie legten die gelben Lebensretter an und kontrollierten sich gegenseitig, ob sie das auch richtig getan hatten. Dann schnappten sie sich ihre Rucksäcke und verließen die Kabine. Auf dem engen Gang herrschte ein wildes Gedränge. Manche Menschen waren panisch. Alle stürmten Richtung Oberdeck. „Lass uns nicht aus den Augen verlieren und zusammenbleiben", rief Mario seinem Freund zu, der einen Meter vor ihm von einem drängelnden Menschen fast umgestoßen wurde. „Langsam, verdammte Scheiße!", schrie Malcom diesen an.

Im Schneckentempo stiegen sie eine steile Treppe hinauf, die auf das Oberdeck führte. *Was für ein Glück, dass unsere Kabine direkt darunter liegt*, dachte Mario. Draußen war es kalt, aber nahezu windstill. Und erst jetzt bemerkte er, dass die Fähre Richtung Heck eine leichte Schlagseite hatte. „Ach, du scheiße", sagte er zu Malcom. Um sie herum herrschte Geschrei und Gezeter, laute Rufe, Kommandos von der Besatzung, Chaos. Ein paar Meter von ihnen entfernt, stiegen Passagiere, gelotst vom Schiffspersonal, in ein Rettungsboot.

Urplötzlich sackte die Fähre weiter ab. Malcom und Mario verloren das

Gleichgewicht und wurden, wie viele andere, zu Boden geschleudert. Marios Fall wurde von einem anderen Menschen gestoppt. Gut dreißig Personen lagen verkeilt ineinander, wie ein menschliches Mikado. Schreie, Hilferufe, völliges Durcheinander.

Malcom zog seinen Freund auf die Beine und vereint halfen sie dann anderen, aufzustehen, was gar nicht so einfach war bei der Schräglage. *Das geht nicht mehr lange gut. Mindestens zwanzig Grad Schlagseite. Wir müssen runter hier.* Malcoms Verstand funktionierte zu seinem eigenen Erstaunen ziemlich gut. Er war nun die Ruhe selbst. Als er sich kurz umsah, entdeckte er, dass soeben ein Rettungsboot auf der anderen Seite der Fähre startklar gemacht wurde. *Kaum Leute da.* „Los Mario!", rief er, griff die Hand seines Freundes und kämpfte sich mit ihm gegen die Schieflage, hinüber auf die andere Seite. *Ist das jetzt Backbord oder Steuerbord?*, fragte er sich und dachte im selben Moment: *Wie kann man in so einer Situation nur so einen unwichtigen Mist denken?*

Ein Uniformierter ließ sie sofort in das Rettungsboot steigen, in dem vielleicht 20 Leute Platz haben mochten. Andere taten es ihnen gleich, sprangen in das Boot, das sich innerhalb von Sekunden gefüllt hatte. Der Uniformierte sprang als Letzter hinein und betätigte einen Mechanismus, mit dem es gut 12 Meter tief zu Wasser gelassen wurde.

Der Kommandant ihres Bootes rief ihnen auf Englisch zu, ihre Schwimmwesten aufzublasen, als die Fähre ein weiteres Stück absackte und nun ganz langsam und gefährlich immer weiter mit dem Heck im Meer verschwand. „Achtung!", brüllte der Kommandant und Mario dachte noch darüber nach, warum er plötzlich Deutsch sprach, als dieser das Boot mit einem Knopfdruck aus den Ketten ausklinkte, die es langsam nach unten hatten führen sollen. Aus zwei Metern Höhe krachte das Rettungsboot auf die Oberfläche und Malcom wurde katapultartig in die Nordsee geschleudert. Zwei weitere Leute flogen hinterher.

Okay, war 'n Scheißwitz, der mit der Wassertemperatur, dachte Malcom beim Eintauchen in das eiskalte Element. Als er auftauchte, schnappte er nach Luft. Es war so kalt, dass er kaum atmen konnte. Sofort flog ein Rettungsring in seine Nähe, eine Armlänge entfernt. Das erschien ihm wie eine unendliche Distanz. Er hatte das Gefühl, sich gar nicht bewegen zu können. Die Kälte hatte ihn gelähmt. Ein paar Zentimeter noch – er schaffte es, den Ring zu fassen, umschlang ihn mit seinem rechten Arm. Als er kurz nach oben schaute, sah er drei Menschen, die von der Fähre heruntersprangen.

„Halt dich fest!!!", rief Mario ihm zu. Antworten konnte Malcom nicht. Mario zog ihn mit Hilfe von zwei anderen Leuten zum Rettungsboot. Alle im Boot waren irgendwie damit beschäftigt, mit Ringen, Seilen und Stangen diejenigen zu bergen, die über Bord gegangen waren. Mit vereinten Kräften zogen sie Malcom aus dem Wasser. Jemand warf ihnen eine Thermodecke zu. Mario befreite seinen Freund von seiner Schwimmweste und seiner Jacke und hüllte ihn schleunigst in das goldfarbene Material ein. Auch auf der anderen Seite des Bootes wurden Leute aus dem Wasser gehievt. Danach steuerte der Kommandant auf diejenigen zu, die nahe der untergehenden Fähre hilflos im Wasser trieben. Mario sah einen weißen VW-Golf am Boot vorbei treiben und untergehen. Die Fähre ächzte in ihrer Agonie. Mario hörte Metall bersten und dachte: *Weg hier!*

Sie hatten drei weitere Personen geborgen. Dann drehte der Uniformierte ab und suchte mit dem völlig überladenen Boot das Weite, während die Fähre weiter sank und sich um sie herum ein riesiger Sog bildete. Malcom saß zusammengekauert und bibbernd zwischen Mario und einem Holländer, die sich eng an ihn drückten. Malcoms Lippen waren lila gefärbt. *Er braucht schnellstens Hilfe*, dachte Mario. „Hat vielleicht irgendjemand 'ne Zigarette? Cigarettes anyone?", fragte Malcom. Der Holländer hatte. Malcom dankte ihm und sog den Rauch tief ein. *Mein Gott, tut das gut*, dachte er, zitternd.

Mario schaute sich zu allen Seiten um. In einiger Entfernung hinter ihrem Boot schimmerten die letzten Lichter der Fähre unwirklich unter der Wasseroberfläche. Rechts und links erblickte er mehr als ein Dutzend Rettungsboote, die alle in dieselbe Richtung tuckerten. Ihre Scheinwerfer durchschnitten den hauchzarten Dunst, der über dem Wasser hing. Einige Rettungsinseln trieben orientierungslos im Meer und geradeaus war nichts als Wasser zu sehen. *Kein Land in Sicht. Scheiße.* „Halt durch mein Freund", sagte er zu Malcom, der sich eisern an seiner Zigarette festhielt. „Was denn sonst?", meinte Malcom.

Mario hatte keine Ahnung, wo sie waren, wie weit es bis zur nächsten Küste sein könnte, wie spät es war und ob von irgendwoher Hilfe kommen würde. Er wurde ungeduldig. „Any idea where we are?", rief er dem Kommandanten zu. Der Angesprochene ließ sich Zeit mit einer Antwort. „We're not too far away from Great Yarmouth, British Eastcoast. There must be help on the way, hopefully. We sent an S.O.S more than half an hour ago." Mario konnte sich nicht dagegen wehren, dass eine Textzeile aus „Message in a bottle" von *The Police* plötzlich in seinem Kopf umher schwirrte. *I send an S.O.S. to the world* … „What's the time now?", wollte er wissen. Der Mann schaute auf seine wasserdichte Uhr. „It's two fiftyfive a.m." „Thank you."

„Dann haben wir fast die Hälfte der Strecke geschafft", schaltete sich Malcom ein. „Zeit genug, um später einen Zug oder Flieger nach Glasgow zu nehmen. Bis zum Gig in Motherwell sollten wir es auf jeden Fall schaffen", kalkulierte der unterkühlte Schotte. Mario war perplex. „Du brauchst erst mal einen Arzt", sagte er bestimmend. „Scheiß auf'n Arzt. Ich brauche trockene Klamotten, ein bisschen Sonne und endlich ein Bier", erwiderte Malcom. Diejenigen an Bord, die deutsch verstanden, lachten.

Und dann wurden sie plötzlich alle wieder richtig lebendig, denn ihre Hoffnung keimte auf, als Scheinwerfer den Nachthimmel aufhellten. Mario beneidete die Hubschrauberflotte, die sich von Norden her den Schiffbrüchigen näherte, um ihren Basswumms und in nordwestlicher Richtung machte er nun auch riesige Scheinwerfer auf dem Wasser aus. „Na endlich", meinte Malcom erleichtert. „Ich brauche dringend trockene Socken."

Tom schlief unruhig. Als er von seinem Sofa aufstand, war es noch dunkel. Er ging zur Toilette und griff sich auf dem Rückweg das Handy vom Wohnzimmertisch, um nach der Uhrzeit zu sehen. 6:13 verriet ihm das Display und es verriet ihm auch, dass er eine SMS bekommen hatte. *Mario*, dachte er und öffnete die Nachricht. *„Ruf mich sofort an, wenn du das liest. Notfall!"*, las Tom und wählte augenblicklich die Nummer seines Bruders.

„Hey Tom. Gut, dass du anrufst. Um ehrlich zu sein, hätte ich erst viel später damit gerechnet."

„Kann nicht schlafen. Was gibt's?"

„Katastrophe. Unsere Fähre ist abgesoffen und Malcom und ich stecken hier in einer Turnhalle in Yarmouth, Südengland, fest. Mir ist nichts passiert. Malcom hat sich eine leichte Unterkühlung eingefangen, ist aber wohl alles nicht so schlimm, wie ein Sani sagte."

Tom schwieg und setzt sich hin. Er wollte seinem Bruder sagen, dass er sich selbst verarschen könne, aber dafür hatte Mario viel zu ernst geklungen. Im Hintergrund hörte Tom ein gedämpftes Stimmengewirr. „Was sagst du da?", fragte er.

„Wir haben jetzt auch unser Wunder erlebt. Kein Witz. Auf der Fähre hat es eine ziemliche Explosion gegeben. Mitbekommen habe ich, dass es auf dem untersten Parkdeck passiert sein muss. Jedenfalls habe ich ziemlich schlechte Nachrichten. Unsere Backline und Instrumente sind abgesoffen und liegen jetzt wahrscheinlich auf dem Grund der Nordsee."

„Das ist doch jetzt scheißegal." Tom war aufgeregt. „Euch geht es wirklich gut?"

„Ja, Tom. Wirklich."

„Hat es Tote gegeben?", fragte Tom.

„Das ist der nächste Hammer. Es haben wohl alle überlebt. Auf der Fähre müssen ca. 300 Leute gewesen sein. Alle haben es geschafft – Verletzungen, ja und auch jede Menge Unterkühlungen, aber alle leben." Tom brauchte einen Moment, um das zu verarbeiten. Er fragte sich, was diese Katastrophen mit ihnen zu tun hatten. „Was passiert jetzt mit Euch?", fragte er. „ Können wir irgendwie helfen? Sollen wir da runterkommen?"

„Abwarten. Wir sind hier schon offiziell registriert wegen der Versicherung und so. Wir haben unsere Rucksäcke mitnehmen können und soweit alles Wichtige dabei. Also wir könnten jederzeit hier aufbrechen." „Dann halt mich auf dem Laufenden, okay? Ich penn jetzt nicht mehr. Ruf jederzeit an. Was ist mit Malcom? Ist er sonst okay?" „Ja, ist er. Er schläft ein bisschen. Hat halt seine Klamotten nicht mehr und steckt in so einem stylischen Armee-Jogging-Anzug." Jetzt konnte Tom wieder grinsen. „Damit das klar ist: Gegen unser Wunder könnt Ihr trotzdem nicht anstinken."

Mario lachte. „Na komm, so 'n Schiffbruch ist auch nicht ohne. Gib bloß nicht so an mit Eurem lächerlichen Sturz vom Himmel. Sag mal, könnte es sein, dass die Katastrophen irgendetwas mit uns zu tun haben? Haben wir irgendetwas Schlimmes ausgefressen?"

„Ich habe keine Ahnung. Soll ich Sven und Kurti Bescheid sagen?"

„Mach ich schon. Erst mal meld ich mich dann auch mal bei der Familie. Das Spektakel läuft sicher schon am Fernsehen. BBC ist hier und ich habe auch ansonsten jede Menge Kameras vor der Halle gesehen. Bevor ich's vergesse: Weißt du schon, wie Borussia gespielt hat?"

Tom hatte es völlig vergessen, dass der BVB am Dienstagabend ein Champions-League-Spiel bei Juventus Turin hatte. „Nein – weißt du es?"

„2:1 vergeigt. Kenne auch nur das Ergebnis."

„Das lässt ja wenigstens hoffen fürs Rückspiel."

„Find ich auch."

Die Brüder verabschiedeten sich herzlich und als er das Handy weg legte, sah Tom, dass Quick im Türrahmen stand. „Was ist los?", fragte er.

„Das glaubst du nicht."

„Ist ja nicht das schlechteste Ergebnis für das Rückspiel, aber da war mehr drin für Lüdenscheid", sagte Kurti, der Schalker, als er den Sportteil der „Hammerschlager Stimme" mit einem Artikel über die gestrige Dortmunder Niederlage bei Juventus zusammenfaltete und weglegte. „In *dieser* Saison drauf zu hoffen, dass es Borussia in der Champions League noch weit bringt, wäre ja auch ein bisschen vermessen", meinte Sven. „Momentan bin ich einfach heilfroh, dass wird nicht Letzter sind." Vergangenen Freitag hatte er gebannt den knappen Dortmunder Sieg in Stuttgart im „Blauen Engel" verfolgt und hatte danach tief durchgeatmet. Bis auf Platz 12 hatte sich der BVB nun gehangelt, nachdem er Anfang des Monats auf den 18. Platz abgestürzt war. *Was ist da nur los?*, hatte sich Sven gefragt und gleichzeitig befürchtet, dass der Borussia der Abstieg drohte. *Nicht auszudenken*, hatte Sven gedacht und gleichzeitig geschmunzelt bei der Vorstellung an ein Zweitligaheimspiel gegen Sandhausen vor über 80.000 Zuschauern. Mit Daumen und Zeigefinger massierte sich Sven seine Nasenwurzel. Er war hundemüde, weil er kaum geschlafen hatte. Es war zwanzig nach zehn und er saß mit Kurti im Regionalzug nach Hagen. Von dort würde es weitergehen nach Köln und von da Nonstop bis Brüssel, um in Bruxelles-Midi in den „Eurostar" zu wechseln. Gut 20 Stunden Reisezeit lagen vor ihnen und Sven hatte im Augenblick keine Idee, wie er das überleben sollte. Er wollte etwas schlafen, doch in dem Moment spielte Kurtis Smartphone „Swampsnake" von *Alex Harvey*.

„Das ist Mario", sagte Kurti zu Sven. „Mario, alten Wemser! Was gibt's?", rief Kurti freudig durch das Abteil. Dann schwieg er lange. Ab und zu sagte er mal „Nä" oder „Das gibt's doch nicht" oder „Ach du scheiße" und das beunruhigte Sven nun doch etwas, so dass er wieder die Augen aufschlug und seinen Kumpel fragend ansah, als dieser das Gespräch beendete. Als Kurti ihm von der Schiffskatastrophe erzählte, hatte Sven das Gefühl, brechen zu müssen.

„Wir sind jetzt in Norwich am Flughafen und warten auf unseren Flieger nach Edinburgh. Kommen etwa 14 Uhr dort an", meldete sich Mario bei Tom. Der blickte auf zu der gitarrenförmigen Uhr über der Bar im Solid Rock Cafe. Sie zeigte 12:15 an. „Das hört sich gut an. Hör zu, es gibt eine neue Busverbindung vom Flughafen Edinburgh nach Glasgow. Nehmt die. Ist am schnellsten. Meld dich zwischendurch. Wir holen Euch an der Buchanan Bus Station ab und dann lad ich euch auf ein anständiges Essen und ein paar Pints in die Horseshoe Bar ein."

„Das hört sich gut an. Habt Ihr schon Fernsehen geschaut? Malcom hat der Scottish BBC ein Interview gegeben. Kein Witz – mit der Reporterin hat er vor ungefähr 100 Jahren einen Tontechnik-Kurs am College gehabt. Hättest unseren Angeber mal sehen sollen. Es würde mich brennend interessieren, ob das gesendet wird."

Kurz nachdem er wach geworden war, hatte sich Malcom zielstrebig um eine ärztliche Untersuchung gekümmert und darauf gepocht, dass man ihn und Mario aus dem provisorischen Auffanglager entließe. Sie hatten ein paar Formalitäten erledigen müssen und sich dann einer Gruppe angeschlossen, die ihre Reise fortsetzen wollte. Ein Shuttle-Bus war bereits organisiert. Er sollte die Leute in die nächstgelegene größere Stadt, nach Norwich, bringen. Die Reederei hatte unbürokratisch allen Passagieren ihre Reisekosten in bar zurück erstattet, was es Mario und Malcom erlaubte, einen Flieger nach Schottland zu nehmen.

Auf dem Weg zum Bus wurde die Gruppe vor der Turnhalle von den Medienvertretern in Empfang genommen. Sie stürzten sich auf die Überlebenden wie ein Schwarm ausgehungerter Aasgeier auf ein verendetes Longhorn-Rind in der Sierra Nevada. Malcom und Mario mittendrin. Einige Leute aus der Gruppe waren geil darauf, ihren kurzen Moment der Berühmtheit zu haben und warfen sich den Aasgeiern an den Hals. Die Security-Leute, die eigentlich dafür abgestellt waren, das zu verhindern, hatten angesichts der Unmöglichkeit, diesen Job zu erfüllen, resigniert und der abfahrbereite Busfahrer in 50 Meter Entfernung richtete sich auf eine längere Wartezeit ein.

„Wanky???!" „Wanky Wallace?!" Malcom hatte seinen Spitznamen seit seiner Zeit am North Glasgow College nicht mehr gehört und blickte irritiert in die Richtung, aus der die Frauenstimme gekommen war. *Das gibt's nicht*, dachte er, *Lucy McLeod.*

Als er sie zuletzt gesehen hatte, war sie ein freakiger Teenager gewesen. Eigentlich waren alle aus der damaligen Clique ein Haufen von Freaks gewesen – Musiker, bildende Künstler, Soundtechniker, Computer-Nerds und Designer. Ihre Treffpunkte waren die coolen Clubs in dieser Zeit gewesen, das „King Tut's", das „Sleazy" oder das „Strawberry Fields", wo sie sich die angesagtesten Indie-Bands der Stadt angesehen hatten.

Sie hatten damals tonnenweise Drogen geschluckt, geraucht und durch ihre Nasen gezogen und nicht selten hatten die Nächte mit einer Flasche „Buckfast" und der völligen Zerstörung ihres Bewusstseins in irgendwelchen Proberäumen befreundeter Musiker geendet, die in damals völlig unbekannten Bands spielten wie *Blue River Giants*, *Snow Patrol*, *Permagrin* oder *Shrinking Violet*.

„Hey Lucy McLeod – Geeza swatch ya fanny!", rief Malcom ihr zu und sie bahnte sich, mit einem Mikrofon bewaffnet, einen Weg zu Malcom. Mario hatte nicht mal ansatzweise begriffen, was da gerade vor sich ging. Zu sehr war er damit beschäftigt, sich über die Dumpfbacken zu ärgern, die sich freiwillig der Pressemeute zum Fraß vorwarfen, doch als er Malcoms Satz hörte, wusste er, dass es sich um so etwas wie einen Glaswegian-Code handelte und das erregte seine Aufmerksamkeit. Lucy und Malcom hatten sich herzlich begrüßt und eine kurze Zeit geplaudert. Mario hatte sich kurz hinzugesellt, doch kein einziges Wort verstanden. Zu schnell brabbelten die beiden in ihrem Glasgow-Akzent. *Ich bin dann mal raus*, hatte er gedacht und sich wieder etwas von ihnen entfernt, als Lucy ihrem alten Kumpel ein Mikro unter die Nase hielt und ein Kameramann, den sie zuvor instruiert hatte, Malcoms Gesicht in Großaufnahme einfing. Fünf Minuten später war der Take beendet und Malcom verabschiedete sich herzlich und mit einem Küsschen von Lucy. Weitere fünf Minuten später konnten sie endlich ihren Bus besteigen und Malcom erzählte Mario seine Geschichte mit Lucy McLeod. „Und was hast du bei dem Interview gesagt?"

„Ich hab halt ein bisschen von dem erzählt, was wir erlebt haben. Aber die eigentliche Story ist ja, dass wir auf Schottland-Tour sind und unsere Kumpels mit dem Flieger abgestürzt sind und überlebt haben und wir eine Schiffskatastrophe heil überstanden haben und wir uns in Glasgow treffen wollen. Ergo – eine Band, zwei Wunder. Und diese Band spielt am 28.2. im ‚Nice & Sleazy'. Das habe ich ihr gesagt. Und Handynummern haben wir natürlich auch getauscht."

„Der Zug könnte entgleisen."

„Oder mit einem anderen Zug zusammenstoßen."

„Stimmt. Es könnte auch ein Selbstmordattentäter an Bord sein."

„Oder es könnte der Eurotunnel über uns einstürzen."

„Auch möglich …." Kurti dachte über ein weiteres Unglücksszenario nach, aber es fiel ihm keines mehr ein. „Wie auch immer. Die statistische Wahrscheinlichkeit, dass sich in *einer* Band gleich *drei* Verkehrskatastrophen ereignen, dürfte gegen Null tendieren", meinte Sven.

In fünf Minuten würde ihr Zug Bruxelles-Midi erreichen und sie würden umsteigen in den „Eurostar", der sie unter dem Ärmelkanal hindurch, auf die britische Insel bringen würde.

„… und das wirklich Unglaubliche ist: Die Jungs aus dieser Band, also die *Superstars*, stehen am Samstagabend auf der Bühne im ‚Nice & Sleazy' in Glasgow. Das muss man sich mal vorstellen – selbst ein Flugzeugabsturz und der Untergang einer Fähre können die nicht stoppen und sie spielen wirklich geilen Rock'n'Roll. Also, wenn Ihr die Wonder Boys live sehen wollt, kommt Ihr am Samstag zur Sauchiehall Street", hatte Malcom breit grinsend auf Schottisch in die BBC-Kamera gesagt. Sein Bild und sein Statement flimmerten jetzt bereits zum zweiten Mal an diesem Abend über die sechs großen Flachbildschirme in der „Partick Brewing Company", Angus' Stammkneipe.

Die Männer hatten ihr Wiedersehen unter diesen kuriosesten aller denkbaren Umstände überschwänglich gefeiert. Angus hatte einige gemeinsame schottische Freunde angerufen und das fünfzehn Mann zählende Grüppchen hatte sich Malcoms großen Auftritt zunächst gespannt angesehen, um danach in ein infernalisches Gejohle und Gelächter einzustimmen, wobei jeder Malcom herzte und ihn zu seinem professionellen Auftritt beglückwünschte.

Natürlich kannten die schottischen Freunde alle Lucy McLeod, mit der sie damals um die Häuser gezogen waren. „Ruf sie an, die soll zu dem Gig im ‚Sleazy' kommen und wir lassen eine Party steigen wie früher", animierten sie Malcom.

Ian Shaw war einer von Toms ältesten Freunden in Schottland. Er war Sänger in einer Metalband, mit der die *Rock'n'Roll Junkies* Konzerte in Schottland und Deutschland gespielt hatten. Ian nahm seinen deutschen Freund in den Arm und bot ihm einen Lagavullin an, Toms Lieblingswhiskey. Ian bemühte sich – wie immer, wenn sie zusammen waren – ein verständliches Englisch zu sprechen. „Weißt du, wie voll das Samstag wird? Ihr könnt'ne Security-Staffel anheuern, um die Massen zu bändigen." „Nun übertreib mal nicht …" „Achte drauf – das wird so was von voll." „Danke übrigens, dass Ihr uns eure Backline und Instrumente leiht. Ich weiß auch nicht, was da mit Malcom und Mario los war, ob die einfach nur zu blöd waren oder keine Lust hatten, unsere Anlage zu retten." Ian lachte. „Stimmt, Gringo. Die hätten auch auf der Ampeg-Box an Land schwimmen können."

Mario hatte zwischenzeitlich mit Sven und Kurti telefoniert und erfahren, dass sie in wenigen Minuten in den Eurotunnel einfahren würden. „Ich hab's ja fast nicht mehr geglaubt, dass alle Mann heile und pünktlich zum ersten Gig kommen, aber es sieht fast danach aus, als sollte es gelingen", meinte Mario beschwingt zu Quick, der eine ganz tiefe innere Ruhe und Zufriedenheit ausstrahlte, während er genüsslich an seinem Guiness nippte. „Naja, noch sind Sven und Kurti nicht da", schaltete sich Frank ein, was Mario mit einem Lacher quittierte.

Mit hundertsechzig Sachen raste der Zug in den Tunnel hinein und Kurti hatte ein etwas mulmiges Gefühl, denn er hatte sich seit der Einfahrt in den Schlund aus dickem Beton Gedanken darüber gemacht, wie grotesk unnatürlich diese Situation eigentlich war. Da saßen um die hundert Menschen gemütlich in ihren weichen Sitzen – manche von ihnen schlummerten sogar friedlich vor sich hin, so wie Sven – und ballerten mit einem Höllentempo durch eine Röhre, die teils mehr als 50 Meter unter dem Meeresboden lag und über ihnen wogten Abermilliarden Liter Meerwasser, in dem sich neben vielen friedlichen Fischen bestimmt auch Seeungeheuer tummelten. Unwillkürlich dachte Kurti an Riesenkalmare, Megamouth-Haie und Pottwale. Warum ihm nun gleichzeitig auch ein Petunientopf in den Sinn kam, verstand er selbst nicht.

Er versuchte die Gedanken zu verscheuchen, indem er sich wieder seinem Tablet widmete und die neuesten Meldungen über die Fährkatastrophe las.

Einen Toten hatte es dann doch gegeben, nämlich den Fahrer eines molwanischen Gemüsetransporters, der – laut Augenzeugenberichten – wohl der Verursacher des Unglücks gewesen sein musste. Bei seinem Versuch, den löchrigen Auspufftopf seiner Klapperkiste mit einem mobilen Schweißgerät zu flicken, mussten ein paar Funken auf den Leck geschlagenen Gastank eines Wagens übergesprungen sein, der direkt an der Außenwand der Fähre gestanden hatte. Bumm!

Kopfschüttelnd wischte sich Kurti weiter durchs Netz und schaute gewohnheitsmäßig nach neuen Themen und Einträgen in dem Forum „Politik in Hammerschlag". „So eine gequirlte Scheiße", entfuhr es ihm nach einigen Augenblicken. „Was ist los?", murmelte Sven mit geschlossenen Augen. „Diese widerliche Hetze", sagte Kurti, ohne seinen Blick vom Tablet abzuwenden. Sven schlug die Augen auf. „In Hammerschlag werden 20 neue Asylbewerber aus Syrien untergebracht und schon bricht ein Sturm der Entrüstung los mit deutschnationalem Vokabular wie zu finstersten Weimarer Zeiten", erklärte Kurti.

Nun war Sven wach.

„Und da! Warum darf man so was schreiben: ‚Abschießen!', postet da irgend so ein anonymer Schwachmat." Kurti war aufgebracht und nahm sich vor, das anonyme Posting anzuzeigen. „Woher kommt dieser Hass?", fragte er Sven. „Angst. Bildungsferne", sagte Sven knapp und fuhr fort: „Und die scheinbar einfachen Lösungen für komplexe Probleme, die die Rechten propagieren." „Und Assi-TV als Hauptinformationsquelle", sagte Kurti. Beide sahen aus dem Fenster und schwiegen einen Augenblick lang. *Überall in Deutschland verbreiten die Brandstifter Lügen, lassen sich die ganz normalen Biedermänner gegen alles Fremde aufhetzen und fürchten den Untergang des Abendlandes, angeführt von kühl kalkulierenden Demagogen – verdammte Scheiße, wir müssen uns wehren gegen diese braune Sülze!*, dachte Kurti.

„‚Wenn die Volksseele allzeit bereit, Richtung Siedepunkt wütet und schreit ... '", zitierte Sven *„... heil Halali und grenzenlos geil, nach Vergeltung brüllt, zitternd vor Neid. In der Kristallnacht'"*, vollendete Kurti.

Ein moderater Signalton wies Kurti auf einen neuen Eintrag auf seiner Seite eines sozialen Netzwerkes hin. Kurti wischte sich dorthin durch und fand ein Video, das Malcom zeigte. Staunend nahm er zur Kenntnis, dass es bereits mit über 10.000 „Likes" bedacht war. *Super – dank Malcom sind wir jetzt berühmt*, dachte er, hatte aber keine Gelegenheit mehr, es Sven zu sagen, denn im selben Moment hoben beide irritiert ihre Köpfe und fragten sich: *Warum werden wir plötzlich langsamer?* Der Zug bremste merklich ab, bis er schließlich komplett zum Stehen kam. In ihren Hirnen standen dicke Frage-zeichen. „Was ist denn jetzt los?", fragte Sven seinen Kumpel, der lediglich mit den Achseln zuckte und ansonsten ziemlich ratlos wirkte. Eine unverständ-liche Durchsage auf Französisch änderte daran auch nichts. Erst als Thierry, *„Votre Manager du train"*, wie er sich zu Beginn der Reise mit betont femi-niner Stimme vorgestellt hatte, auf radebrechenem Englisch erklärte, dass es ein kleines Problem auf der Strecke gebe, veränderte sich Kurtis Gesichtsaus-druck. „Okay – ", sagte er langsam mit Betonung auf dem „äi". Thierry beeilte sich indes mit der Bemerkung, dass es keinen Anlass zur Beunruhigung gebe. „Nee, schon klar", meinte Kurti und Sven sah grinsend aus dem Fenster in die Dunkelheit hinein. *Wenn hier jetzt irgendwelche Zombies aus dem Schatten schlurfen und gegen die Scheibe hämmern würden, würde es mich nicht wundern*, dachte er. Der Zug setzte sich langsam wieder in Bewegung. Allerdings fuhr er nun rückwärts. „Hömma Thierry, falsche Richtung", rief Sven.

Wie sie später erfuhren, hatte es im Eurotunnel, gute achtzehn Kilometer vor ihnen, mehr als heftig gescheppert. Bei Tempo 190 hatte der Radbruch eines Waggons den kompletten Güterzug vor ihnen entgleisen lassen, was zu einer gewissen Unordnung in der Tunnelröhre geführt und eine Weiterfahrt unmöglich gemacht hatte. Thierry hatte untröstlich gewirkt und den Leuten in den Abteilen sogar persönlich erklärt, dass in Coquelles, dem Ausgangs-punkt des Tunnels auf französischer Seite, ein Shuttle-Bus auf sie warten werde, der sie nach Calais bringen solle. „Eurostar" habe bereits eine Fähre für die Zugpassagiere buchen lassen, die sie nach Dover bringen würde. Die Fähre werde um ca. 1 Uhr ablegen. Sven sah auf seine Uhr. Es war 22:45.

Um 1:30 stach ihr Schiff tatsächlich in See und Kurti schrieb eine Text-nachricht an Mario, dass sie sich wohl etwas verspäten würden. Auf seinem Tablet hatte er alternative Zugverbindungen gefunden. „Wenn wir von Lon-don aus einen Flieger nach Glasgow nehmen, wird das Ganze viel unstres-siger", schlug Sven vor. Kurti sah ihn mit großen Augen an. „Niemals!" „Jaja, schon gut", lenkte Sven ein.

Um 3 Uhr legte die Fähre in Dover an. Eine Stunde später erwischten Sven und Kurti den nächsten Zug nach London. Sie waren gerädert und todmüde. Sven überschlug, dass sie in acht bis zehn Stunden in Glasgow ankommen würden. Vielleicht hätten sie noch eine Stunde Zeit, um sich kurz in der Woh-nung auszuruhen, ein kleines Nickerchen zu machen, doch dann würden die *Superstars* wohl auch schon langsam in Richtung Motherwell zum Sound-check aufbrechen müssen.

„Okay, Sven. So läuft's", sagte Kurti, nachdem er zehn Minuten lang ziem-lich konzentriert auf sein Tablet geschaut hatte und dabei öfter mal mit dem

Zeigefinger darüber gewischt hatte. „Wir kommen gegen sechs Uhr in London an, Waterloo-Station." „*Prepare yourself to go – Waterloo-Station*", trällerte Sven dazwischen, die hohe Stimme von *Fisher Z*-Sänger John Watts ziemlich schlecht imitierend. Kurti lachte. „*The worker*", erkannte er den Song sofort. „Also noch mal. Laut Plan sollte unser Zug um 6:03 Uhr in Waterloo einfahren." „Vorausgesetzt wir stoßen nicht mit einem anderen Zug zusammen, entgleisen nicht oder ..." „Jetzt halt doch mal die Klappe, Sven." Kurti musste immer noch lachen. Er fuhr fort: „Dann müssen wir die Untergrundbahn nach Euston nehmen. Fahrtzeit: 13 Minuten. Um 6:27 Uhr fährt von dort der Zug nach Glasgow. Ankunft in Glasgow: 13:30 Uhr. Wenn wir den Zug verpassen, fährt der nächste zwei Stunden später. Das könnte dann ziemlich eng werden. Das heißt also: Wenn wir in Waterloo ankommen, müssen wir lossputen zur U-Bahn und hoffen, dass wir es zeitig nach Euston schaffen." „Aye, Sir!", meinte Sven.

Zu ihrer Verwunderung kamen sie tatsächlich um drei Minuten nach sechs in Waterloo an. Sie schnappten sich ihre kleinen Koffer, orientierten sich kurz und rannten los. Um diese Uhrzeit war für Londoner Verhältnisse noch nicht allzu viel los. Sie zogen sich ein Ticket am Automaten, hatten schnell heraus gefunden, in welche Richtung sie mit der Tube fahren mussten, passierten die Drehkreuze und standen nun auf einer sehr langen und steilen Rolltreppe, die zwei Stockwerke tief nach unten führte.

Um die dann folgende Situation verstehen zu können, muss man wissen, dass Kurti auch mit 46 Jahren sehr sportlich war. Er war schon immer eine Sportskanone gewesen, hatte früher einmal Fußball gespielt, durchaus erfolgreich sogar, in der Landesliga. Und wenn er heute mal nicht mit den Alten Herren trainierte, ging Kurti zum Kickboxen und machte ohne Ende Krafttraining. Manchmal vier Mal pro Woche. Dazu belegte er Ausdauerkurse im Fitness-Studio und preschte mit seinem Mountain-Bike die Berge auf und ab. Kurti war also sehr gut in Form und er hatte schon immer einen ausgeprägten Gerechtigkeitssinn gehabt.

Als er am Fuß der gegenüberliegenden, nach oben führenden Rolltreppe sah, wie ein junger Bursche einer älteren Dame die Handtasche entriss, sie während eines kurzen Gerangels einfach umstieß und dann mit der Tasche in der Hand, die Rolltreppe hoch hastete und dabei rücksichtslos andere Menschen anrempelte, so dass diese zu Fall kamen, hatte Kurti nicht überlegt. Er ließ seinen Trolly los, sagte noch so etwas wie „Halt mal" zu Sven und schwang sich blitzschnell auf den Handlauf. Wie auf einem Surfbrett stehend, balancierte Kurti sein Gewicht aus und Sven rief noch: „Lass den Scheiß!". Doch sein Freund hörte nichts mehr. Als der Dieb vielleicht noch drei Meter von ihm entfernt die Rolltreppe nach oben raste, stürzte sich Kurti mit einem

Hechtsprung auf ihn und Sven hatte in diesem Moment gedacht, dass das genauso gut ausgesehen hatte wie bei James Bond.

Die beiden purzelten ineinander verkeilt die Stufen herunter, begleitet von „Ah" und „Oh"-Rufen und überraschten Schreien der Londoner Passanten, die solch ein Spektakel am frühen Morgen nun auch nicht alle Tage zu sehen bekamen. Sven hatte die Szenerie staunend verfolgt, während seine Treppe unaufhaltsam weiter nach unten und Kurtis nach oben rollte. Er sah, wie Kurti sich schnell aufrappelte und dem Jüngeren zwei kurze harte Haken ins Gesicht verpasste. Kurti stand augenblicklich wieder auf und drehte sich rückwärts zu Sven, der soeben die Rolltreppe verließ. „Der ist fertig damit", rief Kurti ihm zu und Sven schüttelte verständnislos den Kopf, ehe er sich um die bestohlene alte Dame kümmerte, die sich mit seiner Hilfe nun langsam hoch rappelte. Sven gab ihr auch ihre Handtasche wieder, die bei dem Gerangel auf der Rolltreppe in hohem Bogen auf den Bahnsteig gesegelt war.

Die Dame tätschelte Svens Wange und hakte sich bei ihm unter. „I have to thank this wonderful young man, who saved my bag. Let's go", sagte sie mit einem charmanten Schmunzeln und Sven fuhr mit ihr nach oben. Dort hatte Kurti den Taschendieb ein paar Meter über den Boden geschleift, ihn auf den Bauch gelegt, sich auf ihn gesetzt und ihm beide Arme auf den Rücken gedreht. Erst jetzt bemerkte er, dass sich um sie herum ein Ring von gut dreißig Menschen gebildet hatten, die ihm applaudierten.

Nun bahnten sich von der einen Seite vier Bobbys und von der anderen Seite Sven und die alte Dame einen Weg durch den Menschenring. Die Polizisten kümmerten sich um den Dieb, während die spindeldürre Omi dem kräftigen Kurti einen Kuß auf die Wange drückte und einen Schokoriegel aus ihrer Handtasche kramte, den sie ihm als Dankeschön überreichte. Einer der Bobbys bedeutete Kurti, dass er auf die Wache mitkommen müsse. Sven, der ein deutlich besseres Englisch sprach, als sein Kumpel, mischte sich ein. „Wir müssen los nach Euston, sonst verpassen wir unseren Zug nach Glasgow", versuchte er den Beamten klarzumachen, doch die signalisierten ebenso freundlich wie entschlossen: „No way."

Auf der Polizeiwache unweit der Waterloo-Station ging es zu, wie in einem Taubenschlag. Sven erinnerte sich, dass er vor vielen Jahren einmal an einem Samstagabend in der Davidswache in Hamburg festgehalten wurde. Er war so blöd gewesen, sich mit ein paar Kumpels in direkter Nähe zu der Polizeistation einen Joint zu teilen. Er wurde damals schnell wieder auf freien Fuß gesetzt, doch der Andrang damals in Hamburg war Kindergeburtstag im Vergleich zu dem gewesen, was an einem stinknormalen Donnerstagmorgen hier in dieser Londoner Wache los war.

Die Bobbys waren sehr nett zu ihnen, versorgten sie mit Kaffee und hatten insbesondere für Kurti immer einen lockeren Spruch und anerkennende Worte übrig. „Well done, big man", hörte er nun schon zum wiederholten Male, aber wirklich voran ging es hier nicht. Es dauerte zwei Stunden, bis Kurti den Tathergang mit Svens Hilfe als Übersetzer geschildert hatte, ihre Personalien aufgenommen und ihnen das Protokoll unterschriftsreif vorgelegt wurde. Immerhin hatten sie sich mit den Beamten mehrmals den Videoausschnitt einer Überwachungskamera anschauen können, der Kurti in Action zeigte. Zwischenzeitlich drängten sich acht Beamte vor dem Monitor, um den sensationellen Hechtsprung wieder und wieder in Zeitlupe zu sehen. Jedes Mal, wenn sie Kurti auf dem Handlauf stehen sahen, schwollen ihre Stimmen zu einem ähnlichen Crescendo an, wie es in der Fankurve vor einer Ecke üblich war, um im Augenblick des Absprungs zu jubeln, als sei ein Tor gefallen. *Scheiße*, dachte Sven, *wir kommen niemals pünktlich in Glasgow an*. Gegen elf Uhr trafen Sven und Kurti endlich in Euston ein und fanden heraus, dass der nächste Zug nach Glasgow um 15:23 fahren würde.

Mario und Tom wurden kurz nach Mittag fast zeitgleich wach und fühlten sich, als hätten sie mit den Klitschko-Brüdern geboxt. Quick gesellte sich ins Wohnzimmer, in welchem die Beiden auf dem Fußboden geschlafen hatten und nahm einen tiefen Schluck aus einer Flasche IRN-Bru. „Solltet Ihr auch mal probieren. Scheußlich süß, aber killt den Kater. Ich hab uns Kaffee gekocht", sagte er und Tom ließ sich die Flasche reichen, deren quietschorangefarbener Inhalt ihn an atomar verstrahlte, in Wasser aufgelöste Gummibärchen, denken ließ. Marios Smartphone signalisierte eine neue Nachricht und während er sie las, vergaß er seine Kopfschmerzen. „Die Jungs schaffen es nicht rechtzeitig", sagte er fast tonlos.

Die *Superstars* versammelten sich in der Küche.

„Hat eigentlich irgendjemand für diese Tour den *unendlichen Unwahrscheinlichkeitsdrive* eingeschaltet?", fragte Malcom in die Runde und bekam keine Antwort. Betretenes Schweigen allenthalben. „Absagen oder den Gig ohne die Beiden durchziehen?", fragte Quick in die Stille. Schweren Herzens einigten sie sich auf „Absagen".

Das hatte Angus übernommen. Der Chef des Ladens war zwar nicht besonders erfreut gewesen, hatte aber auch die Nachrichten gesehen und fand es nachvollziehbar, dass die *Superstars* irgendwie unpässlich waren.

Am späten Abend fuhr der Zug aus London mit Sven und Kurti an Bord auf Platform 1 der Glasgow Central Station ein. Quick und Malcom empfingen sie dort. „Mann Freunde, bin ich froh, Euch zu sehen", meinte Kurti.

Sie herzten und sie drückten sich. „Abendessen? Bier?", fragte Malcom. „Beides", antwortete Sven.

„Na dann los. Die anderen warten in der Wohnung auf uns. Es gibt ein Chili."

„Henry's Cellar Bar" lag in Downtown Edinburgh an der Morrison Street, so ziemlich genau auf der Mitte einer gedachten Linie zwischen dem Verkehrsdrehkreuz „Haymarket" und dem imposanten „Edinburgh Castle". „Ist ein richtig cooler Live-Club mit ordentlicher P.A. und Licht unter der Decke. Die Bühne ist klein, aber gut und die Soundfrau dort ist großartig. Das Beste aber ist: Wir haben 100 Tickets verkauft. Das bedeutet, das Haus ist ausverkauft", hatte Ian den *Superstars* erklärt und damit deren Vorfreude geschürt. Er hatte ihnen den Gig besorgt und sich um alles gekümmert.

In Angus' Van saßen fünf *Superstars* mit ihrer geliehenen Backline. Ian fuhr ihm mit den anderen Jungs an Bord nun schon den ganzen Weg hinterher. Sie bogen gerade in die Morrison Street ein, als Angus stoppte. Tom, der auf dem Beifahrersitz von Ian's Wagen saß, fixierte den schwarz-gelben Aufkleber mit der Aufschrift „Arnold Clark" auf der Heckscheibe des Vans. Er hatte diesen Schriftzug schon auf einer gefühlten Million schottischer Autos gesehen und dachte in diesem Moment, dass Mr. Arnold Clark nicht nur einen guten Farbgeschmack hatte, sondern sicher auch einer der reichsten Männer der Erde sei, als Malcom von der Rückbank fragte: „What's going on there?" Ian hatte keinen Schimmer.

Es dauerte ein paar lange Minuten, bevor Angus langsam anfuhr und Ian im Schneckentempo folgte. Der Verkehr wurde einspurig geführt. *Baustelle? Unfall?*, fragte sich Tom. *Unfall!*, dachte er im nächsten Moment, als er die vielen blauen und gelben Blinklichter, einen Kranken- und drei Polizeiwagen sah, die auf der linken Fahrbahnseite standen. In 30 Metern Entfernung wuselten unzählige Uniformierte geschäftig herum.

„Weit kann es ja jetzt nicht mehr sein", bemerkte Tom auf Englisch. Ian hatte nur Augen für die Szenerie auf der linken Seite und fuhr fast auf Angus auf. „Es ist eigentlich da", antwortete er und zeigte nach links. Den Schriftzug des Clubs konnte Tom noch sehen, doch den Eingang nicht, denn in dem Kellerloch und auf dem Bürgersteig davor lag ein 20-Tonnen-LKW mit Anhänger auf der Seite, offenbar von der Fahrbahn abgekommen, und versperrte den total demolierten Eingang zu „Henry's Cellar Bar". „Das sieht nicht gut aus", sagte Frank, als sie die groteske Szenerie im Zeitlupentempo passierten. Szenen aus Toms Kindheit huschten an seinem inneren Auge vorbei, als er den verblassten Aufdruck auf der Plane des LKWs las: TIMPO TOYS –

LIVINGSTON. „Ich wusste gar nicht, dass Matthi neuerdings auch LKW fährt", meinte Malcom lapidar.

Ivy, die aufgeweckte strohblonde Soundfrau hatte Ian erklärt, dass der Gig ins Wasser fallen würde. Sie hatte untröstlich gewirkt und die *Superstars* kräftig gedrückt, bevor sie sich verabschiedet hatte. „Ich komme auf jeden Fall zu Eurem Gig in Glasgow", hatte sie zu den immer noch ziemlich enttäuscht drein blickenden Musikern gesagt.

Die hatten so gut wie gar nicht geredet, hatten sich noch nicht einmal mehr aufgeregt. Die *Superstars* waren einfach konsterniert. So wie eine Fußballmannschaft, die 90 Minuten völlig überlegen ist, die 80 Prozent Ballbesitz hat, sich achtundzwanzig Torchancen heraus spielt, das Spiel dominiert und sich in der Nachspielzeit das 0:1 durch ein Eigentor fängt.

Tom hatte sich irgendwann aufgerappelt und seine Freunde ins „Albanach" auf der Royal Mile geführt. Sie aßen Haggis mit Whiskey-Sauce und danach spendierte Tom eine Runde 24 Jahre alten Glenmorangie. Ian rief ein paar Freunde in Edinburgh an und zwei Stunden später stand ein größeres deutsch-schottisches Grüppchen an der Theke des „Jekyll & Hyde" und ließ sich volllaufen. Irgendwann im Laufe des Abends hatte Angus ein paar Übernachtungsmöglichkeiten organisiert. In der einer Geisterbahn nachempfundenen Kneipe spielte an diesem Abend eine Irish-Folk-Band. Im Laufe des Abends liehen sich Angus, Ian, Quick, Tom und Frank deren Instrumente und spielten „51st state" von *New Model Army* für das Kneipenpublikum.

Malcom hatte im „Jekyll & Hyde" sehr lange mit Ian gesprochen und der hatte sich schließlich für zehn Minuten mit seinem Smartphone nach draußen verzogen, um einen gemeinsamen Kumpel aus alten Zeiten ausfindig zu machen, Douglas Dumbarton, genannt Dougie. Es stellte sich heraus, dass er an der Sauchiehall Street in Glasgow wohnte, in Sichtweite zum „Nice & Sleazy", direkt über dem ehemaligen „Berresford", einem Live-Club, der nach mehrmaligem Besitzerwechsel geschlossen war.

Dougie, Gitarrist in einer Britrock-Band, die gerade von einer Tournee durch Kanada zurückgekehrt war, hatte nichts dagegen, dass ein Grüppchen Deutscher bei ihm aufkreuzen würde, um das Derby zu gucken. Er hatte alle Fußball-Bezahlsender Europas abonniert, was Ian geahnt hatte, denn Dougie, der unter dem Künstlernamen Bobby Blixberg firmierte, war ein Fußballverrückter. Nur leider Fan des falschen Vereins, wie Ian fand. Sein Team war der FC Aberdeen. „The german derby is comparable to the ‚Old firm'. It's really important", hatte er dem alten Kumpel gesagt und mehr Erklärungen hatte es nicht gebraucht.

Gegen Mittag trafen die *Superstars* in ihrer Glasgower Wohnung ein und die Vorfreude war riesig. „Erst das Spiel gucken und dann über die Straße ab zum Soundcheck ins ‚Sleazy's', wie geil ist das denn?", hatte Tom gesagt. Doch dann war Angus vorbeigekommen und hatte den Optimismus der Bandmitglieder auf die härteste aller denkbaren Proben gestellt: „Der Besitzer vom ‚Nice & Sleazy' hat mich vorhin angerufen", sagte er in einem Tonfall, der ihm die sofortige Aufmerksamkeit aller im Wohnzimmer Versammelten sicherte. „Der Gig ist gecancelt. Im ‚Sleazy' hat es einen Rohrbruch gegeben und der Keller, in dem die Gigs stattfinden, steht einen Meter unter Wasser." Alle schwiegen. Tom wartete auf eine Auflösung, eine Pointe, auf Sätze wie: „Nein, nein, alles nur Bullshit. Macht Euch keine Sorgen, ich wollte nur mal Eure doofen Gesichter sehen." Doch diese Sätze kamen nicht.

Frank ließ sich in einen Sessel fallen. „Okay, nur um das jetzt einmal zu begreifen. Ich konstatiere: Drei von uns überleben einen Flugzeugabsturz, zwei von uns den Untergang einer Fähre und zwei von uns erleben eine Odyssee, die gut wäre für ein weiteres Kapitel in Homers Ilias. Trotzdem treffen wir uns alle hier in Glasgow, weil wir drei Gigs spielen wollen. Und die werden alle aus unterschiedlichen Gründen abgesagt. Ist das soweit richtig?" Frank erwartete keine Antwort. Die sich aufschaukelnde Erregung seines Sprachduktus verriet, dass er die Tatsachen noch nicht wirklich realisieren wollte: „Ist das noch Zufall? Gibt es das wirklich? Erleben wir das gerade echt oder sind wir zufällig Statisten in einem Katastrophenfilm? Ich glaube das nicht. Ich kann das einfach nicht glauben. Das ist doch alles eine fucking Verschwörung! Hallo?! Versteckte Kamera! Ich komme natürlich gerne in die Sendung!"

Die anderen schwiegen lange.

„I'm so sorry", brach Angus irgendwann den desillusionierten Bann der Situation. Sie sprachen lange kein Wort bis Quick versuchte, seine Jungs aufzumuntern: „Kommt Leute, wir scheißen drauf! Wir gucken uns das Derby bei Dougie an und ertränken unseren Frust später in ein paar Kneipen." „Was bleibt uns auch anderes übrig? Schlage vor, dass wir uns jetzt schon besaufen", meinte Tom.

„Solltet Ihr auch, damit Ihr nicht anfangt zu heulen, wenn wir Euch wieder in den Abstiegsstrudel schießen", sagte Kurti. „Halt die Fresse, Kurti!", gifteten Sven, Malcom, Quick und Tom unisono zurück. Nach einem kurzen Augenblick der Stille brachen alle in Gelächter aus.

Dougie Dumbarton hatte sich nicht lumpen lassen und ein paar Pakete Dosenbier spendiert. Er outete sich als Fan des BVB-Fußballs und geriet ins Schwärmen über die Champions-League-Auftritte der Schwarz-Gelben, besonders über die in der Saison 2012/13. Dougie wollte von Tom wissen, was es mit dem Derby auf sich habe.

„Ich weiß es nicht genau, aber diese Rivalität muss kurz nach dem Zweiten Weltkrieg angefangen haben. Schalke war in den 30ern die große Macht in der Region mit einer großen Mannschaft, von der sie heute noch träumen und Borussia Dortmund ein eher unbedeutender Verein. Ich glaube es war im Jahr 1947, als Dortmund als Außenseiter sensationell das Endspiel um die Westfalenmeisterschaft gegen die Schalker gewann. Schalke hatte bis dahin immer die Westfalenmeisterschaft gewonnen und sah nun erstmals seine Vormachtstellung an der Ruhr in Gefahr. In den Jahren und Jahrzehnten danach ging es eigentlich immer um diese Vormachtstellung und die Bedeutung des Derbys wuchs. In den 80er Jahren war es manchmal ganz schlimm mit heftigsten Schlägereien rund um die Stadien. Die Fans haben es auf jeden Fall geschafft, ihren Vereinen und vor allem den Spielern klar zu machen, was ihnen diese Spiele bedeuten. Du möchtest in einer Schmiede im Sauerland kein BVB-Fan sein, wenn Schalke ein Derby gewonnen hat. In diesen Spielen werden Helden geboren. Und wer als Spieler das Derby nicht ernstnimmt, sollte sich am besten sofort einen neuen Verein suchen. Der ist für alle Zeiten unten durch. Beim Derby geht es vor allem um die Ehre, um den Stolz."

„Und welches war dein größtes Derby-Erlebnis?", fragte Dougie.

Tom grinste, denn er erinnerte sich genau: „4. Spieltag, Saison 2008/09, Heimspiel. Ich stand auf der Südtribüne." Tom deutete mit dem Kopf Richtung Malcom. „Malcom war auch dabei. Dortmund lag zuhause schon zur Halbzeit mit 2:0 zurück. Kurz nach der Pause machen die Blauen sogar noch das 3:0. Du kannst dir nicht vorstellen, was da los war. Dortmund hatte gerade so eine richtige Scheiß-Saison hinter sich und Jürgen Klopp war der neue Trainer, der mit zwei Siegen und einem Unentschieden gestartet war. Jetzt waren natürlich alle Borussen optimistisch. In den Jahren zuvor hatte Dortmund nämlich viele Derbys verloren. Du kannst dir unsere Enttäuschung nicht vorstellen. Die Schalker Fans verhöhnten uns und unsere Mannschaft. Wir waren fast still. Und das im eigenen Stadion."

„Und dann?"

„Und dann holte Dortmund auf. Erst macht Subotic nach einer Ecke das 1:3. Und plötzlich waren wir wieder da. Und dann Alex Frei. Erinnerst du dich an den?"

„Schweizer Nationalspieler, oder?"

„Ja genau. Kurz nach dem 1:3 haut der aus 18 Metern das Ding in den linken Torwinkel. Direkt vor unseren Augen. Das war der Kracher. So laut habe ich die Südtribüne vorher noch nicht erlebt. Jetzt waren die Schalker still und wir brüllten unser Team nach vorne. Und dann gab es in der vorletzten Minute einen Elfmeter für uns. Den hat wieder Frei versenkt. Ein Unentschieden, das sich anfühlte wie ein Sieg. Das war eines meiner geilsten Erlebnisse im Stadion und Jürgen Klopp rannte hinterher über das Spielfeld wie ein angeschossenes Tier. Wenn ich heute so darüber nachdenke, war das Spiel so eine Art Trendwende. Ein Aufbruch in bessere Zeiten beim BVB."

„Jürgen Klopp is magic", meinte Dougie, „the best manager you can imagine!" *Das stimmt, dachte Tom, nur leider wird diese Saison auch nicht spurlos an ihm vorbei gehen.* So sprachlos wie nach dieser total verkorksten Hinrunde hatte Tom den Borussen-Trainer noch nicht erlebt. Alle BVB-Fans sprachen berechtigterweise vom Abstiegskampf – ein Absturz, den Tom nicht für möglich gehalten hätte. Es war ihm klar gewesen, dass Borussia nicht jedes Jahr um die Meisterschaft mitspielen würde. Das Team war in den letzten Jahren über sich hinausgewachsen, so dass Tom es für unmöglich hielt, dass der BVB dieses Niveau dauerhaft halten würde, aber Abstiegskampf?

Irgendetwas ist da passiert in der Truppe, dachte Tom. Irgendetwas stimmt innerhalb des ganzen Gebildes nicht. Die Harmonie aus den letzten Jahren scheint futsch, diese Harmonie, die Dortmund groß gemacht hat. Gibt es Abnutzungserscheinungen zwischen Klopp und der Mannschaft?

Ist ja auch kein Wunder, sinnierte Tom weiter, *erst kaufen die Bayern uns Götze weg, dann geht auch noch Lewandowski nach München. Immerhin hat er sich hoch anständig verhalten, der einstige Chancentod,* dachte er schmunzelnd. *Mittlerweile zählt Lewa zu den besten Mittelstürmern der Welt. Für ihn kamen dann hochbezahlte sogenannte Stars wie Immobile und Ramos und die haben bis jetzt überhaupt nichts gerissen, nicht einmal ansatzweise. Dann die ständigen Wechselgerüchte um Hummels, Gündogan und vorher um Reus, der ganze Business-Scheiß eben und schließlich dieses nicht enden wollende Verletzungspech. Schmelle, Mats, Micki, Nuri, Neven, Ilkay, Kuba, Marco, Kevin, Piczu, Kehli, Manni – alle nach und nach immer wieder über kürzere oder längere Zeiträume verletzt. Von einer eingespielten Mannschaft mit regelmäßigem Spielrhythmus kann in dieser Saison nicht die Rede sein,* versuchte sich Tom an einer Erklärung für den Dortmunder Abgang. *Großchancen reihenweise versemmelt, allen voran Micki, der doch zu ganz anderen Dingen fähig ist.* Nervig fand Tom vor allem die unkonzentrierte Spielweise seiner Helden in Schwarz und Gelb. *Die Jungs, die noch ein paar Jahre zuvor die Liga gerockt haben, wirken schlapp, gedanklich nicht auf der Höhe, unkonzentriert und nicht hundertprozentig fit,* dachte Tom. *Und dann diese ewigen Abspielfehler! Bezüglich der Borussen-Abwehr hätte der Verein eigentlich vom Gesundheitsministerium dazu verpflichtet werden müssen, auf das gesteigerte Risiko von Herzinfarkten hinzuweisen. Und Pech kommt auch noch hinzu – Alu-*

treffer, übersehene Fouls oder Handspiele des Gegners, Gegentore in der ersten Minute oder kurz vor Schluß; eben all diese Aufreger, die doppelt so schwer wiegen, wenn du eh schon am Boden liegst. Und Borussia hatte so richtig am Boden gelegen: Platz 18 nach 19 Spieltagen. Doch ganz langsam schien es wieder bergaufzugehen. Mit Siegen in Freiburg, gegen Mainz und in Stuttgart hatte sich die Borussia auf Platz 12 zurückgekämpft. *Ein Derbysieg könnte diese Grottensaison vielleicht noch etwas aufhübschen,* dachte Tom.

Die *Superstars* saßen auf dem Fußboden des geräumigen Wohnzimmers und starrten auf den riesigen Flachbildschirm über den das Derby flimmerte. Die Stimmung im Westfalenstadion war überbordend – dem Anlass angemessen. Hatte Kurti als einziger Schalke-Fan im Raum in den Anfangsminuten noch eine große Klappe gehabt, wurde er nun zusehends stiller, denn Dortmund machte sich in diesem Spiel daran, die Blauen abzuschlachten. Da blitzte er wieder auf, der Borussen-Fußball mit wahnsinnigem Tempo, mit Pressing, mit schnellen Ballstafetten und Torchancen im Minutentakt. Dass es zur Halbzeit noch 0:0 stand, grenzte für Schalke an ein Wunder.

Kurti hatte schon gar nicht mehr hinsehen wollen und hatte sich gegen Ende der ersten Halbzeit vom Fernseher abgewandt und durch das Wohnzimmerfenster hinaus auf die Sauchiehall Street geschaut. Vor dem „Nice & Sleazy" tummelten sich auf dem breiten Bürgersteig sehr viele junge Menschen. An der Frontseite des Clubs hing ein bemaltes Bettlaken mit der Aufschrift: „Pipe burst – Sleazy closed – Gig canceled". Vor dem Club stand ein LKW, von dem ein Feuerwehrschlauch ins Innere des Ladens führte.

Als die zweite Halbzeit angepfiffen wurde, hatte Kurti die Hoffnung, dass sich seine Blauen nun wehren würden, doch der BVB gab weiter Vollgas und Tom drehte fast durch, weil der Ball einfach nicht ins Schalker Tor wollte. Immer wieder schlugen sich Quick und Sven, Frank und Malcom, Tom und Mario die Hände vors Gesicht, riefen dabei „Aaaah" und „Ooooh", während Angus, Dougie und Ian das Spiel wesentlich emotionsloser, aber nicht uninteressiert verfolgten. Kurti litt. Er war immer stiller geworden und als die im Bildschirm eingeblendete Uhr die 76. Minute anzeigte, stand er auf, um noch einmal zu sehen, was rund um das „Sleazy" los war. Der Dortmunder Druck war mittlerweile so stark wie der des Wassers auf ein U-Boot in 5000 Metern Tiefe. Gleich würde es zerquetscht werden.

Kurti starrte ungläubig aus dem Fenster. „Das darf nicht wahr sein", hauchte er und im selben Moment sprang sich der Rest der *Superstars* in die Arme und jubelte ausgelassen. Aubameyang hatte aus zehn Metern mit dem rechten Außenrist flach ins lange rechte Eck getroffen. Mkhitaryan hatte ihm den Ball von der 16er-Kante durchgesteckt, begünstigt durch den Abpraller eines Blauen und das Stadion erbebte.

Von Kurti hatte niemand Notiz genommen. „Jetzt guckt Euch das mal an", hatte der gesagt und dabei immer noch aus dem Fenster geschaut, doch niemand hörte auf ihn. Zu interessant waren nun die Fernsehbilder, die Auba und Reus in „Batman und Robin"-Kostümierung zeigten. „Was für'n Schwachsinn. Das gibt wieder nur unnötig blöde Schlagzeilen", meinte Frank und als die Schalker ihren Anstoß ausführten, fragte Tom Kurti: „Was ist los? Schnauze voll?" Doch Kurti sagte nichts. Er stand regungslos vor dem Fenster und spähte mit offenem Mund hinaus.

Tom drehte sich wieder dem Bildschirm zu. Er sah einen Pass in den Lauf von Ilkay Gündogan an die rechte Strafraumseite, sah wie er den Ball hart in die Mitte schlug und sah dann Micki in bester Mittelstürmer-Manier heranschießen und das Ding aus vier Metern im Fallen ins Tor Ballern. „Jaaaaaaaaaa!", riefen alle bis auf Kurti. *Ausgerechnet Micki*, dachte Tom, *der in dieser Saison noch keinen Möbelwagen aus drei Metern getroffen hat.*

Der Jubel bei den *Superstars* hatte sich etwas gelegt, als Kurti sich vom Fenster weg zu seinen Jungs umdrehte. „Das müsst Ihr sehen", sagte er sehr deutlich und betont und deutete dabei mit seinem Daumen hinter sich. „Was soll denn da so Besonders sein?", fragte Tom, während er aufstand und zum Fenster ging. „Ach, du scheiße", sagte er, als er hinaus blickte.

Nun waren die anderen neugierig geworden und drängten sich neben Tom an die Scheibe. Der Abschnitt der Sauchiehall Street in der Nähe des „Nice & Sleazy" war voll mit Menschen. „Was schätzt ihr, sind das 1000 Leute oder 2000?", fragte Sven, doch er bekam keine Antwort. In der Masse erblickten sie Schilder mit Aufschriften wie „SUPERSTARS – WONDER BOYS", „TWO WONDERS – ONE BAND" oder „MALCOM – PLEASE TAKE ME". Im selben Moment klingelte das Smartphone von Angus. Tom bekam zwar von dem Gespräch nichts mit, bemerkte aber, dass sein Freund sehr überrascht und gleichzeitig aufgeregt wirkte. Als Tom kurz zum Bildschirm sah, bekam Schalkes Torwart gerade einen Rückpass zugespielt. Er zögerte für den Hauch eines Momentes mit dem Abspiel und schon war Marco Reus herangestürzt, spitzelte ihm den Ball vom Fuß und machte das 3:0. „Tooooor!!!", rief Tom und die anderen Jungs konnten sich einen kurzen Moment lang nicht entscheiden, wo sie hinsehen sollten.

Plötzlich war der Bildschirm schwarz.

„I got a call from the manager of the ‚Sleazy'", meinte Angus und zog damit die Aufmerksamkeit aller auf sich. „Der Chefbooker vom ‚Garage' hat sich bei ihm gemeldet und angeboten, dass die *Superstars* heute in seinem Laden, direkt gegenüber vom ‚Sleazy' spielen können, um die Masse da draußen zu bändigen. Allerdings bräuchte er einige zusätzliche Security-Leute. Deswegen würde er nicht die volle Gage für alle Tickets, sondern nur die Hälfte zahlen. Ist das okay für Euch?"

Die *Superstars* sahen sich an und Quick antwortete das, was alle dachten: „Scheiß doch auf die Gage! Ich freue mich, dass wir überhaupt noch einen Gig spielen!" Die anderen stimmten wortreich und lautstark zu und dann lagen sich die *Superstars* überglücklich in den Armen. „Ich hab's dir gesagt Tom, das mit der Security", meinte Ian schmunzelnd.

„Nimm es nicht so schwer, Kurti, ihr steht wenigstens auf einem Platz fürs internationale Geschäft", wollte Tom seinen Kumpel trösten. „Ich ärgere mich überhaupt nicht", entgegnete der gereizt, „je schlechter sie spielen, desto eher wird auf Schalke endlich mal durchgegriffen. Es wird Zeit, dass da ein paar Köpfe rollen. Und jetzt lass uns mal ein Programm für heute Abend zusammen basteln."

Die nächsten Minuten verliefen etwas hektisch, vor allem für Angus. Der klärte den Gig und die Konditionen direkt mit dem Manager des „Garage", Ian wurde mit einem Taxi zu Angus geschickt, um den Van mit der Backline abzuholen. In einer Stunde sollte der Soundcheck stattfinden. Dann wurden zwei weitere Taxis gerufen, um die *Superstars* möglichst unerkannt zum Hintereingang des Clubs zu fahren. Zum ersten Mal in seinem Leben fühlte sich Tom wirklich wie ein Rockstar.

Doch er fand schnell auf den Boden der Tatsachen zurück. Der Taxifahrer, der Tom, Quick, Frank und Malcom hatte mitnehmen sollen und dessen Atem nach einer ganzen Whisky-Destille roch, hatte sich geweigert, die Fahrt anzutreten, weil sie nur einmal um den Block führen sollte und er dabei nicht wirklich etwas verdienen würde. Außerdem störte es ihn offensichtlich, dass Tom und Frank mit geöffneten Bierdosen auf dem Rücksitz saßen. „Uut!", rief er, was wohl „Out!" beziehungsweise „Raus!" bedeuten sollte. Tom hatte nicht ganz verstanden, was der Typ mit einer Reihe von fehlenden Zähnen gemeint hatte und hatte fragend in die Runde geschaut, als der Fahrer seinen Sitz verließ und die hintere Tür des Taxis aufriss, um seine Passagiere eigenhändig rauszuschmeißen. Doch bei Malcom war er an den falschen Adressaten geraten. Toms schottischer Freund stieg aus und überragte den schlecht gelaunten Taxifahrer um einen ganzen Kopf. Von der Schimpftirade seines Freundes verstand Tom nur die Worte „Bloddy cunt!" Malcom erzählte später, dass er ihm die Abreibung seines Lebens versprochen habe. Daraufhin gab der Taxifahrer klein bei und Frank ihm drei Pfund Extra-Trinkgeld nach ihrer knapp zweiminütigen Fahrt.

Die Bühne im „Garage" war groß, der Monitorsound überragend. Der Sound-check weckte bei Tom die Vorfreude auf den Gig. 500 Menschen passten in den größten Liveclub der Stadt. Normalerweise hätte Tom aufgeregt sein sollen, doch in ihm breitete sich eine tiefe Ruhe aus. 90 Minuten sollten die *Superstars* spielen, plus mögliche Zugaben. *Die sollen sie haben*, hatte Quick gedacht. Auf der Sauchiehall Street hatten die Sicherheitskräfte mit Unter-stützung eines ansehnlichen Aufgebotes der Strathclyde Police für etwas Ordnung gesorgt. Megaphon-Durchsagen wiesen die Leute darauf hin, dass der geplante Gig der *Superstars* ins „Garage" verlegt worden sei. Die Vorver-kaufstickets fürs „Sleazy" behielten ihre Gültigkeit und die Menschen, die über eines verfügten, wurden aufgefordert, sich als erste in die nicht enden wollende Schlange einzureihen.

„Five Minutes", rief der Stagemanager in den Backstageraum, in dem die *Superstars* ganz ruhig auf ihren Auftritt warteten. „Okay – was könnte jetzt noch passieren?", fragte Frank lächelnd in die Runde. „Ein Erdbeben viel-leicht?", fragte Sven zurück. „Stimmt, das hatten wir noch nicht", sagte Tom und dann standen sie auf aus ihren Sesseln und von den Sofas und bildeten einen Kreis, so wie die Borussen heute vor dem Anstoß. Tom hielt die Anspra-che an seine Jungs: „Lasst es uns genießen, lasst uns Vollgas geben. Wir haben uns das verdient. Lasst uns den Leuten zeigen, wie sehr wir das lieben, was wir da machen." Die Band antwortete nichts. Alle blickten entschlossen und entspannt zugleich, als sie vom Stagemanager auf die Bühne gebeten wurden: „Come on guys! Showtime!"

Sie wurden von tosendem Applaus, Pfiffen und Jubelrufen empfangen, als sie die schwach illuminierte Bühne betraten. Quick griff sich seine geliehene Les Paul, checkte sie kurz an und drückte dann den Standby-Schalters des Marshalls auf „On". Ein kurzer Blick zu den anderen, die ihm knapp zunick-ten. Dann legte er los mit dem Intro von *Rory Gallaghers* „Cradle Rock".

Die Frontscheinwerfer blendeten Tom etwas, als er auf die Bühne sprang und sich den Mikroständer schnappte. Bevor er die erste Strophe intonierte, ließ er seinen Blick durch das Publikum schweifen. Er sah Plakate, auf denen „WONDER-BOYS" stand, sah viele fröhliche Gesichter, sah viele Blitze von Fotokameras und dann sah er Konstanze Köhler in der dritten Reihe. Sein Herz machte einen Sprung. Diese ersten Momente des Konzertes vergin-gen für Tom wie in Zeitlupe. Er sah noch weitere bekannte Gesichter. Rich-ter, der Pilot, war da und lächelte ihm zu. Neben ihm stand sein alter Freund Ralf und eine Reihe dahinter stand Klopper, der seinen BVB-Schal mit bei-den Händen in die Höhe reckte. Neben Klopper stand sein Onkel Franz, der einen Daumen nach oben hielt und neben ihm Timi, Dirk und Micha. Tom war kurzzeitig irritiert. Wie war das möglich? Er sah Ivy die Soundfrau aus „Henry's Cellar Bar", sah Ian und Dougie und neben ihnen Lodda, Gisbert und Peter. In Höhe des Mischpultes erblickte er Hanno, der ein Banner hoch hielt mit der Aufschrift: „Schön, dass ihr lebt – Grüße aus Australien". Zu seiner großen Freude sah Tom auch seinen Sohn und er konnte ihn aus der ersten Reihe rufen hören: „Papa, Papa!!!" Der Kleine winkte und strahlte übers ganze Gesicht, als sein Papa ihm ein Auge kniff.

„Papa, Papa! …. Los Papa! Aufstehen."

Nur ein Traum. Alles nur ein Traum. Abgefahren. Was für einen wirren Mist man sich manchmal zusammenträumt …, dachte Tom, als er erwachte und seinen Sohn bemerkte, der es sich bestimmt wieder in den Kopf gesetzt hatte, mit ihm in der Wohnung Fußball zu spielen.

Tom stellte sich weiter schlafend und wälzte sich auf die Seite seines Bettes, an welcher sein Junge stand. Blitzschnell griff er dem Siebenjährigen unter die Achseln und schleuderte ihn mit einer Drehbewegung ins Bett, so dass dieser einen Schrei aus Überraschung und Freude tat.

„Guten Morgen, Großer", begrüßte er den Kleinen. Der drückte seinem Papa einen Schmatzer auf die Wange. „Guten Mooorgen!", rief er.

„Mann, ich habe vielleicht etwas Komisches geträumt …", sagte Tom.

„Was denn Papa?"

„Ach, irgend etwas von der Band und von BVB." Der Junge kuschelte sich an Tom.

„Hat BVB in deinem Traum gewonnen?"

„Na klar!"

Sie schwiegen kurz und Tom schloss für einen Moment wieder die Augen.

„Du Papa? Warum bist du eigentlich BVB-Fan?"

Kinder können Fragen stellen …, dachte Tom. Er überlegte. *Schwer zu beantworten. Weil es dieser Verein trotz tiefer Täler und Höhenflügen immer wieder geschafft hat, sich auf das zu besinnen, wo er herkommt? Weil er sich den Menschen einer ganzen Region verpflichtet fühlt? Weil er, abgesehen von einigen verirrten Rechten, die treuesten, lautesten, sympathischsten und kreativsten Fans hat? Weil er immer mal wieder ein Fußballwunder vollbringt, aus dem sich sein Mythos nährt? Weil beim BVB Fußball zuallererst als Leidenschaft verstanden wird? Weil Anhänger und Mannschaft eine Einheit bilden, mehr als bei jedem anderen Verein?*

„Papa?"

„Weil der BVB einfach der coolste Verein der Welt ist. Mit dem schönsten Stadion und den besten Fans der Welt."

Die Antwort stellte seinen Sohn zufrieden. *Zum Glück*, dachte Tom.

„Wann fahren wir heute eigentlich ins Stadion, Papa?"

„Wie spät ist es denn?"

Sein Sohn sah auf den Digitalwecker auf dem Nachttisch. „Sechs Uhr vierzehn", meinte er und Tom verdrehte die Augen. „Na ja", sagte er, „dann fahren wir in ca. sechs Stunden."

„Ich bin schon ganz aufgeregt, Papa. Was tippst du, wie BVB heute gegen Bremen spielt?" „Wir gewinnen und qualifizieren uns für den UEFA-Cup."

„Ich tippe 3:2 für Dortmund", sagte sein Junge.

„Das wäre toll. Also, hier ist der Plan: Erst einmal frühstücken wir in Ruhe, dann gehen wir duschen und danach können wir dann ein bisschen kicken. Und dann ..."

„... und dann, Papa?", strahlte der Kleine in freudiger Erwartung.

„Fahren wir nach Dortmund und bereiten Jürgen Klopp einen Abschied, wie er ihn verdient hat. Einverstanden?"

Sein Sohn nickte und lächelte dabei. Heute würde er zum ersten Mal in seinem Leben ein Spiel seiner geliebten Borussia im Stadion sehen. Bislang kannte er den BVB nur vom Fernsehen. Er vermochte es nicht auszudrücken, wie sehr er sich freute. Er musste sich noch einmal vergewissern: „Und dann sehe ich Marco und Auba, Pisczu, Mats Hummels und Papa Sokratis wirklich ganz in echt?", fragte der Kleine. Tom nickte langsam und grinste dabei. „Cooooool!", rief sein Sohn.

Toms erste Handlung nach dem Aufstehen indes war der Griff nach seinem Portemonnaie, um seinen Bestand an Bargeld zu checken. Er wollte sichergehen, dass er genug dabei hatte, denn vor dem Stadion würde er seinem Sohn einen Schal und eine Fahne kaufen.

Register

BVB-Spieler

Alle Spieler, auf die in den Geschichten Bezug genommen wird, sind im Folgenden alphabtisch aufgelistet. In Klammern sind die Jahre angegeben, in denen die einzelnen Spieler für den BVB gekickt haben.

Spieler	Zeitraum	Seite
Abramczik, Rüdiger	(07/1980 – 06/1983)	43, 46
Amoroso, Márcio	(07/2001 – 03/2004)	100
Aubameyang, Pierre-Emerick	(07/2013 – heute)	169 f., 174
Barrios, Lucas	(07/2009 – 05/2012)	131
Bender, Sven	(07/2009 – heute)	131
Bertram, Horst	(07/1971 – 06/1983)	19
Błaszczykowski, Jakub	(07/2007 – 08/2015)	131 f.
Breitzke, Günter	(07/1988 – 06/1992)	80
Brungs, Franz	(07/1963 – 06/1965)	16
Burgsmüller, Manfred	(10/1976 – 06/1983)	43, 45 f.
Chapuisat, Stéphane	(07/1991 – 06/1999)	80, 91, 94
Dédé	(07/1998 – 06/2011)	100, 108, 130
De Beer, Wolfgang	(07/1986 – 06/2001)	51, 57
Dickel, Norbert	(07/1986 – 06/1990)	50, 57, 60, 63
Endrulat, Peter	(07/1976 – 06/1978)	19
Ewerthon	(07/2001 – 06/2005)	108 f.
Geyer, Peter	(07/1975 – 08/1981)	18, 43
Gorlukovich, Sergei	(01/1990 – 06/1992)	81
Götze, Mario	(07/2007 – 06/2013)	124 f., 128, 131, 168
Großkreutz, Kevin	(07/2009 – 08/2015)	131, 135
Gündoğan, İlkay	(07/2011 – heute)	135, 168, 170
Hartl, Hans-Werner	(07/1973 – 09/1977)	18
Heinrich, Jörg	(02/1996 – 06/1998)	91
	(07/2000 – 06/2003)	
Helmer, Thomas	(07/1986 – 06/1992)	80
Herrlich, Heiko	(07/1995 – 06/2004)	94
Huber, Lothar	(07/1974 – 06/1987)	15, 19, 43 f., 47
Hummels, Mats	(01/2008 – heute)	131, 135, 168, 174
Hupe, Dirk	(07/1985 – 06/1988)	51
Immel, Eike	(07/1978 – 06/1986)	43, 45
Immobile, Ciro	(07/2014 – 07/2015)	168
Kagawa, Shinji	(07/2010 – 06/2012)	131
	(08/2014 – heute)	
Karl, Steffen	(01/1990 – 12/1993)	81
Kehl, Sebastian	(07/2003 – 06/2015)	100, 168
Keser, Erdal	(07/1980 – 06/1984)	43, 46
	(07/1986 – 06/1987)	

Kleppinger, Gerhard	(07/1987 – 06/1988)	51, 57
Klotz, Bernd	(07/1981 – 12/1984)	43, 46 f.
Kohler, Jürgen	(07/1995 – 06/2002)	86 f., 91, 94, 100
Koller, Jan	(07/2001 – 06/2006)	100, 104, 108 f.
Kostedde, Erwin	(07/1976 – 06/1978)	19
Kree, Martin	(07/1994 – 06/1998)	91, 94
Kutowski, Günter	(07/1984 – 08/1996)	51, 80
Lambert, Paul	(07/1996 – 11/1997)	91 f.
Lewandowski, Robert	(07/2010 – 06/2014)	125, 132 ff., 168
MacLeod, Murdo	(07/1987 – 10/1990)	51, 56, 60
Mill, Frank	(07/1986 – 06/1994)	50, 60
Mkhitaryan, Henrikh	(07/2013 – heute)	170
Möller, Andreas	(01/1988 – 06/1990)	87, 91, 94
	(07/1994 – 06/2000)	
Pagelsdorf, Frank	(07/1984 – 12/1988)	40, 45, 51
Pisczek, Łukasz	(07/2010 – heute)	131, 174
Povlsen, Flemming	(07/1990 – 06/1995)	80
Quallo, Peter	(07/1990 – 06/1992)	81
Răducanu, Marcel	(07/1982 – 06/1988)	42 f., 45, 47, 51, 57, 60
Ramos, Adrián	(07/2014 – heute)	168
Reus, Marco	(07/2012 – heute)	133, 135, 168, 170
Reuter, Stefan	(07/1992 – 06/2004)	91, 100, 109
Ricken, Lars	(07/1993 – 12/2007)	86, 90, 94 f., 132
Riedle, Karl-Heinz	(07/1993 – 07/1997)	84, 91 f.
Rosický, Tomáš	(01/2001 – 06/2006)	100
Rummenigge, Michael	(07/1988 – 09/1993)	80, 82
Rüssmann, Rolf	(12/1980 – 06/1985)	43
Şahin, Nuri	(07/2003 – 06/2007)	130 f.
	(08/2008 – 06/2011)	
	(01/2013 – heute)	
Sammer, Matthias	(02/1993 – 06/1998)	89, 91
Schildt, Hans-Gerd	(07/1974 – 06/1977)	14
Schmelzer, Marcel	(07/2005 – heute)	131, 168
Schmidt, Bodo	(07/1991 – 06/1996)	81
Schulz, Michael	(07/1989 – 06/1994)	80
Segler, Burkhard	(08/1973 – 10/1979)	12 f., 15, 19
Simmes, Daniel	(07/1984 – 06/1988)	51, 60
Sousa, Paulo	(07/1996 – 12/1997)	91
Subotić, Neven	(07/2008 – heute)	131, 135, 167
Tenhagen, Franz-Josef	(07/1981 – 06/1984)	43
Varga, Zoltán	(07/1974 – 06/1976)	12
Wagner, Hans-Joachim	(07/1974 – 06/1983)	14
Weidenfeller, Roman	(07/2002 – heute)	133, 134 ff.
Wolf, Egwin	(07/1972 – 06/1979)	15, 18 f.
Zorc, Michael	(07/1978 – 06/1996)	43, 51, 80, 131

BVB-Trainer

In alphabetischer Reihenfolge sind hier die Trainer des BVB aufgeführt, die im Buch erwähnt werden. Die Amtszeit der jeweiligen Fußballlehrer ist in Klammern gesetzt.

Trainer	Zeitraum	Seite
Doll, Thomas	(13.03.2007 – 19.05.2008)	130
Feldkamp, Karl-Heinz	(01.07.1982 – 05.04.1983)	42
Hitzfeld, Ottmar	(01.07.1991 – 30.06.1997)	63, 69, 79, 81 f., 90, 94
Klopp, Jürgen	(01.07.2008 – 30.06.2015)	124 f., 130 f., 167 f., 174
Knefler, Otto	(01.07.1974 – 29.01.1976)	12
Köppel, Horst	(01.07.1988 – 30.06.1991)	44, 63, 79
van Marwijk, Bert	(01.07.2004 – 18.12.2006)	130
Rehhagel, Otto	(16.06.1976 – 30.04.1978)	19, 23
Röber, Jürgen	(19.12.2006 – 12.03.2007)	130
Saftig, Reinhard	(20.04.1986 – 30.06.1988)	50

BVB-Spiele

In dieser Liste findet der geneigte Statistikfan alle BVB-Spiele, die in den Geschichten vorkommen, in historisch chronologischer Reihenfolge.

Saison 1946/47
Fußball-Landesliga Westfalen, Endspiel, 18.05.1947, Stadion am Schloss Strünkede, Herne

Borussia Dortmund   –   FC Schalke 04   3:2 (0:1)

Tore: 0:1 Hinz (43.), 1:1 Michallek (55.), 1:2 Tibulsky (62.), 2:2 Preißler (78.), 3:2 Sandmann (84.)

Saison 1963/64
Europapokal der Landesmeister, Achtelfinale Rückspiel, 04.12.1963, Stadion Rote Erde, Dortmund

Borussia Dortmund   –   Benfica Lissabon   5:0 (3:0)

Tore: 1:0 Konietzka (34.), 2:0 Brungs (35.), 3:0 Brungs (36.), 4:0 Brungs (47.), 5:0 Wosab (59.)

Saison 1965/66
Europapokal der Pokalsieger, Finale, 05.05.1966, Hampden Park, Glasgow

Borussia Dortmund   –   FC Liverpool   2:1 n.V. (0:0)

Tore: 1:0 Held (61.), 1:1 Hunt (68.), 2:1 Libuda (106.)

Saison 1974/75
2. Bundesliga Nord, 27. Spieltag, 23.03.1975, Westfalenstadion, Dortmund
Borussia Dortmund   –   SC Preußen Münster   4:3 (4:2)
Tore: 1:0 Schildt (13.), 1:1 Wagner (ET 17.), 1:2 Blau (20.), 2:2 Segler (25.),
3:2 Huber (29.), 4:2 Wolf (43.), 4:3 Moors (61.)

Saison 1974/75
2. Bundesliga Nord, 35. Spieltag, 24.05.1975, Westfalenstadion, Dortmund
Borussia Dortmund   –   Schwarz-Weiß Essen   1:3 (0:1)
Tore: 0:1 Riepert (43.), 0:2 Fritsche (48.), 1:2 Hartl (71.), 1:3 Bals (74.)

Saison 1974/75
2. Bundesliga Nord, 37. Spieltag, 07.06.1975, Westfalenstadion, Dortmund
Borussia Dortmund   –   Bayer 05 Uerdingen   1:1 (1:1)
Tore: 1:0 Huber (16.), 1:1 Franke (36.)

Saison 1975/76
2. Bundesliga Nord, 38. Spieltag, 12.06.1976, Westfalenstadion, Dortmund
Borussia Dortmund   –   Schwarz-Weiß Essen   3:0 (1:0)
Tore; 1:0 Geyer (12.), 2:0 Hartl (63.), 3:0 Wolf (80.)

Saison 1975/76
Relegation zur Bundesligasaison 1976/77, 23.06.1976, Westfalenstadion, Dortmund
Borussia Dortmund   –   1.FC Nürnberg   3:2 (1:0)
Tore: 1:0 Geyer (23.), 1:1 Sturz (60.), 2:1 Hartl (74.), 2:2 Walitza (74.), 3:2 Huber (89.)

Saison 1977/78
Bundesliga, 34. Spieltag, 29.04.1978, Rheinstadion, Düsseldorf
Borussia Mönchengladbach   –   Borussia Dortmund   12:0 (6:0)
Tore: 1:0 Heynckes (1.), 2:0 Heynckes (12.), 3:0 Nielsen (13.), 4:0 Del 'Haye (22.),
5:0 Heynckes (32.), 6:0 Wimmer (38.), 7:0 Heynckes (59.), 8:0 Nielsen (61.),
9:0 Del 'Haye (66.), 10:0 Heynckes (77.), 11:0 Lienen (87.), 12:0 Kulik (90.)

Saison 1982/83
UEFA-Pokal, 1. Runde Hinspiel, 15.09.1982, Westfalenstadion, Dortmund
Borussia Dortmund   –   Glasgow Rangers   0:0 (0:0)

Saison 1982/83
UEFA-Pokal, 1. Runde Rückspiel, 29.09.1982, Ibrox-Park, Glasgow
Glasgow Rangers   –   Borussia Dortmund   2:0 (1:0)
Tore: 1:0 Cooper (45.), 2:0 Johnstone (83.)

Saison 1982/83
Bundesliga, 12. Spieltag, 06.11.1982, Westfalenstadion, Dortmund
Borussia Dortmund   –   DSC Arminia Bielefeld   11:1 (1:1)
Tore: 0:1 Pagelsdorf (16.), 1:1 Burgsmüller (19.), 2:1 Burgsmüller (46.), 3:1 Abramczik
(47.), 4:1 Burgsmüller (60.), 5:1 Klotz (66.), 6:1 Burgsmüller (69.), 7:1 Burgsmüller (72.),
8:1 Raducanu (78.), 9:1 Klotz (80.), 10:1 Klotz (84.), 11:1 Huber (87.)

Saison 1985/86
Relegation zur Bundesligasaison 1986/87, 13.05.1986, Müngersdorfer Stadion, Köln
Fortuna Köln   –   Borussia Dortmund   2:0 (0:0)
Tore: 1:0 Grabosch (53.), 2:0 Richter (75.)

Saison 1985/86
Relegation zur Bundesligasaison 1986/87, 19.05.1986, Westfalenstadion, Dortmund
Borussia Dortmund   –   Fortuna Köln   3:1 (0:1)
Tore: 0:1 Grabosch (14.), 1:1 Zorc (54.), 2:1 Raducanu (68.), 3:1 Wegmann (90.)

Saison 1985/86
Entscheidungsspiel der Relegation zur Bundesligasaison 1986/87, 30.05.1986,
Rheinstadion, Düsseldorf
Borussia Dortmund   –   Fortuna Köln   8:0 (1:0)
Tore: 1:0 Hupe (31.), 2:0 Zorc (46.), 3:0 Anderbrügge (49.), 4:0 Storck (61.),
5:0 Simmes (66.), 6:0 Wegmann (84.), 7:0 Zorc (89.), 8:0 Pagelsdorf (90.)

Saison 1987/88
UEFA-Pokal, 1. Runde Hinspiel, 16.09.1987, Parkhead, Glasgow
Celtic Glasgow   –   Borussia Dortmund   2:1 (1:0)
Tore: 1:0 Walker (4.), 1:1 Mill (64.), 2:1 Whyte (88.)

Saison 1987/88
UEFA-Pokal, 1. Runde Rückspiel, 30.09.1987, Westfalenstadion, Dortmund
Borussia Dortmund   –   Celtic Glasgow   2:0 (0:0)
Tore: 1:0 Dickel, (74.), 2:0 Dickel (86.)

Saison 1988/89
DFB-Pokal, Finale, 24.06.1989, Olympiastadion, Berlin
Borussia Dortmund   –   SV Werder Bremen   4:1 (1:1)
Tore: 0:1 Riedle (15.), 1:1 Dickel (21.), 2:1 Mill (58.), 3:1 Dickel (73.), 4:1 Lusch (74.)

Saison 1990/91
Bundesliga, 34. Spieltag, 15.06.1991, Westfalenstadion, Dortmund
Borussia Dortmund   –   FC St. Pauli   5:2 (2:1)
Tore: 1:0 Poschner (4.), 2:0 Rummenigge (39.), 2:1 Golke (44.), 3:1 Povlsen (52.),
4:1 Wegmann (60.), 5:1 Povlsen (61.), 5:2 Ottens (73.)

Saison 1991/92
Bundesliga, 3. Spieltag, 14.08.1991, Hansa-Stadion, Rostock
FC Hansa Rostock   –   Borussia Dortmund   5:1 (2:0)
Tore: 1:0 Böger (27.), 2:0 Sedlacek (45.), 3:0 Spies (47.), 3:1 Chapuisat (66.),
4:1 Sedlacek (68.), 5:1 Spies (82.)

Saison 1991/92
Bundesliga, 21. Spieltag, 06.12.1991, Weserstadion, Bremen
SV Werder Bremen   –   Borussia Dortmund   0:1 (0:1)
Tore: 0:1 Lusch (34.)

Saison 1991/92
Bundesliga, 22. Spieltag, 13.12.1991, Westfalenstadion, Dortmund
Borussia Dortmund   –   FC Hansa Rostock   4:1 (2:0)
Tore: 1:0 Wahl (ET 3.), 2:0 Rummenigge (33.), 3:0 Karl (66.), 3:1 Dowe (73.),
4:1 Rummenigge (76.)

Saison 1992/93
UEFA-Pokal, Finale Hinspiel, 05.05.1993 Westfalenstadion, Dortmund
Borussia Dortmund   –   Juventus Turin   1:3 (1:2)
Tore: 1:0 Rummenigge (2.), 1:1 D. Baggio (27.), 1:2 R. Baggio (30.), 1:3 R. Baggio (74.)

Saison 1992/93
UEFA-Pokal, Finale Rückspiel 19.05.1993, Delle Alpi, Turin
Juventus Turin   –   Borussia Dortmund   3:0 (2:0)
Tore: 1:0 D. Baggio (5.), 2:0 D. Baggio (43.), 3:0 Möller (65.)

Saison 1994/95
UEFA-Pokal, Halbfinale Hinspiel, 04.04.1995, San Siro, Mailand
Juventus Turin   –   Borussia Dortmund   2:2 (1:1)
Tore: 0:1 Reuter (8.), 1:1 Baggio (27.), 1:2 Möller (71.), 2:2 Kohler (88.)

Saison 1994/95
UEFA-Pokal, Halbfinale Rückspiel, 19.04.1995, Westfalenstadion, Dortmund
Borussia Dortmund   –   Juventus Turin   1:2 (1:2)
Tore: 0:1 Porrini (7.), 1:1 Cesar (10.), 1:2 Baggio (31.)

Saison 1994/95
Bundesliga, 34. Spieltag, 17.06.1995, Westfalenstadion, Dortmund
Borussia Dortmund   –   Hamburger SV   2:0 (2:0)
Tore: 1:0 Möller (8.), 2:0 Ricken (28.)

Saison 1996/97
Champions League, Halbfinale Rückspiel, 23.04.1997, Old Trafford, Manchester

Manchester United   –   Borussia Dortmund   0:1 (0:1)
Tore: 0:1 Ricken (8.)

Saison 1996/96
Champions League, Finale, 28.05.1997, Olympiastadion, München

Borussia Dortmund   –   Juventus Turin   3:1 (2:0)
Tore: 1:0 Riedle (29.), 2:0 Riedle (34.), 2:1 Del Piero (66.), 3:1 Ricken (71.)

Saison 2001/02
Bundesliga, 31. Spieltag, 14.04.2002, Betzenberg, Kaiserslautern

1. FC Kaiserslautern   –   Borussia Dortmund   1:0 (0:0)
Tore: 1:0 Pettersson (48.)

Saison 2001/02
Bundesliga, 34. Spieltag, 04.05.2002, Westfalenstadion, Dortmund

Borussia Dortmund   –   SV Werder Bremen   2:1 (1:1)
Tore: 0:1 Stalteri (17.), 1:1 Koller (41.), 2:1 Ewerthon (74.)

Saison 2001/02
UEFA-Pokal, Finale, 08.05.2002, De Kuip, Rotterdam

Feyenoord Rotterdam   –   Borussia Dortmund   3:2 (2:0)
Tore: 1:0 van Hooijdonk (33.), 2:0 van Hooijdonk (40.), 2:1 Amoroso (47.),
3:1 Tomasson (50.), 3:2 Koller (58.)

Saison 2002/03
Bundesliga, 5. Spieltag, 14.09.2002, Westfalenstadion, Dortmund

Borussia Dortmund   –   FC Schalke 04   1:1 (0:0)
Tore: 0:1 Agali (70.), 1:1 Ewerthon (71.)

Saison 2007/08
DFP-Pokal, Finale, 19.04.2008, Olympiastadion, Berlin

Borussia Dortmund   –   FC Bayern München   1:2 (0:1) n.V.
Tore: 0:1 Toni (11.), 1:1 Petric (90.), 1:2 Toni (103.)

Saison 2008/09
Bundesliga, 4. Spieltag, 13.09.2008, Signal Iduna Park, Dortmund

Borussia Dortmund   –   FC Schalke 04   3:3 (0:2)
Tore: 0:1 Farfan (21.), 0:2 Rafinha (39.), 0:3 Westermann (54.), 1:3 Subotic (67.),
2:3 Frei (71.), 3:3 Frei (89.)

Saison 2011/12
DFP-Pokal, Finale, 12.05.2012, Olympiastadion, Berlin

Borussia Dortmund　　–　FC Bayern München　　5:2 (3:1)

Tore: 1:0 Kagawa (3.), 1:1 Robben (25.), 2:1 Hummels (41.), 3:1 Lewandowski (45.),
4:1 Lewandowski (58.), 4:2 Ribery (75.), 5:2 Lewandowski (81.)

Saison 2012/13
Champions League, Vorrunde, 1. Spieltag, 18.09.2012, Signal Iduna Park, Dortmund

Borussia Dortmund　　–　Ajax Amsterdam　　1:0 (0:0)

Tore: 1:0 Lewandowski (87.)

Saison 2012/13
Champions League, Vorrunde, 2. Spieltag, 03.10.2012, Etihad Stadium, Manchester

Manchester City　　–　Borussia Dortmund　　1:1 (0:0)

Tore: 0:1 Reus (61.), 1:1 Balotelli (90.)

Saison 2012/13
Champions League, Vorrunde, 3. Spieltag, 24.10.2012, Signal Iduna Park, Dortmund

Borussia Dortmund　　–　Real Madrid　　2:1 (1:1)

Tore: 1:0 Lewandowski (36.), 1:1 Ronaldo (38.), 2:1 Schmelzer (64.)

Saison 2012/13
Champions League, Vorrunde, 4. Spieltag, 06.11.2012, Estadio Santiago Bernabeu,
Madrid

Real Madrid　　–　Borussia Dortmund　　2:2 (1:2)

Tore: 0:1 Reus (28.), 1:1 Pepe (34.), 1:2 Arbeloa (ET, 45.), 2:2 Özil (89.)

Saison 2012/13
Champions League, Vorrunde, 5. Spieltag, 21.11.2012, Amsterdam Arena, Amsterdam

Ajax Amsterdam　　–　Borussia Dortmund　　1:4 (0:3)

Tore: 0:1 Reus (8.), 0:2 Götze (36.), 0:3 Lewandowski (41.), 0:4 Lewandowski (67.),
1:4 Hoesen (86.)

Saison 2012/13
Champions League, Vorrunde, 6. Spieltag, 04.12.2012, Signal Iduna Park, Dortmund

Borussia Dortmund　　–　Manchester City　　1:0 (0:0)

Tore: 1:0 Schieber (57.)

Saison 2012/13
Champions League, Viertelfinale, Rückspiel, 09.04.2013, Signal Iduna Park, Dortmund

Borussia Dortmund　　–　FC Malaga　　3:2 (1:1)

Tore: 0:1 Joaquín (25.), 1:1 Lewandowski (40.), 1:2 Eliseu (82.), 2:2 Reus (90.+1),
3:2 Santana (90.+2)

Saison 2012/13
Champions League, Halbfinale Hinspiel, 24.04.2013, Signal Iduna Park, Dortmund
Borussia Dortmund   –   Real Madrid   4:1 (1:1)
Tore: 1:0 Lewandowski (8.), 1:1 Ronaldo (43.), 2:1 Lewandowski (50.),
3:1 Lewandowski (55.), 4:1 Lewandowski (67.)

Saison 2012/13
Champions League, Finale, 25.05.2013, Wembley Stadion, London
Borussia Dortmund   –   FC Bayern München   1:2 (0:0)
Tore: 0:1 Mandzukic (60.), 1:1 Gündogan (68.), 1:2 Robben (89.)

Saison 2014/15
Bundesliga, 20. Spieltag, 07.02.2015, Stadion an der Schwarzwaldstraße, Freiburg
SC Freiburg   –   Borussia Dortmund   0:3 (0:1)
Tore: 0:1 Reus (9.), 0:2 Aubameyang (57.), 0:3 Aubameyang (72.)

Saison 2014/15
Bundesliga, 21. Spieltag, 13.02.2015, Signal Iduna Park, Dortmund
Borussia Dortmund   –   FSV Mainz 05   4:2 (0:1)
Tore: 0:1 Soto (1.), 1:1 Subotic (50.), 2:1 Reus (55.), 2:2 Malli (57.),
3:2 Aubameyang (71.), 4:2 Sahin (79.)

Saison 2014/15
Bundesliga, 22. Spieltag, 20.02.2015, Mercedes-Benz-Arena, Stuttgart
VFB Stuttgart   –   Borussia Dortmund   2:3 (1:2)
Tore: 0:1 Aubameyang (25.), 1:1 Klein (32.), 1:2 Gündogan (39.), 1:3 Reus (89.),
2:3 Niedermeyer (90.)

Saison 2014/15
Champions League, Achtelfinale Hinspiel, 24.02.2015, Juventus Arena, Turin
Juventus Turin   –   Borussia Dortmund   2:1 (2:1)
Tore: 1:0 Tevez (13.), 1:1 Reus (18.), 2:1 Morata (43.)

Saison 2014/15
Bundesliga, 23. Spieltag, 28.02.2015, Signal Iduna Park, Dortmund
Borussia Dortmund   –   FC Schalke 04   3:0 (0:0)
Tore: 1:0 Aubameyang (78.), 2:0 Mkhitaryan (80.), 3:0 Reus (86.)

Saison 2014/15
Bundesliga, 34. Spieltag, 23.05.2015, Signal Iduna Park, Dortmund
Borussia Dortmund   –   SV Werder Bremen   3:2 (3:1)
Tore: 1:0 Kagawa (15.), 2:0 Aubameyang (17.), 2:1 Öztunali (27.), 3:1 Mkhitaryan,
3:2 Gebre Selassie (85.)

Bands und Musiker

Hier sind in alphabetischer Reihenfolge alle (nicht fiktiven) Bands oder Musiker aufgelistet, die in diesem Buch genannt werden oder auf die Bezug genommen wird. Spaßeshalber füge ich mein ganz persönliches Lieblingsalbum oder meine Lieblingssingle mit Erscheinungsjahr hinzu. Die im Buch auftauchenden Schlagersänger und -sängerinnen übergehe ich dabei ganz bewusst.

Accept	„Restless and Wild" (Album, 1982)
AC/DC	„Let There Be Rock" (Album, 1977)
BAP	„affjetaut" (Album, 1980)
Bad Religion	„The Process of Belief" (Album, 2002)
Bay City Rollers	„Remember (Sha-La-La-La)" (Single, 1974)
Bee Gees	„Spicks and Specks" (Single, 1967)
Black Sabbath	„Paranoid" (Album, 1970)
Blue Öyster Cult	„Extraterrestrial Live" (Live-Album, 1982)
Blue River Giants	„Watch me" (EP, 2001)
Boney M.	„Daddy Cool" (Single, 1976)
Bots	„Aufstehn!" (Album, 1980)
Bowie, David	„Stage" (Live-Album, 1978)
Brood, Herman	„Bühnensucht" (Live-Album, 1985)
Burdon, Eric	„Power Company" (Album, 1983)
Chao, Manu	„Próxima Estación: Esperanza" (Album, 2001)
Checkpoint Charlie	„Die Durchsichtige" (Album, 1979)
Dead Moon	„Dead Moon Night" (Album, 1990)
Deep Purple	„Made in Japan" (Live-Album, 1972)
Die Toten Hosen	„Ein kleines bisschen Horrorshow" (Album, 1988)
Die Ärzte	„13" (Album, 1998)
Dio	„The Last in Line" (Album, 1984)
Dr. Koch Ventilator	„Dr. Koch Ventilator" (Album, 1980)
Dury, Ian	„New Boots and Panties!!" (Album, 1977)
Dylan, Bob	„Slow Train Coming" (Album, 1979)
Extrabreit	„Ihre größten Erfolge", (Album 1980)
Fisher-Z	„Red Skies Over Paradise" (Album, 1981)
Gallagher, Rory	„Irish Tour '74" (Album, 1974)
Gerry & the Pacemakers	„You'll Never Walk Alone" (Single, 1963)
Grateful Dead	„Workingman's Dead" (Album, 1970)
Green Day	„American Idiot" (Album, 2004)
Grobschnitt	„Razzia" (Album, 1982)
Hans-A-Plast	„Hans-A-Plast I" (Album, 1979)
H-Blockx	„Discover My Soul" (Album, 1996)
Helloween	„Walls of Jericho" (Album, 1985)
Ideal	„Ideal" (Album, 1980)
Interzone	„Interzone" (Album, 1981)

Iron Maiden	„Piece of Mind" (Album, 1983)
Kiss	„Alive II" (Album, 1977)
Led Zeppelin	„Houses of the Holy" (Album, 1973)
Lindenberg, Udo	„Livehaftig" (Album, 1974)
Lindley, David	„A World out of Time" (Album, 1992)
Lynyrd Skynyrd	„Gimme Back My Bullets" (Album, 1976)
Mano Negra	„King of Bongo" (Album, 1991)
Marillion	„Fugazi" (Album, 1984)
Metal Church	„Metal Church" (Album, 1984)
Metallica	„Kill em all" (Album, 1983)
Midnight Oil	„Diesel and Dust" (Album, 1987)
Miller, Frankie	„Double Trouble" (Album, 1978)
Monster Magnet	„Powertrip" (Album, 1998)
Morak, Franz	„Morak" (Album, 1980)
Morgenrot	„Ganz nah dran" (Album, 1980)
Motörhead	„Ace of Spades" (Album, 1980)
New Model Army	„The Ghost of Cain" (Album, 1986)
Nina Hagen Band	„Nina Hagen Band" (Album, 1978)
Osbourne, Ozzy	„Bark at the Moon" (Album, 1983)
Pee Wee Bluesgang	„Bootlegged in Hamburg" (Album, 1981)
Permagrin	„Boab Time" (Single, 1999)
Pink Floyd	„The Dark Side of the Moon" (Album, 1973)
Pop, Iggy	„Lust for life" (Album, 1977)
Queen	„Jazz" (Album, 1978)
Raab, Stefan	„Ho mir ma ne Flasche Bier" (Single, 2000)
Rage Against The Machine	„The Battle of Los Angeles" (Album, 1999)
Ramones	„Brain Drain" (Album, 1989)
Redding, Otis	„The Dock of The Bay" (Album, 1968)
Red Hot Chili Peppers	„Blood Sugar Sex Magic" (Album, 1991)
Rose Tattoo	„Rose Tattoo" (Album, 1978)
Rush	„Presto" (Album, 1989)
Schroeder Roadshow	„Anarchie in Germoney" (Album, 1979)
Schulze, Klaus	„Dziekuje Poland" (Live-Album, 1983)
Scorpions	„Tokyo Tapes" (Album, 1978)
Shrinking Violet	„Past the point of panic" (Single, 2003)
Smokie	„I'll Meet You at Midnight" (Single, 1976)
Snow Patrol	„Eyes Open" (Album, 2006)
Social Distortion	„White Light, White Heat, White Trash" (Album, 1996)
Spliff	„The Spliff Radio Show" (Album, 1980)
Strassenjungs	„Dauerlutscher" (Album, 1977)
Talking Heads	„Stop Making Sense" (Album, 1984)
Tangerine Dream	„Rubycon" (Album, 1975)
The Beatles	„Abbey Road" (Album, 1969)
The Delgados	„The Great Eastern" (Album, 2000)

The Police	„Regatta de Blanc", (Album, 1979)
The Sensational Alex Harvey Band	„Framed" (Album, 1972)
The Sweet	„Off the Record" (Album, 1977)
Thin Lizzy	„Renegade" (Album, 1981)
Three O'Clock Heroes	„Songs and Nails" (Album, 1996)
Ton Steine Scherben	„Keine Macht für Niemand" (Album, 1972)
Törner Stier Crew	„Ausbruch" (Album, 1980)
Trio	„Trio" (Album, 1981)
Triumph	„Rock 'n' Roll Machine" (Album, 1977)
Uriah Heep	„Look at Yourself" (Album, 1971)
Young, Neil	„Harvest" (Album, 1972)
Zappa, Frank	„One Size Fits All" (Album, 1975)
Zoff	„Nach der Arbeit" (Album, 1984)

Musikclubs

In den Erzählungen werden einige real existierende Musikclubs, Bars oder Kneipen erwähnt, in denen sich ein Besuch unbedingt lohnt. Ich habe sie in alphabetischer Reihenfolge aufgelistet.

„Blaues Haus", Finnentrop-Bamenohl, Wiemker Weg
„Garage", Glasgow, Sauchiehall Street
„Henry's Cellar Bar", Edinburgh, Morrison Street
„Jekyll & Hyde", Edinburgh, Hannover Streeet
„King Tut's Wah Wah Hut", Glasgow, St. Vincent Street
„Lehmitz", Hamburg, Reeperbahn
„Nice & Sleazy", Glasgow, Sauchiehall Street
„Partick Brewing Company", Glasgow, Dumbarton Road
„Rider's Cafe", Lübeck, Leineweberstraße
„Solid Rock Café", Glasgow, Hope Street
„Starka Bar", Motherwell, Brandon Street
„The Albanach", Edinburgh, High Street
„The Cathouse", Glasgow, Union Street
„The Horseshoe Bar", Glasgow, Drury Street

Schriftsteller

Die Autoren, auf die ich mich in den Texten beziehe, habe ich in alphabetischer Reihenfolge aufgelistet. Dazu nenne ich entweder das Buch des entsprechenden Schriftstellers, das auch tatsächlich im Text genannt wird, oder einfach mein persönliches Lieblingsbuch, sofern zu einem Autor explizit kein Buchtitel genannt wird. Einige Autoren oder Buchtitel werden im Text nicht ausdrücklich genannt, aber es gibt eindeutige Bezüge darauf. Daher habe ich diese Autoren und Werke auch hinzugefügt.

Adams, Douglas	„Per Anhalter durch die Galaxis"
Cleese, John	„Wo war ich nochmal?"
Cilauro, Santo/Gleisner, Tom/Sitch, Rob	„Molwanîen. Land des schadhaften Lächelns."
Dickens, Charles	„David Copperfield"
Follett, Ken	„Die Säulen der Erde"
Hesse, Hermann	„Der Steppenwolf"
Homer	„Ilias"
Kafka, Franz	„Die Verwandlung"
King, Stephen	„Shining"
Krüss, James	„Der blaue Autobus"
Lindgren, Astrid	„Wir Kinder aus Bullerbü"
McEwan, Ian	„Der Zementgarten"
Meyrink, Gustav	„Des deutschen Spießers Wunderhorn"
Orwell, George	„1984"
Salinger, Jerome David	„Der Fänger im Roggen"
Scott, Sir Walter	„Waverley"
Tolkien, J. R. R.	„Der Herr der Ringe"

Filme und TV-Sendungen

Hier sind in alphabetischer Folge Kinofilme, Fernsehsendungen oder -serien aufgeführt, die in den Geschichten auftauchen nebst Erscheinungsjahr, Regisseur oder Zeitspanne, in denen z.B. TV-Serien oder Sendungen ausgestrahlt wurden und werden.

„Am laufenden Band", TV-Sendung, D 1974–1979
„Bang Boom Bang", Spielfilm, D 1999, Regie: Peter Thorwarth
„Conan der Barbar", Spielfilm, USA 1982, Regie: John Milius
„Das aktuelle Sportstudio", TV-Sendung, D 1963–heute
„Der Exorzist", Spielfilm, USA 1973, Regie: William Friedkin
„Die Leute von der Shiloh Ranch", TV-Serie, USA 1962–1971
„Die Muppet Show", TV-Serie, UK/USA, 1977–1981
„Die Ritter der Kokosnuß", Spielfilm, GB 1975,   Regie: Terry Gilliam/Terry Jones
„Disco", TV-Sendung, D 1971–1982
„Einer flog über das Kuckucksnest", Spielfilm, USA 1975, Milos Forman

„Explosiv – Der heiße Stuhl", TV-Sendung, D 1989–1994

„Fluch der Karibik", Spielfilm, USA 2003, Regie: Gore Verbinski

„Lola rennt", Spielfilm, D 1998, Regie: Tom Tykwer

„Musik ist Trumpf", TV-Sendung, D 1975–1981

„Monty Python's Flying Circus", TV-Serie, GB 1969–1974

„Nach Mitternacht", Spielfilm, D 1981, Regie: Wolf Gremm

„Police Squad!", TV-Serie, USA, 1982

„Rauchende Colts", TV-Serie, USA 1955–1975

„Raumschiff Enterprise", TV-Serie/1. Staffel, USA 1966–1969

„Rockpalast", TV-Sendung, D 1974–heute

„Saturday Night Fever", Spielfilm, USA 1977, Regie: John Badham

„Silent Movie", Spielfilm, USA 1976, Regie: Mel Brooks

„Sportschau", TV-Sendung, D 1961–heute

„The Germans" aus der TV-Serie „Fawlty Towers", GB 1975,
    Regie: John Howard Davies

„Tom und Jerry", Cartoons für TV und Kino, USA 1940–heute

„Tanz der Teufel", Spielfilm, USA 1981, Regie: Sam Raimi

„Total normal", TV-Comedy-Serie, D 1989–1991

„UHF – Sender mit beschränkter Hoffnung", Spielfilm, USA, 1989,
    Regie: Jay Levey

„Väter der Klamotte", TV-Serie, D 1973–1986

„Winnetou, 1. Teil", Spielfilm, D/YUG/F 1963, Regie: Harald Reinl

„ZDF-Hitparade", TV-Sendung, D 1969–2000

Danksagung

„Wow! Ich darf eine Danksagung schreiben", dachte ich freudig. Bis ich bemerkte, wie schwer dieses Unterfangen ist, weil ich so vielen Menschen vieles zu verdanken habe: Angefangen bei meinen Eltern natürlich oder bei meiner Grundschullehrerin Frau Othlinghaus – möge sie in Frieden ruhen –, die mich immer dazu ermutigt hat, Geschichten zu schreiben. Weil aber eine solch umfassende Danksagung allein ein ganzes Buch füllen würde, muss ich mich beschränken. Ich kann also hier nicht allen danken, denen ich etwas zu verdanken habe. Diejenigen, die das betrifft, die mir auf gemeinsamen Lebenswegen Liebe und Vertrauen geschenkt haben, können versichert sein, dass ich sie nie vergesse.

Beschränkung –

Okay, ich bedanke mich nun also nur bei den Menschen, die mittelbar oder unmittelbar zur Entstehung dieses Buches beigetragen haben. Ganz tief verneige ich mich vor Carsten Langenbach und Thomas Klein. Wie gut, dass es Euch gibt. Ich danke Euch für Eure Kritik und fortwährende Inspiration. Für mich wart Ihr die größte Hilfe, dieses Buch zu schreiben.

Danken möchte ich aber auch vor allem den Menschen, mit denen ich in den coolsten Bands spielen durfte. Durch Euch und mit Euch haben sich Träume erfüllt. Und während sich in meinem Kopf schon Eure Stimmen melden, wann ich endlich aufhöre mit dem schwülstigen Geplärre, möchte ich Euch sagen, dass es dieses Buch ohne Euch niemals gegeben hätte: Holger Scheidges (R.I.P.), Volker Sulitze, Mick Schirmeyer, Robin Steiner, Michael Höch, Jens Maslo, Allan Dumbreck, Stevie Ferguson. Ganz gesondert und ausdrücklich richte ich meinen Dank an die beste Coverband der Welt, Die Juhnkes, für eine ganz spezielle magische Nacht in Glasgow.

Danken möchte ich auch all den großartigen Jungs und Mädels, die jemals mit den Immecke Allstars auf der Bühne gestanden haben. Ich danke den Weggefährten von Location Permissible, B.LOUD und Permagrin, von Driven by harness, Flatbackfour und Blue River Giants, Keden, Ashbay, Oddfish und Shrinking Violet.

Und natürlich gilt mein Dank diesem wunderbarsten aller Fußballvereine, dem Ballspielverein Borussia Dortmund. Ihr, die früheren und heutigen Spieler, Trainer, Verantwortliche, Präsidenten und Manager dürft stolz darauf schauen, was Ihr Woche für Woche bei all den ungezählten schwarzgelben Fans, vor allem bei den ganz Kleinen, auslöst. Bitte lasst nicht nach.

Nicht zuletzt möchte ich dem Arete Verlag für diese Chance danken, insbesondere Christian Becker für das Vertrauen und eine sehr gute Zusammenarbeit und Katrin Rampp für das gelungene Cover. Hab ich noch jemanden vergessen? Ja! Ich danke Sonja Thiemig für ihre kritischen Ohren.

Das Leben ist ein Auswärtsspiel

Der Fußball-Roman nicht nur für Amateure

Matthias Hunger
Abseits der Kreisklasse
Der Roman

216 Seiten, kartoniert, 12 Fotos

Arete Verlag
ISBN 978-3-942468-40-4
11,00 € inkl. MwSt.

Benedikt Klein ist ein halbwegs talentierter Kicker und durchaus zufrieden mit seinem Leben. Doch dann verliert er erst seine Freundin und schließlich auch noch die Kapitänsbinde an seinen ärgsten Widersacher in der SG Noris Schweinau. Von nun an erscheint „Bene" das Leben als ein Auswärtsspiel, bis er eine unerwartete Entscheidung trifft ...

In „Abseits der Kreisklasse" geht es um Freundschaften, Träume, Liebe, das Älter- und Erwachsenwerden und natürlich um Fußball. Kurz: um die kleinen Niederlagen im Leben und die großen Siege auf dem Platz. Oder ist es doch eher umgekehrt?

„Wer Fußball liebt, der wird auch das Buch mögen. Und wer mit Fußball eher weniger anfangen kann, der liegt dennoch mit dieser Lektüre richtig. ... Prädikat: sehr lesenswert!"
(Nürnberger Nachrichten)

„Alltagsgeschichte pur vom Nürnberger Autor" (Zeitspiel)

„Es muss nicht immer der Große Fußball sein. Es muss nicht immer der Große Liebesroman sein. Es kann auch mal Kreisklasse und die Große Liebe der Vorstadt sein. Wie das auf sympathisch-fesselnde Art und Weise geht, zeigt Matthias Hunger in seinem Roman ,Abseits der Kreisklasse'. " (Der tödliche Pass)

Arete Verlag • Osterstraße 31-32 • 31134 Hildesheim • www.arete-verlag.de

Tupperware und Torflaute

Preisgekröntes „Believe in the Sign" erstmals auf Deutsch erschienen

Mark Hodkinson
Believe in the Sign
Eine Fußballjugend in Nordengland

192 Seiten, kartoniert

Arete Verlag
ISBN 978-3-942468-10-7
12,95 € inkl. MwSt.

Believe in the Sign beschreibt eine gottverlassene Ecke Englands, in der nichts los ist – und doch alles passiert. Es sind die Erinnerungen eines normalen Durchschnittsjungen, der halbwegs glücklich aufwachsen könnte, wenn er nicht einer perversen Leidenschaft erlegen wäre: der masochistischen Hingabe an den hoffnungslosen Fußballclub AFC Rochdale, der seit 35 Jahren ununterbrochen in der vierten Liga, der „Rochdale Division" spielt. Schlaglichtartig wird das Aufwachsen in den 1970ern and 1980ern beleuchtet: verrückte und traurige Kinder aus zerbrochenen Familien, jugendliche Absturzparties und Pubschlägereien, lange existenzielle Märsche entlang der Autobahn, Elton Johns Auftreten mit de, FC Watford. Draußen schleicht sich unterdessen die Zukunft ein: die Fabriken schließen, die Supermärkte schießen aus dem Boden, Schulabgänger hängen herum und die Mütter halten Tupperware-Parties, um irgendwie die Raten für den ersten Farbfernseher zusammenzukratzen. Und der AFC Rochdale verliert auch das nächste Heimspiel ...

„Hodkinson is the authentic voice of the real football fan – Hornby is a relative lightweight in comparison." (4-4-2 Magazine)

„Hodkinson schneidet Fußball und Leben schnell und gekonnt gegeneinander" (11 Freunde)

„Bislang habe ich ‚Fever pitch' verschenkt, wenn ich jemanden mit der wunderbaren Welt des Fußballfans vertraut machen wollte. Fortan werde ich ‚Believe in the Sign' verschenken." (Fußballglobus.de)

Arete Verlag • Osterstraße 31-32 • 31134 Hildesheim • www.arete-verlag.de

Da, wo der Fußball in seinem Revier ist

„Fußball leben im Ruhrgebiet" – eine Zeitreise für Nostalgiker

Klaus-Hendrik Mester
Fußball leben im Ruhrgebiet
Eine Zeitreise durch 13 Städte voller
Fußball-Leidenschaft

144 Seiten, kartoniert

Arete Verlag
ISBN 978-3-942468-18-3
9,95 € inkl. MwSt.

Wer weiß schon, dass das erste Live-Spiel im deutschen Fernsehen Hamborn 07 gegen FC St. Pauli lautete, Schwarz-Weiß Essen am „dritten Weihnachtstag" 1959 DFB-Pokalsieger wurde und „Atom-Otto" Luttrop per Zeitungsannonce zum 1. FC Mülheim kam?

Klaus-Hendrik Mester hat für dieses Buch dreizehn Städte besucht und mit zahlreichen prominenten und weniger prominenten Zeitzeugen von Marcel Radecanu, Ennatz Dietz, Frank Goosen und Sönke Wortmann bis zu Hermann Winzler von den Sportfreunden Katernberg und Fritz Hesse von Westfalia Herne gesprochen. Herausgekommen sind liebevolle Vereinsporträts mit überraschenden Geschichten zu VfL Bochum, Wattenscheid 09, VfB Bottrop, Borussia Dortmund, MSV Duisburg, Hamborn 07, Schwarz-Weiß Essen, Rot-Weiss Essen, SF Katernberg, Schalke 04, Westfalia Herne, DSC Wanne-Eickel, SV Sodingen, Spvgg. Herten, Lüner SV, TSV Marl-Hüls, 1. FC Mülheim, Rot-Weiß Oberhausen und Spvgg. Erkenschwick. Sie alle zeigen, dass im Ruhrgebiet der Fußball trotz aller Kommerzialisierung noch immer leidenschaftlich gelebt wird und zwar von der Champions League bis zur Kreisklasse.

„Man muss die Leute aus dem Ruhrgebiet eben einfach erzählen lassen. Heraus kommt ein sehr unterhaltsames Buch zum Schmökern."
(11 Freunde)

„Eine schöne, kleine Leseempfehlung für alle Freunde des Ruhrgebiets-Fußballs." (Ruhrbarone.de)

„Das Buch kann die Augen öffnen für die Faszination Ruhrgebiet und das Leben dort mit dem Fußball." (Schalke Unser)

„Mester ist der Schiffskapitän der Zeitmaschine, die den Leser durch insgesamt 13 Städte schippert." (Deutsche Akademie für Fußballkultur)

Arete Verlag • Osterstraße 31-32 • 31134 Hildesheim • www.arete-verlag.de